入門・倫理学

赤林 朗・児玉 聡 編

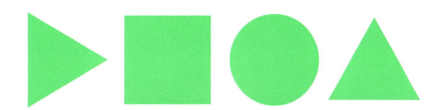

はじめに

赤林　朗

　倫理学って，何となくおもしろそう．でも，どうやって勉強をはじめていいのかわからない．何かいい本はないだろうか．今，本書を手に取られている方は，きっとそのように思っておられるのではないでしょうか．

　私は，医師であり，医療倫理学を医学部やその上の大学院で教えています．高校の授業で教わった倫理しか知らない学生さんを，何となく難しく聞こえる倫理学の次のステップにどういざなうかは，私にとって深刻な問題でした．これまで，『入門・医療倫理』シリーズを勁草書房から出版させていただきましたが，このシリーズを着想したのは，2000年，京都大学に日本で初の，大学院レベルの医療倫理学分野が設立され，そこに私が着任した頃でした．

　当時，日本には，体系だった生命・医療倫理学の教科書は無かったにも関わらず，とにかく授業をはじめなくてはならなかったのです．多くの英語圏の教科書や，欧米の大学のシラバスをとりよせ必死に読み込みました．しかし，日本と欧米との文化の違いや法・社会制度の違いから，そのまま翻訳すれば使えるような教科書・シラバスは見出すことができませんでした．

　それでは，もう自分で作るしかないと決心し，日本の文脈に即した生命・医療倫理学の教科書作りに着手したのです．本音を言えば，哲学・倫理学を専門とし，大学での職を得ている先生方にこうした入門書を書いていただきたかったところです．しかし，当時の哲学・倫理学界では文献学が主流で，医療等の応用領域に手を出すことは，むしろ道を外すことになると考えておられる方が多かったのではないかと思います．

2003年に私が東京大学に異動してから，多くの哲学・倫理学を専門とする若いスタッフに恵まれ，『入門・医療倫理』シリーズ出版の企画は本格的に動き始めました．その際に，私が哲学・倫理学を専門とするスタッフにお願いしたことは，「私が読んでもわかるように書いてください」ということにつきます．わかりづらい表現が含まれる原稿に対して私が延々と「ダメ出し」をし，私が読んでもすっきりと頭にはいるように，何とかついていけるように改訂することを何度もお願いしました．この作業は，私にとっても執筆者にとっても，本当に大変なことでした．このような時，当時，東京大学医療倫理学教室及びCenter for Biomedical Ethics（CBEL: www.cbel.jp）のスタッフで，現在，京都大学文学部の児玉聡先生の，極めて柔軟なご理解とご協力に，大変助けられました．改めてここに感謝をいたします．そして，ようやく出来上がったのが，『入門・医療倫理』シリーズの理論篇です．

　本書の読者層として，これから哲学・倫理学を本気で勉強することを考えている方はもちろんですが，高校の倫理の授業から一歩進んで，さらに少し深めてみようと考える，大学1，2年生の皆さんにもぜひ読んでいただきたいと考えています．私が読んで，なんとかわかったのだから，関心のある方ならば必ず読みきれると思うし，十分な基礎知識がつくと思います．また，本書はその来歴から，本文で取り上げられている具体例はそのほとんどが医療に関わる話題となっていますが，医療以外の応用倫理学分野に関心がある方にも有用な入門書になるでしょう．本書は，20年前に私が一番欲しかった本です．このような本を，当初想定しなかった形で，私が編者になって世に出すことができるとは，望外の喜びと驚きの感で一杯です．

　執筆者の皆さんの経歴をみてください．全て，哲学・倫理学の各領域で日本の一流の研究者です．そのような方たちによる教科書ですので，内容はわかりやすく見えても，かなり高度な専門的領域にまで踏み込んでいます．読者の皆さんは，本書を読み切ったときに，倫理学はやっぱりおもしろい，基礎的なことはこの本でとてもよくわかったので，その先を深めていきたい，ときっと思われるだろうと信じています．本書をきっかけに，倫理学にさらに関心をもち，それぞれの領域で，深めていただくことを期待しています．

入門・倫理学

目　次

はじめに（赤林　朗）

I　倫理学の基礎（総論　赤林　朗，児玉　聡）

第1章　倫理学の基礎
児玉　聡 …………………………………………13

第2章　倫理理論
奈良雅俊 …………………………………………27

第3章　権利論
蔵田伸雄 …………………………………………51

第4章　法と道徳
山﨑康仕 …………………………………………63

II　規範倫理学（総論　児玉　聡）

第5章　功利主義
水野俊誠 …………………………………………91

第6章　義務論
堂囿俊彦 …………………………………………105

第7章　徳倫理学
奈良雅俊 …………………………………………127

III　メタ倫理学（総論　児玉　聡）

第8章　実在論・認知主義
奈良雅俊 …………………………………………159

第9章　反実在論・非認知主義
　　　　　児玉　聡 …………………………………………… *177*

第10章　メタ倫理学の現在
　　　　　林　芳紀 …………………………………………… *195*

Ⅳ　政治哲学（総論　児玉　聡）

第11章　現代リベラリズムの諸理論
　　　　　島内明文 …………………………………………… *239*

第12章　現代リベラリズムの対抗理論
　　　　　島内明文 …………………………………………… *263*

おわりに（児玉　聡）………………………………………… *293*

BOX 一覧 ……………………………………………………… *295*
外国人名索引／事項索引 …………………………………… *299*
執筆者紹介 …………………………………………………… *310*

I 倫理学の基礎

I 倫理学の基礎

赤林　朗，児玉　聡

　本書の第 I 部では，倫理学の基本的な考え方や発想，いわば「基礎の基礎」とでも言うべき事柄について説明がなされている．読者の中には，「倫理学は幸福になる方法について論じる学問である」とか，「法は守るべきだが，道徳は守っても守らなくてもよい」，あるいは「倫理は必ずしも重要ではなく，人権が侵害されていないかどうかのみが重要だ」といった理解をしている人もいるかもしれない．だが，こうした考えは，現代の倫理学の少なくとも主流の立場からすれば，すべて誤解に基づいている．そこで，第 I 部では，倫理学に関する基本的な考え方を身に付けることで，第 II 部以降のより理論的な考察に進む準備を行う．

　いかなる議論においても，最初に用語をどのような意味で用いるのかを明らかにしておくこと（つまり，定義をすること）が重要である．そこで，ここでは，倫理と倫理学の意味に加え，道徳と倫理，法と倫理，哲学と倫理学などの関係について簡単な説明を行う．

　日本語の「倫」とは，もともと仲間・人間・世間という意味であり，「理」とは，もとは玉の筋目・模様のことで，転じてものごとの筋道・道理を指すにいたったという[1]．したがって，日本語の「倫理」は，人間模様とか世間風景という弾力的な意味を持つ．「倫理」とは，狭義には「人と人がかかわりあう場でのふさわしいふるまい方」，「仲間の間で守るべき秩序」という意味合いである．

　一方，「倫理学」の語の由来は，英語の ethics の訳語であり，倫理について

---

1) 佐藤俊夫，1960，『倫理学』東京大学出版会，5-6 頁．

理論的・体系的な考察を行う研究分野である．倫理学は狭義には個人道徳——個人がどう生きるべきかという問い——を扱うが，広義には社会道徳——法律や政策を含む社会制度がどうあるべきかという問い——もその考察の対象となる．本書では，個人道徳と社会道徳の両方を倫理学の考察の対象として考える．

　倫理学が学問として成立するための要件としては，論理の一貫性があること，体系性があること（まとまりをもって提示されること）が必要とされる．この点において，聖書や論語は倫理思想であっても，倫理学そのものではない．論理の一貫性や我々のもつ道徳的直観の役割など，現代の倫理学の基本的な考え方は，第1章で説明される．また，体系性を持った倫理理論の代表的なものは，第2章，および第II部で詳述される．

　「道徳」と「倫理」は，本書では原則として言い換え可能なものとして用いられる．ただし，論者によっては，道徳は特定の個人がもつ心のあり方や社会に共有される一般的な態度を指し，倫理は特定の個人や社会を越えたより普遍性を持った規範を指すといった区別をする場合もある．また，倫理を法と道徳を含む社会規範一般として捉える考え方もある（BOX1）．

BOX1：「倫理的」の二つの意味

　倫理学は「倫理的なもの」に関する研究であるが，この「倫理的」ethical という言葉には二つの意味があるため，注意を要する．一つは，「あの人は倫理的だ」と言うときの意味で，「倫理に反する」unethical の対義語としての「倫理的」である．これは「倫理にかなっている」ということである．もう一つは，「倫理と無関係な（道徳外の）」non-ethical の対義語としての「倫理的」である．これは「（倫理に反するものも倫理にかなっているものも含めて）倫理に関わる」という意味である．倫理学が「倫理的なもの」に関する研究であると言われるときには，後者の意味で用いられている[2]．同じ区別が，moral, immoral, non-moral (amoral) についても成り立つ．

　「法」と「道徳」の区別は，1) 法は社会の秩序を維持することを主目的とす

---

[2] Frankena, 1973; Darwall, 1998.

るのに対し,道徳は個人に属する事柄に重きがおかれる,2) 法は外に現れた行為を,道徳は人間の内面的な意志を取り上げ規制する,3) 法は社会(あるいは国家)による強制力を伴う規範であるのに対し,道徳は行為者の自発性が重視される,などの違いがある.また,「法は倫理の最小限」という言い方もある.法と道徳の区別については第4章で,また法的権利と道徳的権利の関係については第3章で詳しく論じられる.

「哲学」と「倫理学」との関係については,「哲学」という語の意味に応じてさまざまな関係が規定される.その一つに,哲学を広義に捉え倫理学をその中に位置づけるというものがある.たとえば,哲学は,認識論,存在論,価値論から構成され,倫理学は哲学の価値論の一部門と考える立場がある.その場合,「道徳哲学」という名称で呼ばれることもある.倫理学の下位分野,および政治哲学の概説については,第Ⅱ部から第Ⅳ部の総論を参照されたい.

参考文献

- Darwall, S, 1998, *Philosophical Ethics*, Boulder: Westview Press.
- Frankena, WK, 1973, *Ethics*, 2nd ed., New Jersey: Prentice-Hall.(フランケナ,WK, 1975, 杖下隆英訳『倫理学』培風館)

第1章

倫理学の基礎

児玉　聡

本章の目的と概要

　倫理学の目的は，安楽死や人工妊娠中絶などの倫理的是非が問われる問題に関して，合理的に（筋道立てて）考えられるようになることである．本章は，倫理的問題について合理的に考えるとはどういうことかを理解し，合理的に考えるうえで基本となる知識を身に付けることを目的とする．

　本章の前半では，倫理的判断を行うさいの直観の役割を考察することを通して，良い倫理的判断はもっともな理由に基づいている必要があると論じられる．後半では，良い倫理的判断が備えているべき最低限の条件が三つ論じられる．

I．倫理について合理的に考えるということ

1．倫理における直観の役割とその限界

　直観（intuition）とは，行為や制度について倫理的評価を行うさいに，推論（論理的思考）という過程を経ることなく，直ちに判断が生じること（またはそのようにして生じた判断）を指す．日常的には「良心」「胸騒ぎ」「違和感」などの言葉が用いられるが，倫理学ではこの「直観」という言葉を用いて，行為の正しさが直観によってわかるとか，その行為は直観に反するといった表

現をする．このような直観に基づく判断はしばしば強い確信を伴うため，直観に反した行為を見聞きした場合や自分が行わなければならない場合などには，反感や嫌悪感といった形の強い感情が引き起こされることが多い．

「倫理は理屈ではない」という言い方がしばしばなされるように，倫理的問題について考えるにはこの直観だけあれば十分だという考え方がある．この考え方によれば，「人を殺してはいけない」とか「嘘をついてはいけない」といった倫理的判断は自明（それ以上の説明を要しないほど明らか）なものであり，第2章で説明する功利主義や義務論などによる理論的な基礎づけは必要ない．それどころか，「なぜ人を殺してはいけないのか」とか「どのような場合なら嘘をつくことが許されるか」というような問いを問うことは，それ自体が倫理に反しており，人々の健全な直観を腐敗させかねない危険なものだと言われることさえある．

日常生活において生じる倫理的問題を解決する際に，直観は少なくとも以下の二つの重要な役割を果たす．

(1) 直観は直ちに意思決定を行う場合に役立つ．日々の生活においては，倫理的問題について直ちに決断を下さなければならない場合もあり，とりわけ医療の現場においてはそうである．そのような場合に「理論に基づけば…」とテキストをめくりながら悠長に考えていると手遅れになりかねないため，日ごろの経験によって培われた直観を用いることが望ましい．また，ごく限られた時間で筋道立てて考えようとすると，かえって間違った結果をもたらす可能性が高い．

(2) 倫理学においては，「直観に反する」というのは，理論に対する一定の力を持った批判になる．というのは，経験を積んだ人の直観は一般に正しいことが多いため，抽象的な理論から導き出された結論が直観と一致しない場合には，直観ではなく理論の方に問題があると考えるべき場合もあるからである[1]．

このように倫理において直観が果たす役割は決して小さいものではない．し

---

[1] このような批判はとりわけ功利主義に対してなされる場合が多い．功利主義については第2章および第5章を参照．

かし，倫理的問題を適切な仕方で解決するには，直観に頼るだけでは不十分な場合も多い．このことが明らかになるのは，異なる直観同士が衝突する場合（いわゆる倫理的ジレンマ状況）である．たとえば，「嘘をついてはならない」という直観と「他人を害してはならない」という直観を同時に持っていたとしよう．これらはそれぞれ単独に考えたときは自明であるように見える．しかし，このような直観同士が衝突する場合もある．たとえば，がん告知では，真実を告げることが患者に害を与える可能性がある．同様に，「本人の意思を尊重しなければならない」という直観と「苦しんでいる人を助けなければならない」という直観も，輸血をしなければ死ぬにもかかわらず信仰上の理由から輸血を拒否する患者の例を考えると，やはり衝突の可能性が生じる．

このような場合，対立するいずれの直観に従うべきかを，さらに直観に訴えることによって解決することも考えられる．しかし，この「直観についての直観」（メタレベルの直観）による解決には三つの問題点がある．第一に，このメタレベルの直観は最初の二つの直観と比べて必ずしも自明なものではなく，最初の二つの直観に対するのと同じくらい強い確信を持つことはできない場合が多い．第二に，たとえそのメタレベルの直観に対して強い確信を抱いているとしても，他の人が異なるメタレベルの直観を持つ場合には，意見の対立を解決できない．これは，直観同士の衝突を「経験」によって，あるいは「常識」によって解決したと述べる場合でも同じである．最後に，理論を用いずにこのような形で解決しようとすると，場当たり的（アド・ホック）になり，判断の一貫性を保つことが難しくなる．

また，直観が持つ保守的傾向もしばしば問題となる．保守的であることは必ずしも悪いことではない．だが，古代ギリシアの哲学者であるアリストテレスが奴隷制度は自然の摂理でありその正しさを証明する必要はないと考えていたという逸話からもわかるように，直観を育んできた文化や伝統の中には旧来の偏見が潜んでいる可能性がある．そのため，個人の直観を全面的に信頼することは危険である．とりわけ，新しい医療技術が次々と生み出す倫理的問題に対しては，従来の直観に基づく判断は対立しがちであるため，われわれが持つさまざまな直観を一定の基準（理論）を用いて体系化し，必要に応じて修正し改善しなければならない．

表1：直観に基づく倫理的判断の長所と短所

> 長所：
> (1) 直観は直ちに意思決定を行う場合に役立つ．
> (2) 「直観に反する」というのは，理論に対する一定の力を持った批判になる．
> 短所：
> (1) 直観に訴えるだけでは，異なる直観同士の衝突を適切に解決できない．
> (2) 直観に頼るだけでは，自分が属する社会の倫理観が持つ誤りを指摘したり，改革したりすることは困難である．

2.「根拠に基づく医療」と「理由に基づく倫理」

T. ホープらが英国で出版した『医療倫理と法』という医療倫理学の教科書の中では，近年の医療における EBM（Evidence-Based Medicine: 根拠に基づく医療）の潮流を引き合いに出して，「理由に基づく倫理」の必要性が訴えられている．「倫理的問題に対する合理的アプローチは根拠に基づく医療の双子である．別の仕方ではなくこの仕方で行為するのが倫理的に正しいという信念は，もっともな理由（good reasons）に基づいているべきである．医師たちがずっとやってきたやり方に従ったり，経験を積んだ医師が今日やっていることに従ったりするだけでは十分ではない」[2]．これは，今日では実証的な根拠に基づく医療が重視されているのと同様に，倫理的判断においても直観のみに基づいて「長年の経験からしてわたしの言うことが正しい」と主張するのではなく，合理的な思考と説明が必要だという主張である．

本書も倫理についてのこのような見方に立脚しており，本章とそれに続く数章では，倫理的問題について合理的に考える方法が提示される．功利主義や義務論などのいわゆる倫理理論については次章で詳説されるが，以下ではどのような倫理理論を採用する場合でも必要となる最小限の知識を提供することが意図されている．ここで論じられるのは，事実と価値の区別，倫理的判断の一貫性，倫理における公平な視点の三点である．

---

[2] Hope, T et al., 2003, *Medical Ethics and Law*, Oxford University Press, pp. vii–viii.

> **BOX1：倫理における感情の役割**
>
> 　本章では倫理における理由や合理性の役割が強調されているが，これは倫理において感情が果たす役割を軽視するものでは決してない．感情は少なくとも次の二つの理由から重要である．
> (1) 本文で述べたように，直観に基づく倫理的判断は間違っている可能性もあるため，十分な吟味なしに受け入れることはできない．とはいえ，直観が強い感情を伴っている場合は，そうでない場合よりも，その直観が正しいこと——あるいは少なくとも一面の真理があること——が示唆されており，それゆえその直観が間違っていることを示すには十分な検討が必要である．
> (2) 本章のⅡ-3では他人の立場に立つことの重要性が論じられるが，他人の立場を適切に理解したと言えるためには，その人の見解だけではなく，怒りや悲しみといった気持ちまで十分に理解する必要がある．そのためには共感能力を養うことが重要となる．
>
> 本章が理想とする倫理的思考のあり方は，感情を犠牲にして理性を優先させるのではなく，感情と理性の衝突を解決し，両者が調和した倫理的判断を下せるようになることである．

Ⅱ．合理的な倫理的判断が持つ三つの要素

　倫理は趣味と同じで個人の好みの問題だから議論しても仕方がないという意見がある．しかし，良い倫理的判断は，少なくとも次の三つの要素（事実と価値の区別，判断の一貫性，公平な視点）を考慮に入れている必要がある．

1．事実と価値の区別

　事実と価値の区別というテーマについては，留意すべき論点が三つある（表2参照）．

　(1) 倫理学では事実と価値の峻別，すなわち事実から価値は導き出せないことがしばしばスローガン的に語られる．だが，これは決して価値判断が事実判

表2：事実と価値の区別に関する三つの論点

(1) 価値判断の違いは，しばしば事実判断（事実認識）の違いに基づいている．
(2) 事実判断と価値判断のあいだにはギャップがあり，たとえ事実判断については意見が一致しても，価値判断は異なる場合がある．
(3) しばしば「事実」と称されるものに価値観が潜んでいる場合がある．

断に基づかないということを意味するわけではない[3]．実際には，良い価値判断は，できるかぎり正確な事実に基づいている必要がある．言いかえると，明らかに誤った事実に基づいた価値判断は，その限りで「誤っている」と言って差し支えない．たとえば，「クローン人間を作ると，同一の人格を持った人が二人存在することになり，個人のかけがえのなさが失われてしまう．ゆえにクローン人間は作るべきでない」という議論は，DNAが同一の個体は人格も同一になるという誤解に基づいていると考えられるが，このように誤った理由に基づく倫理的判断は説得力を持たない[4]．また，「安楽死を合法化すると，死にたくない人までが意に反して安楽死させられるという濫用が生じる．ゆえに，合法化すべきでない」という主張も，たとえばそうした実践がすでに行われているオランダやベルギーなどにおける実証的研究によってそのような濫用が生じないことが示されたならば，かなり説得力を失うだろう．それゆえ，関連する事実についてできるだけ正確な情報に基づいていることは，倫理的判断が合理的なものであるための基本的条件の一つと言える．

BOX2：すべり坂論法と実証的研究

本文で安楽死に関して用いられた議論は，すべり坂論法（slippery slope argument）と呼ばれ，倫理的問題について語られる際にしばしば目にする議論の一つである．すべり坂論法とは，「ある事柄（A）は，それ自体は望ましいものであるか，少なくとも倫理的に不正だとは言えない．しかし，Aを認めると倫理的に不正なこと（B）まで認めざるを得なくなる．ゆえに，Aを認めることはできない」

---

[3] 倫理的判断は厳密には価値判断の一種であるが，断りのないかぎり，本章では言い換え可能なものとして用いる．
[4] 以上の説明は加藤尚武, 1999,『脳死・クローン・遺伝子治療』PHP新書, 108頁以降を参考にした．

という論法を指す．たとえば，「ヒト胚を研究に利用することはそれ自体は不正なことではないかもしれないが，それはやがて胎児の研究利用にまで結びつくから行うべきではない」とか，「治療的クローニングはそれ自体では望ましいことであるかもしれないが，治療的クローニングのための研究を認めると生殖的クローニングも必ず行われるようになるから，認めるべきでない」というような議論がそれである．楔の先（the thin end of the wedge）という比喩が用いられることもある．

厳密には，すべり坂論法は二つに分かれる．一つは，AとBの間に明確かつ合理的な線引きができないからAを認めるべきではないという論理的なものである．もう一つは，AとBの間に明確かつ合理的な線引きはできるものの，人間の心理として必ずその一線を越えてしまうだろうという経験的（心理的）なものである．上記のヒト胚の例は論理的なものに当たり，ヒト胚が胎児になる過程は連続的であり，明確かつ合理的な線引きを行うことはできないと論じられる．他方，クローニングの例は経験的なものに当たり，治療的クローニングと生殖的クローニングの間に明確かつ合理的な線引きを行うことは可能だが，前者を認めると誰かが必ず後者を行うようになると論じられる．本文で述べたように，事実に関する研究（実証的研究）によって倫理的判断のもっともらしさを検討できるのは，経験的なすべり坂論法の方である．

論理的なすべり坂論法は，「白と黒の間に明確かつ合理的な線引きはできないので，白と黒は区別できない」というように，大人と子ども，金持ちと貧乏人など，連続的な概念については合理的な線引きはできないと論じるものであり，これは昔から誤謬推理として知られている．というのは，たしかに大人と子どもの区別を18歳にするか，20歳にするか，21歳にするかは恣意的と言えるが，大人と子どもで異なった扱いをする必要があるのであれば，そのいずれかの年齢を選んで大人と子どもを区別することは合理的だからである．したがって，ヒト胚と胎児の場合も，両者を区別するためにどこで線を引くかは恣意的であっても，どこか（できれば明確な地点）で線を引くことによって両者を区別すること自体は合理的でありうる．

（2）ある事実判断から一定の価値判断が直ちに出てくるということはない．
（1）では，良い倫理的判断を行うためには事実判断が正確である必要があると述べられたが，たとえある問題についての事実判断が二人の間で一致していたとしても，その問題についての二人の価値判断が一致しない場合がある．これは，医療の文脈で言えば，「治療できる」から「治療すべきだ」とは直ちには言えない場合があるということである．たとえば，ある宗教の信者が白血病で重度の貧血状態に陥っており，緊急に輸血が必要だとする．輸血をすれば数年

間生存可能であるが，輸血をしなければ数週間で死ぬ．医師も患者もこれらの事実に関しては意見が一致しているが，医師はこの事実に基づき，少しでも長生きできる選択肢を選ぶべきだとの観点から，輸血を行うべきだと判断したのに対し，患者は同一の事実を受け入れたうえで，生命の長さよりも宗教的信念を貫く方が重要との観点から輸血を拒否すべきだと判断したとする．この場合，両者の価値判断は，事実判断のみから導かれているわけではなく，各人の価値観にも依存していることがわかるだろう．それゆえ，価値判断を合理的に検討するさいには，価値判断の基礎となる事実判断の正しさを吟味すると同時に，価値判断に含まれている価値観も十分に検討しなければならない．

（3）上の点と関連するが，事実について話しているつもりで，知らず知らずのうちに話者の価値観が入り込んでいる場合がある．これは，言葉には，事実だけでなく特定の価値観を含むようなものがあるためである．言葉が良いイメージを伴っていたり，悪いイメージを伴っていたりすることはよく知られており，政治的主張や広告・宣伝などでは自覚的に用いられることもある．たとえば，防犯カメラと監視カメラ，テロリストとレジスタンスというように，同じ事柄を指す場合でも，話し手の立場によって違った呼称が用いられることがある．また「安楽死」という言葉に伴う否定的なイメージを嫌って，「尊厳死」と呼びかえるというのも同様である．

以上のように，事実と価値の区別には三つの側面があり，倫理的問題を合理的に考えるためには，これらの点に留意する必要がある．とくに，しばしば隠れた前提となっている話者の価値観には，十分に自覚的になる必要がある．

2．倫理的判断の一貫性

倫理的判断の一貫性（consistency）とは，'Treat like cases alike.' という格言に示されているように，同様な事例については同様な判断を下さなければならないという要求である．たとえば，一郎と次郎という双子がいて，先に帰宅した一郎が学校で良い成績を取ってきたと言うので親が一郎に特別に小遣いをやったとする．すると後から次郎も帰ってきて，同一の良い成績を取ってきたと言ったとしたら，親はどうすべきか．この場合，何か特別な理由を見出せ

ないかぎりは，同じだけの小遣いをやるべきだと言えるだろう．これが倫理的判断に要求される一貫性である．

ただし，比較の対象となる二つの事例に関して，どの点を同様とみなし，どの点を異なるとみなすかは大きな問題である．というのは，よく似た事例であっても，厳密にまったく同一の事例は存在せず，何らかの相違点を指摘することは常に可能だからである．一郎と次郎の例で言えば，二人は名前が異なり，よく見れば顔つきも微妙に異なり，また，ひょっとすると次郎は数日前に学校で悪さをして問題を起こしたばかりかもしれない．しかし，もし二人の親が，一郎と次郎が名前が異なることや顔つきが微妙に異なることを理由に同じだけの小遣いをやらないことにしたとすれば，親の判断は恣意的だと非難されるだろう．他方，次郎が少し前に学校で悪さをしたという事実は，一郎と次郎を異なった仕方で扱うもっともな理由になるかもしれない．このように，一郎と次郎が持つ違いの中には，先の「小遣いをやるべきだ」という判断に影響すべきではないものと，判断に影響を与えてしかるべきものがある．そこで，判断に影響を与えてしかるべきものを道徳的に重要な違いと呼ぶことにすると，一般に，ある二つの事例に道徳的に重要な違いが一つも見出されないならば，それらの事例に対しては同様に判断すべきだと言うことができる（BOX3参照）．これは，倫理的判断の一貫性の要求を言い換えたものである．

> **BOX3：道徳的に重要な違い（morally relevant difference）**
>
> ある二つの事例に道徳的に重要な違いが一つも見出されないならば，それらの事例に対しては同様の倫理的判断をなすべきである．
>
> たとえば，積極的安楽死（致死薬の投与）と消極的安楽死（治療の中止）について，前者は許されないが後者は許されると主張するのであれば，両者の間にある道徳的に重要な違いを指摘しなければならない．そのような違いとしては，作為と不作為（行為をすることとしないこと）の区別や，意図と予見の区別などが指摘されているが，それらの違いは道徳的に重要ではないという批判もある（『入門・医療倫理Ⅰ〔改訂版〕』第14章を参照）．
>
> なお，「道徳的に重要な違い」という表現のほかに，「道徳的に重要な事実」とか，「道徳的に重要な属性」といった表現が用いられる場合もあり，さらに「もっともな理由（十分な理由）」という表現を用いて，「二つの事例を違った仕方で扱うもっ

ともな理由がないかぎりは，同様な判断を下さなければならない」のように言う場合もある．

　何が道徳的に重要な違いであるかという問題は，どのような倫理的規則を用いるのがふさわしいかという問題である．「名前が異なる人は，異なった仕方で扱え」とか，「顔つきが異なる人は，異なった仕方で扱え」といった規則は，通常は倫理に反する差別的なものだと考えられる．他方，「各人の功罪に応じて，異なった仕方で扱え」という規則は倫理的規則として一般に認められているが，たとえば，医療資源の配分の文脈ではこの規則は適用できないかもしれない [5]．こうした規則を特定の事例に適用するのがふさわしいかどうかについては，十分な検討が必要である．

BOX4：思考実験

　思考実験（thought experiments）とは，実際に実験器具を用いて行う実験ではなく，想像力を働かせて頭の中で行う推論のことであり，倫理学では，倫理的判断における一貫性の要求をテストするためにしばしば用いられる．たとえば，終末期の患者の自発的な要請による安楽死を支持する議論で用いられる思考実験として，次の有名な例がある．

　事故を起こしたトラックの運転手が炎の噴き出すトラックから抜け出せない．彼が助かる道はなく，彼はまもなく焼死するだろう．運転手の友人がトラックの近くにいる．この友人は銃を持っており，射撃が上手である．運転手は友人に自分を撃ち殺してくれと頼む．焼死するよりも，撃たれて死んだ方が苦痛は少なくてすむと思われる．

　法的な考慮は度外視して純粋に倫理的に考えた場合，この友人は銃で運転手を撃って楽に死なせてやるべきだと考える人は，終末期の患者の自発的な要請による安楽死も——トラックの事例との間に道徳的に重要な違いを指摘できないかぎりは——認めるべきだと論じられる [6]．

---

[5]　責任や自己責任といった概念が医療資源の配分においてどのような役割を果たすべきかという問題については，グレッグ・ボグナー／イワオ・ヒロセ，2017，『誰の健康が優先されるのか』岩波書店，第6章を参照せよ．

思考実験では，一見すると荒唐無稽で馬鹿らしく思われる事例が用いられることがしばしばある．これは，非現実的な事例を比較の対象とした方が，現実に起こる事例を用いるよりも問題の構造がより明らかになる場合もあるからである．また，非現実的な事例を検討することで，現実の利害関係からいったん離れて物事が考えられるという利点もある．
　生命倫理学で有名な思考実験の事例には，人工妊娠中絶の道徳性を検討するために用いられるバイオリニストの事例や，殺すことと死なせることの区別の議論に用いられるスミスとジョーンズの事例などがある．

3. 倫理における公平な視点

　倫理学においては倫理的判断の公平性（impartiality，不偏性とも訳される）がしばしば強調される．公平性とは，正当な理由がないかぎり，自分や自分と親しい者の利益だけではなく，他の人の利益も平等に配慮しなければならないということである[7]．逆に，不公平の典型例は，自分や自分と親しい者を正当な理由なくえこひいきすることである．倫理的判断が公平でなければならない理由は，少なくとも二つある．一つは，Ⅱ-2でも論じたように，道徳的に重要な違いがないかぎり，自分や自分と親しい者を他の人々とは異なった仕方で扱うのは倫理的判断の一貫性の要求に反するという理由である．もう一つは，現実的に考えた場合，倫理的判断とそれに基づいた行為は，しばしば自分を含めた関係者全員の利益に影響を与えるものであるから，十分な理由なしに自分の利益を他人の利益よりも優先するような判断は他から認められないという理由である．
　倫理における公平な視点は，思想史をごく簡単に振り返ってみても，「自分がしてもらいたいことを他人にせよ」という聖書に出てくる黄金律や，「だれでも一人として数え，だれも一人以上に数えてはならない」というJ.ベンタムの格言，また自分の行為の指針が道徳的と言えるためにはそれが普遍的なル

---

6) ホープ，2007，19頁を参照した．
7) しばしば用いられる平等な配慮（equal concern）という言葉も，公平性と同じ考え方を示している．

ールになることを意志できなければならないとするカントの議論（第 2 章 III-2 を参照），さらには J. ロールズの無知のヴェールの議論（第 11 章 III-1-（1）を参照）など，枚挙にいとまがない．

　公平な視点に立つことは現実には必ずしも容易ではないが，より公平な視点に立つためにしばしば提案されるのは，次の二つの方法である．
(1) 想像上の立場交換．これは，想像力を働かせて，他人の立場に立った場合のことを考える方法である．たとえば，「わたしが医師ではなく患者の立場であればどのように考えたり，感じたりするであろうか」という風に自問することがそれである．だが，これだけでは自分の倫理的判断の公平性を確保するには十分ではないかもしれない．なぜなら，たとえ公平であろうとしても，人は他人のことよりも自分のことを良く知っているため，自分の利益をより重視した判断をしがちだからである．
(2) ダイアローグ．これは，実際に他者と対話するという方法である．対話を通じて，自分の倫理的判断に不当な偏りがないかどうかや，事実認識における誤りがないかどうかをより良くチェックすることができる．また，他人の欲求や価値観をより正確に理解することにもつながる．ただし，対話に参加する者同士が，相手の意見を自分の意見と同じくらい公平に尊重する用意がなければ，実りのある対話はできないだろう．

　このように，想像上の立場交換やダイアローグを通じて，どの立場に身を置いてみても同じ倫理的判断が支持されると考えられるのであれば，その倫理的判断は公平だと言える．

まとめ

　倫理的問題については，直観的な思考に頼るだけでなく，合理的に思考することが重要である．倫理的判断が合理的であるためには，少なくとも①事実と価値の区別，②一貫性，③公平性を備えていなければならない．次章以降では，合理的に考えるためのさらなるツールが提示される．
　最後に J. レイチェルズの良心的な道徳的行為者についての記述にならっ

て[8]，倫理的問題について合理的に考える態度がどのようなものであるかを示しておく．
 (1) 事実を注意深く調べ，また事実と価値の区別に自覚的であること．
 (2) 道徳的に重要な違いがないかぎり，常に一貫した判断を下すこと．
 (3) 自分が行うことによって影響を受けるすべての人の利益に公平な関心を持つこと．
 (4) これまで持っていた直観が訂正されなければならなくなるとしても，進んで道理に従うこと．
 (5) 以上の熟慮の結果に基づいて行為しようとすること．

参考文献
- ピーター・シンガー，1999，山内友三郎・塚崎智監訳『実践の倫理（新版）』昭和堂．
- トニー・ホープ，2007，児玉聡・赤林朗訳『医療倫理』岩波書店．
- ジェームズ・レイチェルズ／スチュアート・レイチェルズ，2017，次田憲和訳『新版　現実をみつめる道徳哲学』晃洋書房．
- 加藤尚武，1997，『現代倫理学入門』講談社学術文庫．

---

[8] レイチェルズ，2017，14頁．

第 2 章

倫理理論

奈良雅俊

本章の目的と概要

 本章では，合理的に考えるために必要な道具として規範倫理学（BOX1 を参照）の理論が紹介される．理論を使って考えるとはどういうことなのかを理解することが本章の目的である．以下では，まず，倫理理論とそれが果たす役割が述べられる．次に，帰結主義の理論の中から功利主義が，義務論からカント倫理学とロスの理論，ロールズの理論がとりあげられ，それぞれの立場と考え方が解説される．さらに規範倫理学における近年の動向の中から徳倫理学がとりあげられ，その立場と考え方が解説される．

I．倫理理論の役割

 私たちは普段，作業をよりよく進めるためにさまざまな道具（ツール）を使う．倫理的問題について考える場合も同様である．倫理学を一つの道具箱に喩えるなら，そこにはよりよく考えるためのさまざまな道具が装備されている．倫理理論はそうした道具の一つである[1]．本書では「倫理理論（ethical theory)」という語を，「道徳原理から構成される正当化の体系」という意味で用

---

1) ホープ，2007，82-6 頁も参照せよ．

いることにする．道徳原理とは，道徳的善・悪あるいは正・不正を判定するための基準のことである．倫理理論には行為の正・不正に関する理論［行為論（action theory）］と行為者の性格の良し悪しに関する理論［徳論（virtue theory）］があり，行為論はしばしば帰結主義と義務論（あるいは義務にもとづく理論）に大別される．帰結主義の一種である功利主義と義務論の代表であるカント倫理学は，それぞれ功利原理と定言命法を唯一の原理として採用している．

　さて，わたしたちが倫理上の難問に直面したとき，倫理理論という道具はどのような手助けをしてくれるのだろうか．まず，倫理理論はこの状況で何が倫理的に問題なのかを明確にし，理解することを可能にしてくれる．複雑な問題やジレンマを目の前にしたとき，さまざまな倫理理論に照らして状況を考察することはよりよい判断を行ううえで大切である．そして，倫理理論は個々の判断や行動を正当化するための根拠を提供してくれる．ある判断や行動が倫理的に正しいか否かは，それらがもっともな理由に支えられているかを考えてみればよい．このような作業を道徳的正当化という．

　倫理理論を使って考えることの中には，直観的判断について批判的に検討することが含まれている．情報が不十分であったり，さまざまな現実的制約のある場面においては，人々はしばしば直観に頼って判断しがちである．だが，直観レベルでの判断がほんとうに正しいかを理論レベルで反省してみる必要がある．よりよい決定を下すためには，直観と理論の二つのレベルの間ですり合わせを行うことが大切である（第1章を参照）．

　このように，倫理理論は問題の同定，道徳的正当化，直観の再検討といった三つの作業をうまく進める手助けをしてくれる．これらの作業を通して，倫理上の難問を解決するための筋道が示されるのである．無論，一般的な理論をただ適用するだけで，道徳的価値をめぐる問題が解決できるとは限らない．どんなに明晰に考えても，この状況で何が正しい行為かをめぐって関係者の間で意見が一致しないこともある．しかし，わたしたちは自らの判断と行動が正しい理由を示すことができなければならない．倫理理論はそのために必要不可欠な道具なのである．

BOX1：倫理学の見取り図

　本文中の「規範倫理学」とは倫理学の中の一つの研究領域をさす．20世紀の初頭にメタ倫理学と呼ばれる研究領域が誕生し，これと対比するために導入されたのが規範倫理学という名称である．下の図は倫理学をその研究領域に応じて分類したものである．まず，倫理学は規範倫理学と非規範倫理学とに大別される．規範倫理学は主として「何が正しい行為か」を探求する．一方，非規範倫理学はメタ倫理学と記述倫理学に分けられる．メタ倫理学は，個別の行為の正・不正を探求するのではなく，倫理学の用語の使い方を分析し，ある原理が正しいことをどのようにして知るのかなどを探求する．記述倫理学は，倫理のありようを記述する歴史的または科学的な研究を行う．それは人類学，社会学，歴史学，心理学の研究と類似している．記述倫理学と規範倫理学の違いについては本書第Ⅱ部総論85-6頁，BOX2を参照．メタ倫理学の理論については本書第Ⅲ部に詳しい解説があるので参照してほしい．

　「倫理理論」とは一般に規範倫理学の理論のことである．本章で紹介される理論は上のように位置づけられる．本文を読んでよく分からないときは何度もこの図を参照してほしい．

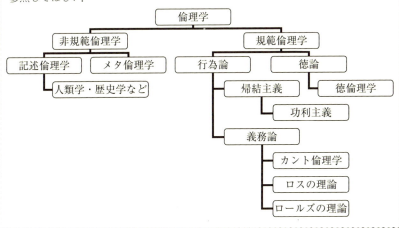

第2章　倫理理論　29

Ⅱ．帰結主義(consequentialism)と功利主義(utilitarianism)

1．幸福の最大化

　上で述べたように，規範倫理学における行為論は帰結主義と義務論（義務にもとづく理論）に大別される．一般に「帰結主義」とは，ある判断，行為や規則（場合によっては動機や性格も）が道徳的に正しいか否かを，それによってもたらされる結果（帰結）の良し悪しのみによって判定しようとする立場をいう．

　功利主義はこの帰結主義に属する諸理論の代表である．功利主義にとって「よい結果」とは行為の影響を受ける関係者の幸福が最大化されることである（「最大多数の最大幸福」）．1863 年に出版された『功利主義』の中で，J. S. ミル（Mill, J. S. 1806-73）は功利主義の原理を次のように説明している．「功利性，あるいは最大幸福原理（the greatest happiness principle）を道徳の基礎として承認している理論においては，行為はそれが幸福を増進させる傾向に比例して正しく，幸福と反対のことを生み出す傾向に比例して不正である．幸福によって快楽と，苦痛の欠如が意味され，不幸によって苦痛と，快楽の欠如が意味されている」[2]．ベンタム（Bentham, J. 1748-1832）やミルなどの古典的功利主義者によれば，幸福とは快楽から苦痛を差し引いたもののことである．それは一般に「功利性（あるいは効用）」（utility）と呼ばれ，功利主義という名称はこれに由来している．功利主義者は，それ自体で価値あるのは幸福だけであり，たとえば知識や健康に価値があるのはそれが幸福をもたらすからであると考える．このような考え方を福利主義（welfarism）という．

　功利原理による行為の正・不正の判定は以下のようになされる．まず，行為の影響を受ける関係者の一人一人が行為の結果として感じると予想される快楽と苦痛を計算し功利性を算出する〔帰結主義，福利主義（幸福主義）〕．次に，

---

[2] J. S. ミル，2010，川名雄一郎訳「功利主義」川名雄一郎・山本圭一郎訳『功利主義論集（近代社会思想コレクション 05）』京都大学学術出版会，265 頁．

各人の効用を平等に扱いながら全員の効用を総和する〔単純加算主義〕．以上のような作業を「功利計算」と呼ぶ．このようにして得られた効用の総和の大小によって行為の道徳性についての評価を下すのである〔最大化〕．たとえば希少な資源の配分法に関して複数の選択肢がある場合，どれを採用すべきかはそれぞれの選択肢がもたらす社会的効用を計算し比較することによって明らかになる．社会全体の幸福の総量を最大化するものを正しい（採用すべき）選択肢と見なすのである．

このように，功利主義は，帰結主義，福利主義，単純加算主義（aggregationism），最大化（maximizing）の4つの特徴によって要約することができる．功利主義は公衆衛生やトリアージ，クオリー（Quality-Adjusted Life Years: QALY）などの議論にしばしば登場し，公共政策では有力な立場の一つとなっている．また医療現場では，医学的介入が患者にもたらすメリットとデメリットを比較考量することを「功利主義的方法」と呼ぶ場合がある．これは本来の意味からの逸脱だが，功利主義のもつ帰結主義的な側面への理解が浸透していることをよく物語っている．ちなみに本来の功利計算においては，介入が家族や医療従事者にもたらすメリットとデメリットも考慮に入れられるだろう．

2. 功利主義の長所と短所

功利主義のすぐれている点は何だろうか．第一に，功利主義は行為の結果を重視するという私たちの常識に合致している．とくに，幸福や快楽は私たちの人生の中できわめて重要な要素であり，これらに基づいて道徳性を判定する功利主義は多くの人々に受け入れられやすい．第二に，理論上，功利主義は「私は何をなすべきか」について明確な指示を与えてくれる．義務論と対照的に，功利主義は義務の葛藤という事態に陥ることがない．そして第三に，功利主義は「一人を一人として」扱い，個人をその階級，地位や性別によって差別しない．これらの特徴によって，功利主義は現在まで多くの人々の支持を受けている．

他方で，功利主義に対してはさまざまな問題点が指摘されてきた．これらの

指摘は，帰結主義，福利主義，単純加算主義のもつ問題点に向けられている．それぞれの問題点の詳しい説明は，本書第5章に譲り，ここでは功利主義に対する代表的な批判を4つだけ説明する．第一に，快楽や苦痛，幸福や不幸を単一の尺度で測定することは不可能であり，したがって効用を個人間で比較することは不可能だという批判がある．第二に，たとえ関係者の効用を最大化するとしても，それ自体で道徳的に不正な行為もあるという批判がある．「サバイバル・ロッタリー」（BOX2）のように，何の罪科もない一人の健康な人間を殺してその人の臓器を複数の人間の生命を救うために役立てるという行為，人種差別による抗争が起こっている町で，破壊的な暴動を終息させるために一人の無実の人間にぬれぎぬを着せるといった行為などが思考実験上の例としてしばしば引かれる[3]．功利主義の観点から考えれば，これらの行為は単に許容されるだけでなく，それを行う義務がある．しかし，私たちの直観はこれらを正しい行為とはみなさないだろう．要するに，功利主義は行為の帰結だけを考慮し，個人の権利や正義を考慮に入れないため，直観に反する結論をもたらすことがある．第三に，功利主義は効用の総和の最大化を追求するだけで，総和が人々の間でどのように配分されるかを真剣に考えない，という批判がある．たとえば12人の成員からなる社会というものを考えてみる．そして成員が享受している幸福を数値化できるとする．この数値化の尺度においては，＋10が非常に幸福な状態，－10が非常に不幸な状態をさし，0は幸福と不幸がつりあっている状態をさす．いま，社会資源の配分の仕方によってAとBの二つの社会状況が出現するとしよう．社会状況Aにおいては，10人が幸福値＋8の生活を享受し，2人は－5の生活（すなわち悲惨な生活状態）を享受する．Aのもとでの社会全体の幸福は，功利計算によれば，80－10＝70である．一方，社会状況Bでは，すべての成員が幸福値＋5の状態を享受する．Bのもとでの社会全体の幸福は60である．この場合，功利主義の観点からすれば，AはBよりもより正しい配分が行われている社会ということになる．要するに，功利主義は少数者の不幸を犠牲にして多数者が幸福を享受することを正当化してしま

---

[3] McCloskey, HJ, 1965, "A Non-Utilitarian Approach to Punishment", *Inquiry* 8, p. 127. 本書第5章97頁，BOX2も参照．

うことがある．第四に，世界における幸福の総量の最大化を追求する功利主義は，個人に過大な要求をする．そのため，道徳的な義務と義務を越える行為（supererogation）の区別を明確につけることが難しく，個人の生活に過大な負担を課すという批判がある．

これらの批判のなかでも特に第二と第三の批判は，道徳的な正しさの判断のためには，帰結以外のものも考慮すべきであるということを指摘している．そして，義務論が注目するのはそのような「帰結以外のもの」なのである．

BOX2：サバイバル・ロッタリー

英国の哲学者ジョン・ハリスの著書『暴力と責任（Violence and Responsibility）』（1980）では，「サバイバル・ロッタリー（survival lottery）」という奇妙な思考実験が展開されている．

医療の目標ができるだけ多くの人を可能な限り長生きさせること（「最大多数の最大幸福」）であり，（がんや慢性疾患も克服されて）そのための手段が臓器移植しかないと仮定しよう．臓器不足を解消するためにはドナーの数を増やす必要がある．ドナー選択の公平性を確保し，移植医に過度の権力を与えないためには，どうしたらよいだろう．

そこで一つの方法が提案される．社会のすべてのひとに一種の抽選番号（ロッタリー・ナンバー）を与えておく．医師が臓器移植をすれば助かる二，三人の瀕死の人をかかえているのに，適当な臓器が「自然」死によっては入手できない場合にはいつでも，医師はセントラル・コンピューターに適当な臓器提供者の供給を依頼することができる．するとコンピューターはアト・ランダムに一人の提供者のナンバーをはじき出し，選ばれた者は他の二人以上の者の生命を救うべく殺される．

しかし，この方法には一つだけ弱点がある．それはこの方法を制度化すると，健康な臓器の持ち主や健康な生活習慣の持ち主が社会から減ってゆき，その社会の健康は徐々に損なわれてゆくという点である．それゆえ，サバイバル・ロッタリーを瀕死の患者に限定するよう制度化してはどうだろう[4]．

「誰を犠牲にすべきかの選択が公平に行われる限り，瀕死の者たちに限定されたサバイバル・ロッタリーはいかなる反論をも圧倒するだけの理由があるように思わ

---

[4] ジョン・ハリス，1988，「臓器移植の必要性」（1980年版），加藤尚武・飯田亘之編『バイオエシックスの基礎——欧米の生命倫理理論』東海大学出版会.

れる」とハリスは主張するが,読者の皆さんはどう考えるだろうか.

3. 行為功利主義と規則功利主義

功利主義に寄せられたさまざまな批判の中には「直観に反する結論をもたらすことがある」というものがあった.この批判に対して,より洗練された定式を作り出すことで功利主義を救いだすことができると考える者が現れた.彼らは「規則功利主義」と呼ばれる功利主義を展開した.以後,功利主義はしばしば行為功利主義(act-utilitarianism)と規則功利主義(rule-utilitarianism)の二つに大別される[5].

二つの功利主義の違いは功利原理を行為に直接適用するか,それとも規則に適用するかの違いである.両者の違いを示したのが図1である.行為功利主義によれば,特定の状況で何が道徳的に正しい行為であるかは,行為に対して直接,功利計算を行うことによって決まる.一方,規則功利主義によれば,特定の状況で何が正しい行為であるかは,どの規則に従うかによって決まる.そして,従うべき規則を選ぶときに功利計算を行うのである.

図1:規則功利主義と行為功利主義

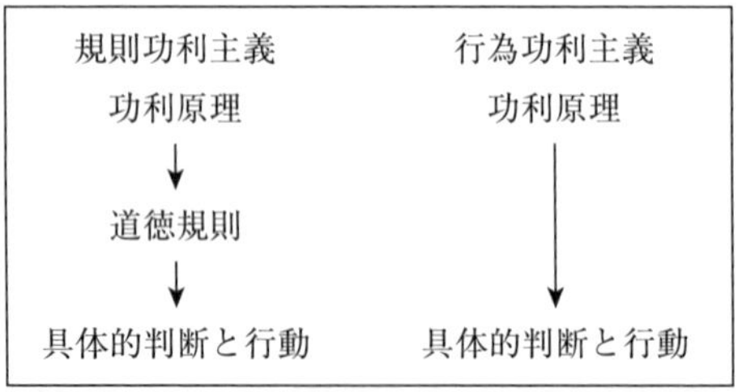

規則功利主義	行為功利主義
功利原理	功利原理
↓	↓
道徳規則	
↓	
具体的判断と行動	具体的判断と行動

HIV感染者を診療した医師の事例を用いて両者の違いを具体的に説明しよう.医師には,診療を通して知った患者個人に関する秘密を保持する義務がある.ある患者が主治医にHIV抗体検査の結果が陽性だったと告白した.主治医は感染の事実を(患者の)妻にも告げるよう助言したが,患者はこれを拒否

---

[5] 規則功利主義,二層理論については,本書第5章を参照.また,児玉,2010, 135–52頁にも要領を得た解説がある.

している．主治医にとっては患者の妻は第三者である．この場合，主治医はどうすべきだろうか．

　行為功利主義の観点からすれば，主治医に求められるのは関係者の効用を最大化する行為である．患者の妻が事実を知らされた場合，患者は家庭の崩壊や職業上の不利益を招くかもしれないが，妻は感染の機会を避けることができ，すでに感染している場合には検査や治療を受けることができる．反対に妻が知らされない場合，妻が HIV に感染すれば，その害は致死的な害となる可能性がある．

　一方，規則功利主義の観点からすれば，主治医に求められるのはそれを遵守することで効用が最大になる規則に従って行為することである．「患者が HIV に感染したことを知った医師は，その配偶者に知らせるべきである」という規則が施行された場合，その結果として性病や感染症を疑う患者の多くは医療機関を受診しなくなるおそれがある．また他の症状で受診した場合にも，性病等の病歴を医師に正直に話すことを控えるだろう．したがって，長期的に見れば，HIV だけではなく，他の性病や感染症が社会に蔓延することになるといった公衆衛生上望ましくない結果が予想される[6]．

　このように，規則功利主義の立場では，医師の守秘義務や患者の自己決定権の尊重，正義といった原則を守るべき理由を説明することができる．また，規則功利主義のほうが，私たちの道徳的直観をよりよく説明することができる．R. M. ヘア（Hare, R. M.）は二層理論（two-level theory）を提示した．二層理論は，「行為功利主義と規則功利主義の議論を踏まえた，いわば二階建ての思考方式」である．一階の「直観レベル」では，私たちは通常は「嘘をつくな」，「約束を守れ」などの規則に従うべきである．そして，義務や規則が衝突した場合には，二階の「批判レベル」に移行し，功利原理にもとづいて行為を決定したり，直観レベルで従う規則の選択をしたりすべきだとされる（本書第5章102頁，BOX4）．功利主義にはさまざまな批判があるが，現在でも有力な理論であることは否定できない．

---

[6] この種の事例において，主治医がよりよい決定に到るためには，単なる帰結の良し悪しだけでなく，守秘義務の解除の要件，HIV 感染症の特殊性，感染者の自律性の尊重などをも検討する必要があるだろう．これらの点については，『入門・医療倫理Ⅰ〔改訂版〕』第10章を参照．

Ⅲ. 義務にもとづく理論（duty-based theory）

1. 義務論あるいは義務にもとづく理論とは

　義務論（deontology）とは帰結主義の立場をとらない理論を指す総称である．ギリシア語で義務を意味する"deon"と学問・研究を意味する"logos"とが結びつけられたことがその名の由来である．「義務に基づく理論（duty-based theory）」と呼ばれることもある．カントの倫理学は義務論の代表であるが，それ以外にもロス（Ross, W. D. 1877-1971）の「一応の義務」論，ロールズ（Rawls, J. 1921-2002）の「公正としての正義」論，ノージック（Nozick, R. 1938-2002）の権原理論（entitlement theory）など多種多様な理論が非帰結主義であるという理由から義務論に分類されている．

　帰結主義とりわけ功利主義は幸福（という結果）を善と考え，社会においてこの善を最大化する行為を正しいと考える．これに対して，義務論は行為の正しさが結果だけで決まるとは考えない．あるタイプの行為は，たとえ社会における善を最大化するとしても，道徳的に正しくない．したがって，それを行うべきではないという制約がある．たとえば「サバイバル・ロッタリー」のように，二人以上の生命を救うためとはいえ，一人の無実の健康な人間を殺すべきではない．このように，正しいあるいは不正な行為のタイプ（義務）によってわれわれの行為が制約されることを義務論的制約という．

　義務論的制約が実際にはたらくためには，「義務」が具体的に特定されなければならない．代表的な義務として，無危害の義務，善行の義務，誠実・忠実の義務などがある（本書第6章107頁，BOX1）．これらの他に，たとえば医療に関係する領域では，「自律を尊重せよ」，「真実を語れ」，「人を殺してはいけない」などの義務が挙げられる．もともと神の定めた掟として理解されてきたこれらの義務は，定言命法という道徳原理（カント），合理的な者なら誰もが選択する原理や規則（ロールズ）によっても正当化される．

表1：功利主義，義務論，徳倫理学の比較

義務論	功利主義	徳倫理学
1. 行為はそれが道徳規則や原理と適合しているとき，そしてその場合にのみ正しい． 2. 道徳規則や原理とは， (1) 神が定めた掟 (2) 定言命法 (3) 理性的存在であれば誰もが選択する原理である．	1. 行為はそれが最もよい帰結を促進するとき，そしてその場合にのみ正しい． 2. 最もよい帰結とは幸福を最大化するような帰結である．	1. 行為は， (1) 有徳な行為者がその状況において行うことであるとき，そしてその場合にのみ正しい． (2) 有徳な人とは徳を発揮する人のことである． 2. 徳とは人間が開花するために必要とする性格の特徴である．
この理論は合理性（rationality）という概念に依拠している．	この理論は幸福（happiness）という概念に依拠している．	この理論は人間的開花（human flourishing）という概念に依拠している．

2. カントの倫理学

　カント（Kant, I. 1724-1804）によれば，ある行為が道徳的に正しいか否かは行為の結果ではなく，行為を行う人の意志や行為そのものの性質によって判定される．まず意志についていえば，この世界で無制限に善いとみなされうるのは「善意志」だけである，とカントは言う．どんなにすぐれた才能であれ賞賛される勇気であれそれを使用するのは人間の意志であり，意志が善でなければこれらは有害なものになりかねない．

　行為の性質は，それがどのような意欲にもとづいているかによって決まる．道徳的に正しい行為とは単に義務にかなっている行為ではない．利己心や下心から義務を果たしているだけの行為は道徳的に正しいとはいえない．これに対して，道徳的に正しい行為とは，感情や利己心，下心の一切を排除して，義務を義務として尊重するという心情からなされた行為，言いかえれば，義務にもとづいてなされた行為である．カントは義務にかなっているだけということを「適法性」と呼び，「道徳性」から区別した．

　カントは，わたしたちを制約する義務が「定言命法」（categorical imperative）という一種のテストを使って特定できると考えた．

（1）定言命法：わたしたちは行為を選択するとき，自分なりの行為指針にもとづいて選択している．たとえば友人と午後に会う約束をしたが，仕事をするために家にいたくなったとしよう．仕事を完成させる利益のほうが大きいにもかかわらず，友人に会いに行くとすれば，その人は「約束を守れ」という行為指針にもとづいて行動したのである．このような私的な行為指針を「意志の格律」（maxim）という．ある格律が「義務」であるかどうかをテストするには，その格律が誰でも従うことのできる普遍的なルール（カントの言葉で言えば「普遍的法則」）になることを意志できるかどうかを考えてみればよい，とカントは提案した．そして，このようなテストを「定言命法」という形式で定式化した．

定言命法は仮言命法と対比される．仮言命法とは，たとえば「もし人に信用されたければ，正直であるべし」のように，「〜したければ，〜せよ」という形式で記述される条件つき命令である．カントからすれば，仮言命法は経験的な要素を含み適法性しかもたない．これに対して，定言命法はただ「〜すべし」と無条件に命じるだけで，いついかなる場合であれ例外を認めない．道徳性をもつのは定言命法だけである．

定言命法による定式にはいくつかのバージョンがある．もっとも有名なものは次のような定式である．「君の意志の格律〔行動指針〕が，つねに同時に普遍的立法の原理として通用することができるように行為しなさい」[7]．要するに，普遍性をもつ意志の格律〔行動指針〕に従ってのみ行動し，それ以外の仕方で行動してはならないという意味である．私の意志の格律が理性をもつすべての存在が例外なく受け入れることを私が意志できるような普遍的法則であるなら，その格律にもとづいて行為するのが道徳的に正しいとカントは考えるのである．たとえば返せるあてがないにもかかわらず，（返済すると）嘘の約束をして借金をしようとしている男がいたとしよう．この男の行為が道徳的に正しいかどうかを知るためには，自分の意志の格律を普遍的法則として彼が意志できるかどうかをテストしてみればよい．彼の格律は「私はいま本当にお金に

---

[7] I. カント，2000，坂部恵・伊古田理訳『実践理性批判』，『カント全集7』岩波書店，165頁．

困っている．それだから金を借りようと思う．またいつになっても返す当てのないことを承知していながら，〔偽って〕返済を約束するつもりだ」であり，自愛と私利の原理に根ざしている．さて，この意志の格律が普遍的法則になることを，この男は意志できるだろうか．実は，できない．なぜならすべての理性的な人々がこの意志の格律を受け入れると，誰も空約束を信用して不実な人にお金を貸すことなどしなくなるからである．つまり，彼の格律が矛盾を含んでいることが明らかになるからである（「意志の格律が普遍的法則となることを意志できる」という表現の意味については本書第6章108頁を参照）．

　(2) 人間の尊厳：カントによれば，物件（モノ）と違って，理性的存在としての人格の価値には価格（値段）をつけることができない．このような価格をつけることのできないかけがえのない（交換不可能な）価値を「尊厳」という．定言命法の第二の定式は次のように述べている．「自分の人格のうちにも他の誰もの人格のうちにもある人間性を，自分がいつでも同時に目的として必要とし，決してただ手段としてだけ必要としないように行為しなさい」[8]．たとえば他人をある目的を実現するための手段や道具としてだけ扱い（モノ扱いし），その人自身として扱わないことは，相手の人間性や人格の尊厳を傷つけることになるので，そのような行為をしてはならない，という意味である．

　尊厳という概念はもともと古代ギリシアに起源をもち，ルネサンス以降，人間の独自性を示す概念として発展してきた．その意味は多様だが，今日ではカントの見解が一般に流布している．そして，法的な意味での「人権」によって裏打ちされ，尊厳概念は他の諸権利と比較できない権利として考えられている（本書第6章を参照）．また人格すなわち「ひと」（person）という概念は，現代において生命倫理や医療倫理の問題を考える場面に応用されている．たとえば人工妊娠中絶，重度障害新生児の治療停止，脳死者からの臓器の摘出といった行為の是非を問う議論では，人格すなわち「ひと」の概念を心的能力と対応させて，生命権をもつ者の範囲を確定しようとする主張も見られる（詳しくは，『入門・医療倫理Ⅰ〔改訂版〕』第11章を参照されたい）．

　(3) 自律としての自由：人間は感情や欲望だけでなく，理性も具えている．

---

[8] I. カント，2000，平田俊博訳『人倫の形而上学の基礎づけ』，『カント全集7』岩波書店，65頁．

もし人間が感情や欲望のままに行動するだけなら，人間に自由はない．人間は感情や欲望のままに行動しようとする傾向の一切を拒絶して，理性の立てる道徳法則にしたがってのみ行為すべきだとカントは考えた．そして，そのようにして人間が完全に自分自身を支配している状態を，自分以外の他の何者にも従わないという意味において「自由」であると考えていた．このような自由は一般に「意志の自律」と呼ばれている．これに対して，自分以外の何者かに支配されることは「意志の他律」と呼ばれる．自由という概念のなかに，単なる拘束からの解放という意味だけでなく，自己支配という意味での「自律」を見出したことはカントの功績である．自律あるいは自律の尊重という観念は生命倫理や医療倫理にも応用され，医療倫理の四原則の一つとして採用されている．

3. 義務の葛藤

カントは行為の正しさを支える「もっともな理由」を定言命法という唯一の道徳原理に求めた．しかし，カントの倫理学に対しては，二つ以上の義務が対立するとき，どれを選ぶべきかを指示することができないという批判がある．この問題は一般に「義務の衝突」あるいは「義務の葛藤」と呼ばれる．たとえば困っている人を助けるために嘘をつくこと（窮余の嘘）は道徳的に許されないのだろうか．「正直であれ」（嘘をついてはならない）も「困っている人がいたら助けよ」も義務論的制約となる．どちらの義務を果たすべきなのだろうか．「人間愛から嘘をつく権利と称されるものについて」（1797年）という論文の中で，カントは窮余の嘘も許されないと主張する．

BOX3：人間愛から嘘をつく権利と称されるものについて

1796年にフランスの小説家で政治家のバンジャマン・コンスタン（1767-1830）は「政治的反動について」という一本の論文を発表した．コンスタンはその中で「あるドイツの哲学者」（カントのこと）は，

われわれの友人を人殺しが追いかけてきて，友人が家の中に逃げ込まなかったかとわれわれに尋ねた場合，この人殺しに嘘をつくことは罪であろう

と主張していると述べた．翌97年にカントは自らの立場を明らかにするために「人間愛から嘘をつく権利と称されるものについて」という論文を執筆した．以後，この事例は義務の衝突の事例としてしばしば引用されることになった．

　カントの反論はこうである．コンスタンは「真実を言うことは義務であるが，しかし真実を要求する権利をもつ人に対してだけそうであるにすぎない」と述べるが，それは誤りである．「真実とはそれを要求する権利がある人には認められて他の人には認められないというような所有物ではない」．嘘をつけば友人が助かり，嘘をつかなければ友人は殺されるのではないかと反論する者がいるかもしれない．しかし，カントによれば，真実を言うことが家に潜んでいる友人に危害を与えることになったとしても，それは「偶然」である（なぜなら，あなたが正直に答えた後で友人が人殺しに気づかれぬよう外へ逃げ出すことも可能だから）．嘘をつけばその結果に責任をとらねばならないが，真実を語ってその偶然的な結果に責任を負うことはない，とカントは言う．

　カントが嘘をつくことをどうしても受け入れられない理由は，それが「人間性一般に対して加えられる不正」だからである．「真実性は契約にもとづくすべての諸義務の基礎とみなされねばならない義務であり，そしてその法則は，それにたとえほんの少しの例外でも認めると，ぐらついて役に立たなくされてしまう」．「それゆえ，「すべての言明において真実的（正直）であること」は，神聖な無条件的に命令する，いかなる便益によっても制限されない，理性命令なのである」[9]．

　カントがこうした立場をとるのは，キケロ（Cicero 前106–前43）が使用して以来定着した，「完全義務」と「不完全義務」という区分を採用しているからである．完全義務とは，どのような事情のもとでも従わなければならない厳格な義務であり，不完全義務とは，完全義務ほど厳格ではなく，またそれに従えばその人の功績となる義務である．これらの区別に「自己自身に対する義務」と「他人に対する義務」の区別を組み合わせると，四つの義務が区別されることになる．表2はそれぞれの義務についてカントが挙げた具体例を示したものである．カントが先の論文のような立場を示したのは，「正直であれ」を完全義務に分類し，「困っている人がいたら助けよ」を不完全義務に分類する

---

[9] I.カント, 2002, 谷田信一訳「人間愛から嘘をつく権利と称されるものについて」,『カント全集13』岩波書店, 251–60頁. 加藤尚武, 1997,『現代倫理学入門』講談社学術文庫も参照.

表 2：完全義務と不完全義務

	自己自身に対する義務	他人に対する義務
完全義務	苦境にあっても自殺しない	守るつもりのない約束をしない 他人の自由や財産を侵害しない
不完全義務	自分の才能の開花に努める	困っている人を助ける 他人の幸福を可能な限り促進する

ためなのである[10]．

　義務論の理論の中には，特定の状況で複数の義務が衝突した場合には，その状況で何が最も重要な義務かを決定することができると考える理論がある．ロスは，義務を「一応の義務」（*prima facie* duties）とみなすことによって，義務の葛藤を解決することができると考えた．

4. ロスの「一応の義務」論

　ロスによれば，私たちが直観的に「どうしても，それをやらざるをえない」と思ういくつかの義務がある．1930 年にロスが発表した『正と善（*The Right and the Good*）』では，7 つの義務が提示されている．約束を履行する「誠実（fidelity）」の義務，他人に与えた損害を償う「補償（reparation）」の義務，快楽や幸福の配分に関する「正義（justice）」の義務，恩恵を受けたことに対する「感謝（gratitude）」の義務，他人に不当な侵害をしない「無危害（non-maleficence）」の義務，他人に善をもたらす「善行（beneficence）」の義務，自分の状態を改善する「自己研鑽（self-improvement）」の義務である．これらの義務は他のより大きな拘束力を持つ義務が存在しない限りで絶対的な効力をもつ，という意味において「一応の義務」と呼ばれる．

---

[10] 義務の葛藤に関するカントの立場は，必ずしも常に明確に述べられているわけではない．例えば彼は，『人倫の形而上学』という著作において，「義務や責務性どうしの衝突というようなものはまったく考えられえない」と述べている．カントにおける義務の衝突を包括的に論じているものとして，以下を参照．谷田信一，1997，「カントの実質的義務論の枠組みと『嘘』の問題」，牧野英二・福谷茂編『現代カント研究 2　批判的形而上学とは何か』晃洋書房，228-72 頁．

たとえば誠実の義務はある状況において他の一応の義務と衝突することがあるかもしれない．このように一応の義務どうしが衝突する場合には，それぞれの義務の重みを比較考量することによって，その状況で何が「現実の義務（actual duty）」であるかを決定することができる．ロスによれば，この比較考量は（功利主義のように）善を最大化するのはどちらかを計算することによってではなく，その状況でのそれぞれの義務の重みを熟慮（consideration）したり徹底した反省（the fullest reflection）を行ったりすることによってなされる．ロスの立場は「多元的直観主義（pluralistic intuitionism）」と呼ばれる．ロスの「一応の義務」論は直観に頼りすぎるきらいがあるものの，義務の衝突やその解決法についてうまく説明することができる．

ロスの「一応の義務」論は生命倫理学や医療倫理学に大きな影響を与えた．ビーチャムとチルドレスは『生命医学倫理』においてこの概念を採用し，自律尊重，善行，無危害，正義の四原則が一応の義務だと説明している．そしてこれらの原則およびそこから導かれる規則どうしの間で衝突が起こった場合には，「特定化（specification）」と「比較考量（balance）」がなされることによって，衝突を解消しうると主張した[11]．

5. ロールズの「公正としての正義」

現代の義務論の展開としてもっとも注目を集めているのは，ロールズの「公正としての正義」論である．1971年に出版された『正義論』において，ロールズは社会的基本財の配分に関する正義の問題に取り組んだ．

ロールズによれば，功利主義の欠陥は帰結としての社会的効用の最大化をめざすだけで，それらが社会に住む人々の間でどのように配分されるべきかについて無関心であるというところにある．これに対して，ロールズは，社会のなかの人々がさまざまな人生設計や幸福観（「善の構想（conception of the good）」）を抱いていることを前提にしたうえで，各人が社会生活を送る上で

---

11) たとえばタラソフ事件のような精神科医療における守秘義務とその解除の是非，また無脳症児に対する延命治療と親による治療拒否の是非といった問題を考える上でこのような解決法は有効である．これについての詳しい説明は『入門・医療倫理Ⅰ〔改訂版〕』の第3章を参照されたい．

どうしても必要なもの（社会的基本財，たとえば自由，所得，社会的地位など）を正しく配分するための原理の構築をめざした．正義の原理を構築するためにロールズが使ったのは社会契約説である．それは，自由で平等な当事者たちが社会の基本的な仕組みについて議論し，そこで全員が同意したことだけを社会編成の原理にするという考え方である [12]．ロールズによれば，自由かつ合理的な人々が「原初状態（original position）」において「無知のヴェール（veil of ignorance）」のもとで選択する原理は以下のようなものである [13]．

〔第一原理〕社会生活の基本をなす「自由」は，平等に分配すべきこと（平等な自由の原理）

〔第二原理〕地位や所得の不平等は，二つの条件——①もっとも不遇な人々の暮らし向きを最大限改善する，②機会均等のもと，地位や職務を求めて全員が公正に競い合う——を満たすように，編成されるべきこと（格差〔是正〕原理と公正な機会均等の原理）

ロールズの正義論は提唱当時から多くの批判にさらされた．中でも有名なのはロバート・ノージックによる批判（本書第11章を参照），アマルティア・センによる批判（本書第11章），マイケル・サンデルによる批判（本書第12章）である．

また，ロールズは社会契約説の手続きによって導出された正義の原理が，人々が日常生活の中で下している「しっかりした／熟考された判断（considered judgment）」とズレていないか，両者がうまく均衡を保っているかどうかを絶えず点検しなければならないと付け加えている．この道徳的正当化のモデルは「反照的均衡（reflective equilibrium）」と呼ばれる．

---

12) 『岩波哲学・思想事典』岩波書店，1998年，894頁．
13) ジョン・ロールズ，2010，川本隆史・福間聡・神島裕子訳『正義論 改訂版』紀伊國屋書店．『正義論』の本文の記述はやや難解なので，ここでは邦訳者による要約（「訳者あとがき」779頁）を記した．正義の二原理についてさらに詳しくは，本書第11章246-9頁を参照．

Ⅳ. 徳倫理学 (virtue ethics)

1. 徳倫理学の復権

　現代の規範倫理学の展開において 1980 年代以降，多くの人々が徳倫理学（あるいは徳の倫理）に注目してきた．徳倫理学の起源は古代ギリシアに遡る．「現代の徳倫理学は近代道徳哲学の諸問題に取り組む必要から変形されているとはいえ，ある程度，古代ギリシアの人々の関心の復活である」（マッキンタイア）．徳倫理学が再び脚光を浴びるようになったきっかけは，1958 年にエリザベス・アンスコム（Anscombe, G. E. M. 1919-2001）が発表した「近代道徳哲学」という論文である．アンスコムは功利主義や義務論といった近代道徳哲学の理論的欠陥と限界を指摘し，それらに取って替えるべきものとしてアリストテレス倫理学への回帰を説いた．その後 80 年代に入り，フット（Foot, P.），ウィリアムズ（Williams, B.），マッキンタイア（MacIntyre, A.）の著作を通して徳倫理学への関心は大きく高まり，現在では徳倫理学に関する数多くの文献が存在している[14]．

　現代の徳倫理学によれば，「行為は，もし有徳な行為者が当該状況にあるならなすであろう，有徳な人らしい（つまり，その人柄にふさわしい）行為である時，またその場合に限り，正しい」とされる[15]（徳倫理学における正・不正の基準については，本書第 7 章 132-5 頁を参照）．徳とは何かについては，古代ギリシアから中世，近代を経て現代に至るまでさまざまな定義が見出される．たとえば，アリストテレスによれば，徳とは「選択に関わる性格の性向」（選択に際して感情に適切に対処できること）である．また，現代の徳倫理学者であるピンカフス（Pincoffs, E.）によれば，私たちが「人物を選んだり避けたりす

---

[14] フィリッパ・フット「美徳と悪徳」，加藤尚武・児玉聡編・監訳，2015，『徳倫理学基本論文集』勁草書房，47-71 頁．フィリッパ・フット，2014，高橋久一郎監訳『人間にとって善とは何か――徳倫理学入門』筑摩書房．バーナード・ウィリアムズ，1993，森際康友・下川潔訳『生き方について哲学は何が言えるか』産業図書．アラスデア・マッキンタイア，1993，篠崎榮訳『美徳なき時代』みすず書房．

[15] R. ハーストハウス，2014，土橋茂樹訳『徳倫理学について』知泉書館，42 頁．

る理由として役立つ」諸々の属性である．本書ではハーストハウス（Hursthouse, R.）に倣い，徳とは「人間が開花（flourish）するために必要な性格の特徴」と定義することにする．具体的にどのような性格（character）が徳として挙げられるかは，時代や分野によって異なる（本書第7章128-9頁を参照）．表3は代表的な徳の一覧である．

表3：徳のリスト 16)

善意 (benevolence)	公正 (fairness)	忍耐 (patience)	礼儀正しさ (civility)
友情 (friendliness)	思慮 (prudence)	共感 (compassion)	気前よさ (generosity)
合理性 (reasonableness)	良心 (conscientiousness)	正直 (honesty)	克己 (self-discipline)
協調 (cooperativeness)	勤勉 (industriousness)	自立 (self-reliance)	勇気 (courage)
正義 (justice)	如才なさ (tactfulness)	慇懃 (courteousness)	忠実 (loyalty)
思いやり (thoughtfulness)	頼りがい (dependability)	節制 (moderation)	寛容 (tolerance)

2. 徳倫理学と功利主義，義務論との関係

長期の入院をしている者を遠方の友人が見舞いに訪れた．入院患者のほうはこれに感激し，「わざわざ遠い町から会いに来てくれたあなたはすばらしい友人だ」と言った．これに対して友人が「自分が義務だと思っていること，最善のことと自分が考えていることを私はいつもしているだけだ」と答えたとしたらどうだろう 17)．たしかにこの友人は義務を果たしている点で評価すべきであるが，性格的にすぐれているとはみなされないだろう．功利主義や義務論の観点から道徳的に正しいと判断される行為であったとしても，性格や態度に問

---

16) レイチェルズ，2017, 161 頁．訳語を一部変更した．
17) マイケル・ストッカー，2015,「現代倫理理論の統合失調症」，加藤尚武・児玉聡編・監訳『徳倫理学基本論文集』勁草書房, 37 頁．

題があれば私たちはその人を非難することがある．徳倫理学が問題にするのは性格が優れているかどうかという点である．

さて，上で述べたように，現代の徳倫理学が注目された背景には，功利主義や義務論といった近代道徳哲学のもつ理論的限界を突破するというもくろみがあった．徳倫理学と功利主義，義務論との違いはすでに表1で示しておいたので，ここでは徳倫理学の観点から，功利主義や義務論の限界を指摘しよう．まず，功利主義や義務論は徳や道徳的性格の問題をうまく扱うことができない．次に功利主義や義務論（の一部）は「義務を越える行為（supererogatory act）」に対してふさわしい位置づけを与えることができない．カントは義務をなすことに道徳性があると考えたが，徳倫理学は義務以上のことをなすべきだと主張する．最後に，私たちは普段，行為のもつ道徳的価値を「正しい」や「悪い」といった言葉以外にも，「勇敢な」行為とか「良心的な」行為など多種多様な語彙によって表現しているが，功利主義や義務論では行為をこのような語彙で記述することができない．

功利主義や義務論のもつこのような限界ゆえに，徳倫理学を支持する人々の間には，徳倫理学は功利主義や義務論に取って代わるべきだと主張する人々がいる．しかし，徳倫理学にも問題点がないわけではない．どのような性格を徳とみなすかの客観的な基準があいまいである，相対主義である，徳の衝突を解決できないなどの問題点がこれまで指摘されている（徳倫理学の問題点についての詳しい説明は本書第7章137-43頁を参照してほしい）．それゆえ，徳倫理学は功利主義や義務論を補足する理論にすぎず，よりホーリスティックな理論の一部へと功利主義や義務論とともに統合されるべきであると考える人々もいる[18]．

3．徳倫理学の実践への応用例

徳倫理学が実践の場面にどのように応用できるかを，生命倫理や医療倫理の問題を使って説明しよう．オークリー（Oakley, J.）によれば「徳倫理学は，生命倫理のよく知られている問題の多くに関してこれまでと違う新しい見方を

---

[18] レイチェルズ，2017，171-3頁．

与えており，また標準的な功利主義および義務論的アプローチでは適切に扱えないことがすでに示されたか，あるいはまったく無視されてきたようないくつかの重要な問題を扱っている」[19]．徳倫理学のアプローチが有効な問題として挙げられるのは，人工妊娠中絶，安楽死，医師・患者関係である．他方で，徳倫理学を生命倫理や医療倫理の分野に応用するには限界があると指摘する者もいる．たとえば，ペンス（Pence, G.）によれば，徳倫理学はよい医師を模倣するようにと命じるだけで，現実場面での倫理的決定をどのように行うかについてはほとんど示唆を与えてくれない．宗教的なものであれ，非宗教的なものであれ，徳倫理学は，社会を基本的に変革するというよりは，現状肯定に向かいがちであるなどの問題点があるという．

ここでは人工妊娠中絶を例にとり，徳倫理学のアプローチについて説明しよう．ハーストハウスは，1991年の論文「徳理論と人工妊娠中絶」において，人工妊娠中絶の道徳性を考えるうえで重要なのは「胎児の道徳的地位」や「女性の権利」ではなくて，妊娠について誰もがよく知っている「おなじみの生物学的な事実」であると指摘した．それは，妊娠は性交の結果として生じること，妊娠は胎児が育ち大きくなる9ヶ月間続くこと，生きた赤ちゃんの誕生によって妊娠が終わること，そして私たちはみなこのようにしてこの世に生を受けることなどの事実をいう．徳倫理学の観点からすれば，「これらの生物学的事実は，有徳な人々や有徳でない人々が行う実践的推論，行為や情念，思惟や反応とどのように関わっているのか？ これらの事実に対して正しい態度をとっているしるしとはどんなもので，逆に，何によって，これらの事実に対して間違った態度をとることになるのか？」が重要なのである．

人工妊娠中絶の道徳性は，女性がどのような性格から妊娠中絶を決断したかによって大きく変わってくる．母親であることと育児は内在的に価値あるものであり，開花した人生（a flourishing human life）を構成するものの一部である．もし，女性がこのことを理解せず，また胎児を失うことがつねに深刻な問題であることを理解せずに，たとえば外国で休暇を過ごすために子どもを中

---

19) Oakley, J, 1998, "A Virtue Ethics Approach", Kuhse, H, Singer, P ed., *A Companion to Bioethics*, Blackwell, p. 91.

絶しようとするならば，彼女の行為は冷淡（callous）で軽率（light-minded）な性格からなされた行為であり，道徳的に非難されるべきものとなる．女性が「母親になる準備がまだできていない」という慎み深い（modesty），謙虚な（humility）性格から中絶を決断するとき，彼女の決断は道徳的に受け入れ可能かもしれない．しかし，有徳な女性（「精神的強さ，独立心，意志の堅さ，決断力，自信，責任感，まじめさ，そして自己決定力」といった性格特徴をもつ女性）からすれば，中絶はこれらの性格の一部を欠いていることを示している．それゆえ，彼女の決断は，道徳的な欠点を反映したものといえるだろう．このように徳倫理学による中絶の議論は「徳や悪徳に関係した用語を用いて行われる．そうした用語をいくつかの事例にあてはめることで，実践的な結論を生み出すのである」[20]．

まとめ

本章を終えるにあたって，本章の要点を確認しておく．倫理理論は問題の同定，道徳的正当化，直観の再検討といった三つの作業をうまく進める手助けをしてくれる道具である．もちろん功利主義，義務論，徳倫理学にはそれぞれ長所とともに問題点もある．しかし，たとえこれらの理論が必ずしも完全な理論であるとはいえなくても，理論を用いて考え，さまざまな角度から検討することは有益である．なぜなら，そうすることで初めてより合理的な問題解決の道が見えてくるからである．

参考文献

- トニー・ホープ，2007，児玉聡・赤林朗訳『医療倫理』岩波書店.
- 赤林朗編，2017，『入門・医療倫理Ⅰ〔改訂版〕』勁草書房.
- ジェームズ・レイチェルズ，2017，次田憲和訳『新版　現実を見つめる道徳哲学』

---

[20] ロザリンド・ハーストハウス「徳理論と妊娠中絶」，江口聡編・監訳，2011，『妊娠中絶の生命倫理——哲学者たちは何を議論したか』勁草書房，244頁．

晃洋書房.
- 児玉聡, 2010, 『功利と直観――英米倫理思想史入門』勁草書房.
- 児玉聡, 2012, 『功利主義入門――はじめての倫理学』ちくま新書.
- 川本隆史, 1997, 『ロールズ――正義の原理』講談社.

第3章

権利論

蔵田伸雄

本章の目的と概要

「権利」という語は，法的な場面のみならず，倫理問題に関する様々な議論の中で頻繁に用いられている．確かに権利という語は直観的にわかりやすく，様々な倫理問題に関わる議論に応用しやすい，という側面はあるが，権利という概念は多義的な概念でもある．本章の目的は，権利概念について，倫理問題に関する議論を行うために必要な理解を得ることである．最初に，権利という概念の諸側面を簡単に紹介する（Ⅰ節）．続いて，権利とは何か，そしてそれがどのように正当化されるのかを説明する（Ⅱ節）．さらに，規範理論としての権利論を，功利主義と対比しながら説明する（Ⅲ節）．最後に，規範理論としての権利論の問題点と，権利概念全般の問題点について簡単に説明する（Ⅳ節）．

Ⅰ．さまざまな権利とその分類

この節では，様々な種類の権利と，それらを大まかに分類する考え方を紹介する．

1. 権利の種類とその一般的な特徴

「権利」という言葉が頻繁に用いられているのは，法的な議論の場面である．たとえば，日本国憲法には，思想および良心の自由（19条），表現の自由（21条），信仰の自由（23条），健康で文化的な生活を営む権利（25条），教育を受ける権利（26条），勤労の権利（27条）など，さまざまな権利が基本的人権として規定されている．

また，権利は，倫理的議論の中でも問題にされることが多い．倫理的議論の中で言及されることの多い権利としては，生命権（生命を奪われない権利），自由権，所有権，抵抗権，人格権などが挙げられる．

さらに，たとえば医療の文脈でも，「患者の権利章典」（BOX1）に代表されるように，さまざまな権利が問題にされている．しばしば言及される権利としては，患者の自己決定権（自己に加えられる治療の方針を決定する権利，治療を拒否する権利，臨床研究への参加を拒む権利，ある種の検査を拒否する権利），医療へのアクセス権，自己の医療情報や私的な情報に関するプライバシー権，自己に関する医療情報を知る権利などがある．

このように権利にはさまざまな種類があり，それに応じて，権利はさまざまな場面で問題にされている．しかしいずれの場合でも権利というものはそれが侵害される場面で，つまり，人の利益や価値が損なわれる場面で問題になるものだと言えるだろう．以下では，これら多種多様な権利を分類するいくつかの主要な概念を紹介する．

BOX1：患者の権利章典

「患者の権利章典」（A Patient's Bill of Rights）とは，アメリカ病院協会によって1973年に定められたものであり，そこでは患者にとって重要な権利が全部で12列挙されている．その中から重要な権利を抜粋して紹介する．
・患者には思いやりのある，丁寧なケアを受ける権利がある（第1条）．
・患者には，自分の診断・治療・予後について完全で新しい情報を，理解しやすい言葉で伝えてもらう権利がある（第2条）．
・患者にはインフォームド・コンセントを与えるのに必要な情報を得る権利がある

(第3条).
・患者には治療を拒否する権利がある（第4条）.
・患者には自分のプライバシーについての配慮を求める権利がある（第5条）.
・患者には自分のケアに関する記録について，秘密が守られていることを期待する権利がある（第6条）.

2. 自由権と社会権

(1) 自由権

　さまざまな権利の中でも自由権（liberty）は特に重要である．自由権とは，他者や国家からの干渉・介入を受けずに，自分のことは自分で自由に決めることができるとする権利のことである．憲法における基本的人権のうち，思想および良心の自由，表現の自由，信仰の自由などは，この自由権に含まれる．また，この自由権によって，「自己決定・自律」および「プライバシー権」が基礎づけられると考えられている．

　自由権を機軸に据えた自由主義（liberalism）とは，一般に，「判断能力（competence）のある人は，他者に危害を加えない限り，自分のことについて自分で決めてよい」と考える政治的・倫理学的立場をさす[1]．それゆえに，自由主義社会においては，自己の行為や，人生における重要な決定を自分で自由に行うことができるという自律（自己決定権）が尊重される．

　他方，プライバシー権は，隠す権利，あるいは自分の情報をコントロールする権利など，「情報に関わる権利」として理解されることが多い．しかし，注意しなければならないのは，プライバシー権は自由権にその根拠をもち，それゆえに基本的には，「自分の私的な空間に他者が入ってこない権利」，そして「自由な意思決定を確保する権利」だということである．たとえば，「自分の私的な空間に他者が入ってこない権利」とは，自分の家や部屋に国家や軍隊・警察といった他者が勝手に入ってくることを拒む権利のことである．次に，「自

---

[1] このような立場は，「他者危害原則」とも呼ばれ，19世紀イギリスの哲学者J.S.ミルに由来すると考えられている．本書第4章および第11章を参照のこと．

由な意思決定を確保する権利」という側面について述べるなら，人々は職業や配偶者を自由に選択することができ，それに他者が介入することは「プライバシーの侵害」でしかない．このように，プライバシー権には，公的な領域とは区別された私的な領域を確保するという機能がある．そして，その私的な領域を確保することは，われわれに備わった自由権によって正当化されるのである．

さらに，自由権には，もともと国家への抵抗権という側面が備わっていた．本来，表現の自由という権利も，国家や社会に対する批判を自由に表現することができる権利であり，ある種の抵抗権だった．人工妊娠中絶の権利を正当化するリプロダクティブ・ライツ（生殖の権利）にも，国家が人工妊娠中絶を法的に規制することに各人が抵抗し，自分の自由な私的領域を国家に対して確保する権利という側面がある[2]．

最後に，権利とは，市民が国家に抵抗するための足がかりとなるのと同様に弱者が強者に抵抗するための足がかりとなるものでもある．医師に対する患者の権利にも同様の側面があり，患者の臨床研究への参加の拒否権も，このような意味合いを含んでいるのである．

(2) 社会権（社会的基本権・生存権的基本権）

以上の自由権に対比されるものとしては，「社会権」がある．社会権とは，個人の生存や生活を維持し発展させるために必要な条件の確保を，国家に対して要求する権利のことである．今日，基本的人権として認められている社会権としては，すでに述べた，生存権，教育を受ける権利，勤労の権利，医療を受ける権利などが挙げられる．国家には，このような社会権に対応して種々の政策を実施する義務があり，また国家はそういった政策を具体化する立法を行わなければならない．

歴史的に見れば，権利は，他者や国家の干渉を排除することで自由な決定を行う権利，つまり自由権から始まった．その後，国家の不干渉によって生じた様々な問題を是正するものとして，社会権が重視されるようになってきている

---

[2] この「生殖の権利」によって，障害者が国家による強制的な不妊手術を拒否する権利も正当化されることになる．生殖の権利については，『入門・医療倫理Ⅰ〔改訂版〕』第11章を参照のこと．

のである．

3. 消極的権利と積極的権利

消極的権利とは「〜からの自由」を意味する権利であり，積極的権利とは他人から「〜してもらう権利」のことである．そして，上で述べた自由権と社会権の区分は，消極的権利と積極的権利という観点から捉えなおすことができる．自由権は，他者による干渉を排除するプライバシー権の根拠になっていたが，このことからも明らかなように，消極的権利と親和的である．他方で，社会権は，国家に対して要求する権利という定義からも明らかなように，積極的権利の一つと考えることができる．

II．権利の意味とその正当化

1．権利とは何か

権利とは何かという問題に対しては，その用法を解明するというアプローチと，その本質を探究するというアプローチがある．

(1) 権利の用法

権利の用法に着目すると，「権利」という語は，一般に，Claim（請求権，主張，債権），Power（力，権能），Liberty（自由），Immunity（免責，免除，特権）という四つの意味で用いられているとされる[3]．

請求権 これは，権利主体が他者に対して一定の行為を請求できるという性質を言い表したものである．請求権には，主体，客体，内容がある．太郎君が花子さんに10万円を貸している場合，権利の「主体」は太郎君であり，「客

---

[3] この四つの意味は，アメリカの法学者のホーフェルドが提示したカテゴリーにもとづくものであるが，ホーフェルドはLibertyではなく，Privilegeという語を用いている．

体」は花子さんであり，その「内容」は「10万円を貸していること」である．そして請求権の場合，客体の側にはそれに対応する「義務」が課せられる．つまり，花子さんには10万円を返す義務がある．権利はしばしば何らかの義務に対応していると言われるが，請求権としての権利とそれに対応する義務との関係はその典型例である．

力 権利をもつことは，「力」をもつことでもある．これは，他人の権利や義務に何らかの影響を与える力のことである．権利のもつこのような側面を言い表しているのが，「権能」という言葉である．例えば，私は，自分の所有するものを他人に譲渡することにより，それを他人の所有物とすることができる．これは，私が他人に所有権を生み出しているという意味で，権能である．

自由 さらに権利には，国家や他者の介入を受けないという側面もある．権利のもつこのような側面を表現しているのが「自由」（liberty）としての権利である．そして前節で述べた自由権とは，権利のこの側面を言い表したものである．それゆえに，この場合の「自由」とは，行為の選択にあたり，個人は国家や第三者から介入を受けないということである．このような自由，つまり「国家や他者に介入されない」ということによって，言論の自由，職業選択の自由といった，「何かを選ぶ自由」（自律，自己決定）という積極的な自由が可能になる．

免責 「免責」（immunity）とは「自分が何かをしなくてもよい」，「何かを免除されている」という場合に用いられる権利の用法である．例えば，一般的に課せられている何らかの義務（例えば税金を払うこと）を，何らかの理由で免除されている場合などがこれにあたる．私が勤勉に勤務したことにより，長期の夏季休暇を得ることができる「権利」は，その期間労働することを「免除」されているということである．

(2) 権利の本質

権利とは何なのかを説明する理論として，「利益説」と「選択説」がしばしば挙げられる．利益説とは，権利を，その権利に対応する義務を法的に規定することによって保護される利益，つまり権利によって保護される利益とする立場である．一方，選択説とは，権利とは「行為者が何らかの選択を行うことが

できること」だとする考え方のことである．例えば上で見たように，人は自己の所有物をコントロールすることができるが，選択説は，このようなコントロール可能性に権利の根拠を見る．

2. 権利の正当化

このような権利を倫理学的な観点から正当化する（基礎づける）議論には，さまざまなものがある．以下，それらを順に見ていこう．

(1) 功利主義的正当化

功利主義的な権利の正当化とは，権利を功利原理によって正当化することである．つまり，規則功利主義における道徳的規則の正当化と同じように，「権利という概念の規範性を認めた方が社会全体の効用が増大する」という形で，権利を正当化するのである．この立場では，権利は，快や幸福・利益によって基礎づけられることになる．すなわち，権利の根拠は「権利とは人を苦痛や不幸から守るものである」という形で説明されるのである．

(2) 社会契約論的正当化

社会契約論的正当化の典型的な例はホッブズの社会契約論に見られる．ホッブズによれば，自然状態において人々は自分の自然権——自らの生命を保存する上で必要なことをなす権利——を無制限に行使し，その結果「万人の万人に対する争い」が生じる．そのような状態では人々は安心できないので，互いに社会契約を交わすことになる．その結果，自然権を放棄し，その権利の一部を国家に委譲するようになる．このようにして，互いの所有権は国家によって保証されるのである．

(3) 自然法論による正当化

自然法論の基本的な立場は，人間によって定められた法である実定法とは別に，自然法（natural law）が存在するという考え方である．そして，実定法の正当性は，この自然法によって根拠づけられることになる．次節において，

規範理論としての権利論を説明するが，権利論とは，このような自然法思想を洗練したものだと考えることができるだろう．

III．規範理論としての権利論

すでに見たように，権利にはもともと，強者に対して弱者を，より具体的に言えば，国家ないしは社会（の利益）に対して個人を保護するという意味合いがある．そして権利がもつこのような特質は，功利主義のように全体の効用を重視する立場と鋭く対立する．権利のこのような側面に着目しているのが，規範理論としての権利論である[4]．

もちろん，功利主義と権利概念は，必ずしも対立するものではない．前節で見たように，権利の正当性を功利主義によって基礎づける考え方もありうる．ただ，注意しなければならないのは，功利主義から権利を捉えた場合，権利はあくまでも二次的な概念であり，効用の概念が一次的だということである．功利主義の立場では，個人の権利は社会全体の利益，快楽，選好充足などの価値を根拠として正当化されることになる．それゆえ，功利主義によれば，権利は常に条件付きのものということになる．その結果，社会的弱者が犠牲にされることも「社会全体の利益のため」という功利主義的理由によって正当化されることになりかねない．この場合，権利は，個人を社会全体から守るというもっとも重要な役目を果たせなくなる可能性がある．

これに対して権利論においては，まさに権利が基本になる．それゆえに権利論は，権利基底的な理論（right-based theory）とも呼ばれる．この立場に立つならば，権利は，社会や国家によって個人が蔑ろにされる場面でこそ，その威力を発揮することになる．つまり権利という概念は，「全体の利益のために」という主張から個人を守る切り札（trump）なのである[5]．代表的な権利論者

---

[4] なお，個人の行為に関する倫理学理論としては，義務論と功利主義とが対比されることが多いが，権利論と功利主義との対比は，法や社会に関する倫理学的な議論の中で用いられることが多い．ここでは特に功利主義と対比させながら，規範倫理学の一理論としての権利論の有効性を説明する．
[5] ドゥウォーキン『権利論』p. xi.

の一人であるドゥウォーキンが「市民的不服従」の権利（たとえば，良心に従って徴兵を拒否する権利）を重要視するのは，権利のもつ以上のような役割に注目しているからである．

> **BOX2：付随的制約（side constraint）**
> 米国の哲学者ロバート・ノージックは，切り札としての権利がもつ性格を付随的制約と呼んだ．国家は基本的に社会全体の利益を追求するものだが，個々人には，そのための手段として利用されないという権利がある．言い換えれば，このような個人の権利は，国家による利益追求の営みを制約するものなのである．

IV．権利論および権利をめぐる問題点

1．権利論の問題点

(1) 権利概念は曖昧で多義的

「人格権」等の権利概念は曖昧であると言われることがあり，特に「プライバシー権」のような新しい権利概念は，多義的で使いにくいと批判される．そのため，権利論は規範理論として弱いのではないかと批判されることもある．権利論に対する功利主義からの批判の一つは，多義的な権利概念に基づくよりも，各人の快苦，利益や選好充足に還元して一元化する功利主義の方が議論しやすいという点にある．

(2) 権利のコンフリクトを解決できない

たとえば，中絶問題は女性の生殖に関する自己決定権と，胎児の「生命権」との対立として理解されることがある．しかし権利を基礎に据える「権利論」の枠内で，このような対立を解消することは容易ではない．他方で，（行為）功利主義は，より多くの利益を生み出す選択肢を選ぶという形で，この種のコンフリクトを解決することができる．ただし，「権利の強さ」の相違を考慮す

ることによって，このような権利のコンフリクトは解決可能だと考える論者もいる．

2. 権利概念をめぐる問題

(1) 権利の主体は誰か

たとえば，法的脳死判定を受けていない脳死状態の人や遷延性植物状態の人にも，生命権を始めとした法的権利が認められており，またそういった人々もある種の道徳的な配慮の対象とされている．だがそのような人々には，十分な意思疎通ができる患者と道徳的に全く同じ権利を認める必要はない，という意見もある．また胎児や胚に，何らかの「権利」を認めよという主張もある．この問題は，胎児や胚の道徳的地位（moral status）をめぐる問題として長年議論されてきたが，いまだに議論が続いている．さらに，人間以外の知能の高い動物に権利を認める必要はないのか，ということも議論されている．

なお，「何が」，あるいは「誰が」権利の主体となることができるのかという議論は，医療倫理学では「パーソン論」と呼ばれている．「パーソン論」とは権利の有無を知的能力の有無に基礎づける議論のことである[6]．どのような能力をその基準とするのかについては，さまざまな意見が出されている．そして選択説の立場をとるのであれば，一方で，チンパンジーやイルカといった高等なほ乳類には権利を認め，他方で，胎児，昏睡状態の人，重度の知的障害のある人，未来世代の人々といった選択できない存在には権利を認めないことになる．また，利益説をとるなら，たとえ選択はできなくても，利益を得られる存在（たとえば妊娠後期の胎児）は，権利の主体に含まれることになる．

(2) 権利を放棄することはできるか

「自分の自由権を放棄して奴隷になる自由はあるか」，さらに「個人には，自分の生命権を放棄して自殺する権利はあるか」という問題は，特に自己決定権との関連で議論されることの多い問題の一つである．だが所有権は放棄・譲渡

---

[6] パーソン論については『入門・医療倫理 I〔改訂版〕』210-1 頁を参照のこと．

できるとしても，自由権や生命権は原理的に放棄・譲渡できないと考える論者もいる．たとえば，患者が治療方針の選択権を放棄して，「お医者様にすべてをおまかせします」という場合には，一見自由権を放棄しているように見える．だがこの場合も，「選択の自由に関する権利を他者に委譲する」という一段階上の自由権を行使しているにすぎない．個々の患者は「やはりまかせることはやめます」と言って，選択の自由を取り戻すこともできるのである．

(3) どこまでを権利として認めるか

倫理問題に関する多くの議論の中では，どのような権利を正当な権利として認めるべきか，ということが問題にされている．たとえば「困っている時に助けてもらう権利」はあるのだろうか．一般に「慈善をうける権利」はないと考えられている．しかし国家には市民の衣食住を保証する義務があり，被災者が衣食住を求める権利もあると考えられている．これは国家には人々が最低限の生活を送ることを保証する義務があると考えられているからである（第Ⅰ節で述べた社会権がこれにあたる）．だが体外受精を医療保険でカバーせよと要求する「権利」があるかどうかについては議論が残るところである．また「生体からの臓器移植を求める権利」はなく，したがって患者が家族から肝臓の提供を要求する権利はないと考えられる．

まとめ

今日われわれが生きる自由主義社会においては，権利概念はきわめて重要である．とりわけ権利という言葉が，社会的弱者やマイノリティが自分たちになされてきた不正義を訴えるために用いられてきたという歴史的経緯を振り返るならば，今日さまざまな領域で主張されている権利要求を安易に退けることはできない．もっとも，本章で述べたように，権利概念や権利論にはさまざまな問題が指摘されており，濫用の危険性があることも否定できない．われわれに必要とされているのは，権利の要求を無批判に受け入れることなく，その正当性を見極めることであろう．

参考文献

- Chadwick, R, 2005, "Rights Theory", Mitcham, C ed., *Encyclopedia of Science and Technology Ethics*, Thomson Gale, pp. 1630-4.（蔵田伸雄訳「権利論」, 科学・技術・倫理百科事典翻訳編集委員会監訳, 2012,『科学・技術・倫理百科事典』丸善出版, pp. 720-4.）
- Dworkin, R, 1977, *Taking Rights Seriously*, Cambridge: Harvard University Press.（ドゥウォーキン, R, 2003, 木下毅・小林公・野坂泰司訳『権利論〔増補版〕』木鐸社；ドゥウォーキン, R, 2001, 小林公訳『権利論II』木鐸社.）
- Dworkin, R, 1994, *Life's Dominion*, New York: Vintage Books.（ドゥオーキン, R, 1998, 水谷英夫・小島妙子訳『ライフズ・ドミニオン』信山社.）
- 長谷川晃, 1991,『権利・価値・共同体』弘文堂.
- Nozick, R, 1974, *Anarchy, State, and Utopia*, New York: Basic Books.（ノージック, R, 1992, 嶋津格訳『アナーキー・国家・ユートピア』木鐸社.）
- Sumner, LW, 2000, "Rights", LaFollette, H ed., *The Blackwell Guide to Ethical Theory*, Oxford: Blackwell, pp. 288-305.
- 田中成明, 2011,『現代法理学』有斐閣.

第4章

法と道徳

山﨑康仕

本章の目的と概要

　倫理における「法と道徳」の問題を論ずるにあたって，はじめに「法」と「道徳」という言葉についての簡単な概念規定をしておきたい．ここでの「法」には，現代の国家や地方公共団体などの組織が制定し，その行動基準となる法（法律・省令・政令・条例など）を中心に，行政庁の行政指針，国際法，裁判所の下す判例，さらに判決の法源となる慣習などが含まれる．このような「法」以外で人々の行動基準となる規範をすべてここでは「道徳」と呼ぶことにする．たとえば，今日，医療倫理や研究倫理と呼ばれるものは，「法」によって基礎づけられているものも多々あるが，その多くは，この「道徳」に含まれることになる．

　本章ではつぎの二つの問題を考察することにする．一つは，概念論のレベルの問題で，法とは何か，法は道徳や倫理とどのように異なるのか，悪法も法であるかなどの問いの下で，法哲学・法思想史上論じられてきた問題である．もう一つの問題は，「法による道徳の強制」問題と呼ばれるもので，社会の特定の倫理や道徳を，法を使用して特定の集団や社会全体に強制することができるかどうかという問題である．

I．法と道徳の分離

1．自然法論と法実証主義

　法と道徳の概念上の関係を考える場合には，まず法思想史における自然法論と法実証主義の議論を概観することが有益である．自然法論と法実証主義の両概念は多義的である．自然法論の言う「自然法」とは「自然」に根拠をもつ普遍かつ不変の規範という意味である．その「自然」は，あるときは神のような超越的存在やその創造物であったり，あるいは人間的自然（人間性）であったりした．自然法論とは，そのような「自然」に立脚した自然法が世界のすべての地域にあまねく存在し，あらゆる時代に存在するという主張であると共に，社会の慣習や制度以外の法源があると考える主張である．

　例えば，西欧中世キリスト教世界観（とくにトマス・アクィナス）では，世界は，永久法（lex aeterna）を頂点として，自然法（lex naturalis），人定法（lex humana）の3様相から成る，キリスト教の神の秩序によって構成されている．この自然法論の考えでは，「法」という名称に値するものはすべて自然法（あるいは永久法）に由来するものであり，「法」は自然法に適っている限り，その道徳的な「善さ」「正しさ」を自然法によって保証される．その限りで「法」はすべて善き法であり，逆に，自然法に反する「悪法は法ではない」という主張が導き出されることになる．

　この自然法論は，西欧世界では古代ギリシャ以来19世紀にいたるまで優越し，主流の地位を獲得してきたが，18世紀後半に市民革命などを通して，人権思想に代表される自然法が憲法や他の法律に書き込まれることによって，現実の実定法が自然法を体現したものとして認識されるようになる．こうして，自然法は，現実の批判原理や改革の目標から，現行法秩序や社会体制を正当化する理論となった．他方，めざましい実績をあげてきた科学に比肩できる，学問専門分野としての法学の樹立のために，その研究対象を実定法に限定しようとする動向が現れる．ここに「法」とは実定法だけであり，自然法や道徳のようなものを法としては認めない法実証主義の立場が主張されるようになる．一

定の基準や手続きに従って確認または制定されたものが「法」であることになり，その「法」の道徳的な性質は「法」であるための必要条件ではない．ここから「悪法も法なり」という主張が導出されることになる．法実証主義とは，法と道徳を概念上分離すべきであるとするテーゼ，および自然法のような法を認めず，法とは実定法のみであると主張する実定法一元主義というテーゼを，その中心的なテーゼとする立場である[1]．

BOX1：自然法と法実証主義

自然法
　「自然法」とは「自然」に根拠をもつ普遍かつ不変の規範である．自然法論の考えでは，「法」は自然法に適っている限り，その道徳的な「善さ」「正しさ」を自然法によって保証される．その限りで「法」は善き法であり，逆に，自然法に反する悪法は法ではないということになる．

法実証主義
　法と道徳は概念上分離すべきであり（法と道徳の分離論），また，自然法のような法を認めず，法とは実定法のみであると主張する．（実定法一元主義）

---

2. 西欧法思想史上の「法と道徳の分離論」

(1) 法の外面性，道徳の内面性

　西欧法思想史において，法と道徳の両概念の別個独自性が自覚的に論じ始められるのは，西欧近代社会の曙光が見え始める18世紀の啓蒙主義からである．両概念を分離して論じるべきであるという議論は，人間の良心や意志を重視した自然法論者の議論に端を発している．ドイツの自然法論者トマジウス（Thomasius, Ch. 1655-1728）は，幸福が人間生活の究極目標であり，人間生活の不幸を回避することが自然法の最高原理であると考えた．そのための公理として誠実・礼節・正義をあげ，それらの各々に道徳・政治・法が対応するとした．彼は，法と道徳について「法の外面性，道徳の内面性」というテーゼで

---

1) 「法実証主義」の多義的な意味については，ハート，2014，521-2 頁を参照．

集約される主張を行う．法の原則は，「自分にしてほしくないことを他人にしてはならない」という公理を含んでいるが，それは，「自分にしてほしいことを他人にもせよ」という公理を含む道徳の原則よりも，従属的であり，その道徳原則を実現するための前提条件をなしている．道徳は，人間の内面の法廷である良心を規律することにかかわるのに対し，法は，外面的行為を規律することにかかわるとし，それゆえ法的義務だけが外的権力により強制され，道徳的義務はそのような強制の対象にならないとされる[2]．

　この法と道徳（外的法廷と内的法廷）の分離論においてトマジウスが意図したことは，国家が内的法廷である良心に対していかなる権限も有しないと主張するとともに，教会が魔女裁判等を通して世俗社会に広範に介入することに反対して君主の権力を擁護することにあった．その分離論は，異端審問等での個人の良心への外的権力の干渉を排し，科学と宗教との分離や拷問制度の廃止という主張に結びついていく．

　カントは，意志の自律を道徳の最高原理とし，法と道徳の基底に措定される自由を生得的な自然権として把握する自然法論者である．彼も法と道徳の区別を主張するが，その区別の基準は，トマジウスのように規律対象（外面的行為と内面的良心）ではなく，義務づけの方法の違いにあるとする．法は，行為者の動機には関与せず，その行為が外面的に義務の法則に合致していること（合法性 Legalität）を求めるのに対して，道徳は，行為者の動機が義務法則に対する尊敬であること（道徳性 Moralität）を求める（カントについて詳しくは，第2章，第6章も参照）．

(2) 実定法一元主義

　法・道徳分離論は，トマジウスやカントに見られるように，自然法論と必ずしも対立するものではない．しかし18世紀後半以降に西欧近代国家が整備され，自然法の法源としての地位が否定されると，法・道徳分離論は，自然法論と対立する強力なテーゼとなる．西欧近代国家法秩序において，社会の慣習や制度以外の法源を認めず，何が法であるかを確定する場合に使用される法確認

---

[2]　Thomasius, C, 1705, *Fundamenta iuris naturae et gentium*.

基準から道徳や自然法を排除し，法とは明確な基準と形式的な手続きによって確認される実定法のみであるとする実定法一元主義が強力な潮流として出現する．この実定法一元主義によって，これまでの啓蒙主義に由来する法・道徳分離論とは異なり，自然法論を脱皮した純粋型の法実証主義が誕生することになる．ここに道徳や自然法から峻別され，実定法のみで形成された法の独自の世界が形成され，それを支持・推進する法実証主義の極限形態が19世紀後半のドイツ概念法学[3]で結実する．

(3)「法は倫理の最小限である」

一方，個人主義と自由主義を基調とする西欧近代社会が自由放任の資本主義経済の生み出す諸矛盾を抱えるにつれて，個人倫理偏重の倫理および法・道徳分離論が批判されていくなかで，イェリネック (Jellinek, G. 1851-1911) は，「法は倫理の最小限である」というテーゼを主張する．すなわち，法は，客観的には，社会の存立・維持の諸条件，つまり倫理的諸規範の最低限の存在であり，主観的には，社会構成員が要求される最小限の倫理的信条である[4]．ここには，個人道徳と対比される社会道徳に通じる視座や，法と道徳の交錯領域があること，その交錯領域では法と倫理・道徳との関係の確定が必要であるという問題が顕在化されている．

(4) 20世紀以降の分離論

しかし20世紀に入ってラートブルフ (Radbruch, G. 1878-1949) は，「法の外面性，道徳の内面性」テーゼを，法と道徳の「関心方向」の区別として再評価しているし，ハート (Hart, H. L. A. 1907-1992) もこのテーゼが道徳につ

---

[3] 19世紀初頭，ドイツでは，ローマ法を古代ローマにまでさかのぼって歴史的に研究し，それを19世紀のドイツの現状に適応するように再構成し体系化しようとするドイツ歴史法学派が登場する．その理論活動は，精密な論理的概念構成を誇るドイツ・パンデクテン法学を形成することになる．そのパンデクテン法学に対して，イェーリングが「概念のための概念の遊戯」であるとして与えた嘲笑的名称が「概念法学」である．阿南成一編，1970,『法思想史講義』青林書院新社，118頁参照．

[4] Jellinek, G, 1878, *Die sozialethische Bedeutung von Recht, Unrecht und Strafe.*〔イェリネク，G，1936, 大森英太郎訳『法・不法及刑罰の社會倫理的意義』岩波書店．〕

いての次の特徴を表現しているものであるならば，それなりの価値があるとしている．すなわち，道徳の社会的重要性，道徳が意図的な変更を受けないこと，道徳的犯罪の自発的な性質[5]，道徳的圧力の特色的な形態（良心への訴えなど）という4つの特徴である．

　以上のように，西欧法思想においては，「法の外面性，道徳の内面性」というテーゼは，多くの鋭い洞察を提供しつつも，その個人主義的な道徳観や，法や道徳の多様性，法の基底的な社会倫理的意義ゆえに限界をもつが，そのテーゼに凝縮される法・道徳分離論は，西欧型近代国家の誕生以降は，法秩序や法学の自律性イデオロギーの中核的位置を占めることになる．

　また，ケルゼン（Kelsen, H. 1881–1973）は，価値相対主義の立場から，法の認識とその正当化において特定の道徳に影響されず，対象の没価値的記述に法学の任務を限定する純粋法学を樹立することによって，実定法一元主義と法・道徳分離論という法実証主義の基本テーゼを徹底させ，法実証主義の金字塔を打ち立てた[6]．

3. 法と道徳の融合論

(1) ハート・フラー論争

　近代国家法の形成時期には，有効なイデオロギーとして働いた「法と道徳の分離論」も，西欧型近代法が想定していなかった新たな問題が生じた場合に，その限界を呈し，実定法以外の要素に適切な解決手段を求めようとする場合が生じてくる．例えばナチス政権下において夫を亡き者にするために，ナチスやヒトラーに対する批判者を死刑とする密告法を利用した妻が，ナチス政権崩壊後のドイツで，生き延びた夫から訴えられるというケースの場合，ナチス政権下で密告法を利用した妻の行為をどのように裁くべきかということが問われた．

---

[5] できる限りの注意をしたが生じてしまったと証明できれば，道徳的責任は免れることから分かるように，道徳的責任を問うためには，自己の行動をコントロールしているということが必要条件の一つとなる，という意味．

[6] Kelsen, H, 1960, *Reine Rechtslehre II*.〔ケルゼン，H，2014，長尾龍一訳『純粋法学　第二版』岩波書店．〕長尾龍一，2013，『ケルゼン研究 3』慈学社出版．

もし実定法一元論をとるならば，妻の行為は合法的であることになるが，それは，われわれの道徳観に反するように思われる．

このケースを具体的な事例として，ハートとフラー（Fuller, L. L. 1902-1978）の間で，法と道徳の分離論の是非が問われた．ハートは，次の二つの理由から法・道徳分離論を支持する．一つには，より効率的な法現象の研究のため．つまり，「悪法は法でない」として悪法を排除した法概念を採用するのではなく，悪法をも含んだより広い法概念を採用する方が研究対象を広くとることができる．もう一つの理由は，悪法に対するより強力な抵抗の理論のため．「その法は，悪法であるから法でない．ゆえにそれには従えない」ではなく，「その法は，法であるが，邪悪すぎて従えない」とした方が，論点が法の邪悪さに限定されて明晰になり，抵抗の論理としてより強力である．それゆえ，ハートは，道徳から分離された法概念の重要性を説き，法・道徳分離論のテーゼを堅持する[7]．そこでハートは，さきのナチスの事例に関して，特例的に，遡及法[8]によって妻を処罰するという解決方法を模索すべきであったと主張した．

しかしフラーは，法体系が存在していると言えるためには，つねに法内在道徳（internal morality of law）が存在しなければならないと主張し，法・道徳分離論を批判する．フラーの言う法内在道徳とは，法は，①一般的なことを規定しなければならない，②公布されねばならない，③遡及法であってはならない，④内容が明瞭でなければならない，⑤論理的な矛盾があってはならない，⑥不可能なことを要求する法であってはならない，⑦朝令暮改であってはならない，⑧警察や裁判所のような公的な機関の行動と法が合致していること，ということである．ナチス時代には，秘密法や遡及法が濫用され，また公的機関の行動は公的ルールと一致せず，法内在道徳が大きく欠落しており，その結果，法体系が存在するとは言えず，個々の法律は有効でも無効でもなかったという

---

[7] Hart, HLA, 2012, *The Concept of Law*, 3rd edition（1st ed.,1961）, Oxford: Oxford University Press.〔ハート，2014.〕
[8] 法律の効力がその施行以前にさかのぼって発生する場合（遡及効をもつ場合）の法律のことをここでは「遡及法」と呼ぶ．「遡及法」は，一般には，既得権や法的予測への悪影響から法的安定性が害されるために，禁止されている（法律不遡及の原則）．特に刑罰に関しては，西欧近代法以降では，「事後法の禁止」という原則で，刑罰の遡及効が禁止されている．

のがフラーの結論である[9]．ハートは，これらの条件を満たす法体系でも邪悪な法体系になりうるがゆえに，これらは，道徳の問題ではなく効率性の問題にすぎないと反論する．

(2) 法・道徳融合論の展開

しかし1970年代になると，新たな法・道徳融合論が強く主張されてくる．法の解釈が分かれる難事件（hard case）における法の解釈・適用の過程に焦点を当て，その過程で裁判官が「判決のための適切な理由は何か」を熟慮する場合には，法体系を支える法基底的な道徳的原理（「制度的道徳」）への参照が不可欠であり，その限りにおいて法は必然的に道徳と融合しているという主張が登場する[10]．難事件において，裁判官が「何が法であるか」そして「判決のための適切な理由は何か」を確認する場合，法実証主義が想定する法確認基準では確認されない，法体系の外にあるとされる道徳的原理や規範が使用されるということになると，独自の法世界を樹立しようとする法実証主義にとっては致命的になる．

また，1980年代以降米英を中心に登場する共同体論（communitarianism）と呼ばれる一つの思想潮流も法・道徳融合論に密接に関連する．この視座では，共通善やそれを支える共通の道徳が極めて重要になり，その範囲内で個人の自由は制約を受ける[11]．共同体論には政治における卓越主義（perfectionism）が見られる．これは，特定の善き生の構想に従って個人を有徳な存在へと導くことを政治の任務とする「共通善の政治」である．このような共同体論の立場では，共同体の法は，共同体の共通善を実現・促進するものでなければならず，その限りで法と道徳は融合すべきものとなる[12]．

---

[9] Fuller, LL, 1969, *The Morality of Law*, revised edition, New Haven: Yale University Press.〔初版邦訳：フラー，LL，1968，稲垣良典訳『法と道徳』有斐閣．〕

[10] cf. Dworkin, R, 1977, *Taking Rights Seriously*, Cambridge: Harvard University Press〔ドゥウォーキン，R，2003，木下毅・小林公・野坂泰司訳『権利論〔増補版〕』木鐸社；ドゥウォーキン，R，2001，小林公訳『権利論II』木鐸社〕；1985, *A Matter of Principle*, Cambridge: Harvard University Press; 1986, *Law's Empire*, London: Fontana Press.〔ドゥウォーキン，R，1995，小林公訳『法の帝国』未來社．〕

[11] 本書第12章，および『入門・医療倫理I〔改訂版〕』第4章も参照せよ．

[12] Sandel, MJ, 1998, *Liberalism and the Limits of Justice*, 2nd edition, Cambridge: Cam-

4. 法と道徳・倫理の動態的相互関係

　現実の法規範の形成過程においては，法は，不断に道徳と相互に連関している．この点について，性転換手術を具体例としてみてみよう．外科的手術によって性転換を行うことは，生殖を不能にすることを目的とした手術として母体保護法（旧優生保護法）によって刑事罰をもって禁止されている[13]．実際，過去に，性転換手術を行った医師が優生保護法違反で刑事罰を受けている[14]．しかし最近では，性転換手術をおこなった医師が刑事罰を科されることはない．この差はいったいどこから生じたのであろうか．

　埼玉医科大は，性転換手術に先立って，学内の倫理委員会で承認を得た後，診断基準の明確化と治療に関するガイドラインの策定や，術前，術後のケアのための体制の整備などをおこなうとともに，全国規模の学会である日本精神神経学会で承認を取り付けるなどの環境整備を行った．これにより，外科的性転換手術は，性同一性障害の治療の一つでありうるという認知を得て，その「医療の正当性」を獲得したのである．

　性転換手術に関して医療専門家集団が自主的に創設した規範は，法的視点から見れば，一専門家集団内部の規範にすぎず，その意味では，ある集団の道徳的または倫理的な規範であり，法的拘束力をもつものではない．しかしその自主的規範に従った行為が，「医療の正当性」をもつものであると認定されるようになった場合，その規範は，法規範の一部に組み込まれることになり，その規範に従った行為は法的責任を免除される．逆にその規範からの逸脱に対しては法的制裁が科せられることになる．このように道徳・倫理と法は動態的に相互に関連しているのである．

---

　　bridge University Press.〔サンデル，MJ，1999，菊池理夫訳『自由主義と正義の限界（第2版）』三嶺書房.〕
13）　母体保護法第 28 条，第 34 条参照．
14）　東京地判 1969（S44）・2・15, 判例時報 551 号 26 頁．東京高判 1970（S45）・11・11, 高等裁判所刑事判例集 23 巻 4 号 759 頁（判例時報 639 号 107 頁）.

II. 法による道徳の強制

1. ミルの他者危害原則とパターナリズム

「法と道徳」の関係はどうあるべきかという問題を考察する場合，重要な分析視角としてミル（Mill, J. S. 1806–73）の他者危害原則（harm-to-others' principle）がある．この原理は，社会や国家が権力を行使してある人の自由に干渉できるのは，他者への危害を防止する場合だけであって，当人の幸福（物質的なものであろうと精神的なものであろうと）は，その権力行使の理由にならないというものである[15]．この原理では，たとえある人の行動が不道徳なもの，非倫理的なもの，あるいは愚かで馬鹿げたものであろうと，他者に危害を及ぼさない限り，その行動を妨げることはできないことになる．

この自由主義の基本原理とみなされる原理は，一見，きわめて明白かつ説得力のある，有効な法的・道徳的・政治的原理であるように思われる．しかし現代社会は，ミルの時代よりもはるかに複雑な状況を呈しており，ミルのこの原理の修正的適用ではもはや解決が困難な問題も出現してきている．とくに，ミルの他者危害原則における「危害」とは何であるのかという問題があり，例えば，その「危害」には道徳上の危害や感情への危害が含まれるのかという問題がある．また，「他者」とはいったい誰のことであるのかという問題もあり，例えば，胎児やヒト胚がこの「他者」に属するかどうかという問題も問われている．

ミルの他者危害原則が内包する限界には，パターナリズム（paternalism）に関するものもある．パターナリズムとは，父親がその子供の行動を規制するように，一国または一共同体の生活を規制し，必要なものを与えようとする主張または試みのことである．パターナリズムは，親と子供の間，医師と患者の間，国家と国民の間に成り立ちうる．そこでの共通の特質は，権力，経済力や知識などの点で優位に立つ者が劣位にある者の（最善の）利益や保護を図るた

---

[15] 本書第 11 章，『入門・医療倫理 I〔改訂版〕』第 3 章も参照せよ．

めにその者の自由に干渉することである[16].

　ミルの他者危害原則ではパターナリズムは許容されない．もしパターナリズムを認めることになれば，当人の最善の利益を理由にした広汎な干渉が正当化されることになってしまい，それは，当人の幸福を理由とする干渉を禁じた他者危害原則に反することになるからである．しかしなぜ社会や国家は，パターナリスティック（paternalistic）になってはならないのか，特に，なぜ人々が自分自身に危害を加えることから彼らを保護してはならないのか．例えば，社会や国家が危険なスポーツを禁止することは，ミルの他者危害原則では正当化できない[17]．パターナリズムを正当化しようとすると他者危害原則以外の要素（例えば，特定の薬物の使用制限の場合のように，短期的・刹那的な自己決定の自由ではなく，長期的な人生構想の実現に資する自律的な自己決定の確保）が要求されることになるのである．

2. ハート・デヴリン論争――リーガル・モラリズムをめぐって

　法と道徳をめぐる主要な論点として，特定の道徳を法によって強制してもよいかどうかという問題がある．この問題は，1960年代のイギリスでハートとデヴリン（Devlin, P. A. 1905-1992）の間で論じられた．この論争の発端は，ウォルフェンデン報告[18]にある．ウォルフェンデン報告は，同意した成人男性間の私的な同性愛行為を非犯罪化し，売春については公の勧誘行為を禁止する以外，売春を非犯罪化すべきという勧告をおこなった．この報告では，刑法の機能は，市民を不快または有害なものから保護するために公序良俗を保全すること，および他人（特に年少，身体的または精神的な虚弱さ，身体的・社会的・経済的依存状態にあるために，傷つきやすい人々）を搾取や堕落から守る

[16) 『入門・医療倫理Ⅰ〔改訂版〕』第3章も参照せよ．
[17) ただ，ミル自身は，他者に対する危害がない場合でさえ，社会が個人自身の善を促進するために干渉できる例外を若干指摘している．人々が自由で平等な議論によって改善される見込みがない未発達の社会状態（backward states of society）の場合や，危険が知られていない場合，特に，子供に関しては，パターナリズムが許容されている．cf. ミル，1971．
[18) Report of the Committee on Homosexual Offences and Prostitution: Cmnd. 247 (HMSO, 1957).

ために十分な安全策を提供すること,とされた.結局,市民の私生活への介入や特定の行動様式の強制は法の機能ではないし,同性愛行為に関しては,弱者に対する成人の同性愛行為や公然と行われる同性愛行為は規制・処罰の対象となるが,成人間で私的に行われる同性愛行為はその対象外である,とみなした.ここでは,私的な道徳および不道徳の領域の確保と,この領域からの法による干渉の排除が提唱されている.

ある行為を,それが不道徳であるという理由から法によって禁止し,特定の社会道徳や価値(同性愛禁止の道徳的判断など)を,法を用いて強制・実現しようとする立場はリーガル・モラリズム(legal moralism)と呼ばれる.ウォルフェンデン報告は,この立場を少なくとも同性愛行為については明確に否定したと言える.リーガル・モラリズムは,社会の多数者が支持・擁護する共通道徳を守るという点では,共同体論と近似した特長を有している.また,リーガル・モラリズムは,特定の社会道徳の維持・擁護を目的とし,リーガル・パターナリズムは,当人の利益の保護を目的としている点で異なっているが,両者は,ミルの他者危害原則以上に他者の自由への干渉を正当化する点で共通している.この報告を巡って開始されたハート・デヴリン論争から得られる示唆を,本章と関係する範囲内で,ハートによる議論の線に沿って概観する[19].

BOX2:国家や社会による強制や禁止の根拠を提供する主要な理論

他者危害原則:他人に危害を加える行為は禁止することが許される.
パターナリズム:本人の利益のために,本人が行う一定の行為を禁止・強制することが許される.
リーガル・モラリズム:不道徳な行為を,法的に禁止することが許される.

第一に,「道徳を法によって強制することは正当化できるか」という問題は批判道徳(critical morality)の問題であるという点では,ハートとデヴリン

---

19) Hart, HLA, 1963, *Law, Liberty, and Morality*, Oxford: Oxford University Press, and 1967, "Social Solidarity and the Enforcement of Morality", *University of Chicago Law Review*, 35. Devlin, P, 1965, *The Enforcement of Morals*, Oxford: Oxford University Press.

は共に意見が一致している．言い換えると，特定の社会で特定の道徳や慣行が一般的に受け容れられているという事実や，それが法によって強制されているという事実を示しても，その問題に対する十分な解答にならないし，また，それは批判道徳を定立・論駁したことにもならないということである．

　第二に，道徳（特に共有道徳（shared morality））の法的強制は社会の崩壊を防止するために必要であるというテーゼ（ハートの用語では崩壊テーゼ（disintegration thesis））は，結局，十分な証拠を提示できない．そのため，実定道徳の法的強制論者は，ハートの用語で保守的テーゼ（conservative thesis）と呼ばれるテーゼに立脚せざるを得ないことになる．保守的テーゼとは，社会の多数派は彼らの道徳的環境が変化から守られるべき価値であるという確信に従って行動する権利をもつ，したがって社会は法によって道徳を強制する権利をもつ，という理論である．

　第三に，その保守的テーゼも，厳しい批判にさらされる．(1) 社会道徳を維持することが一つの価値であり，その法的強制を正当化するという主張は，道徳的保守主義（moral conservatism）と呼ばれるが，その主張を支持するには何らかの一般原則が必要である．もしそのような原則がなければ，その主張は，いかなる社会道徳の維持も人間的悲惨や自由の剥奪のような犠牲に優る価値であるというドグマにすぎなくなる．(2) もしその一般原則が，社会の多数派はすべての人がどのように生きるべきであるかを命じる道徳的権利をもつという道徳的大衆主義（moral populism）であり，その道徳的大衆主義は民主主義に含まれると主張されるならば，それは民主主義の誤解にすぎない．すなわち，政治権力は多数派に委ねるのが最善であるという原則と，多数派がその権力によって行うことは批判の対象外であるという要求とは，全く別個のものであり，民主主義が完全で無謬であるというためには，「人民の声」は「神の声」であるという原則や，圧倒的多数に支持されている実定道徳は批判を受け付けないという前提が，提示されることが必要である．一般の道徳が，圧倒的多数によって支持されている，あるいはその支持がその道徳に対する広範な不寛容，憤慨，嫌悪によって表明されているとしても，少数派に対してそれを強制するには，正当化が必要である．結局，道徳的大衆主義は，大衆の偏見や個人的な嫌悪による自由の制限を許すという点で，批判を免れないものである．

第四に，社会道徳には3種類のものを識別することが可能である．第一の種類は，殺人や暴力の禁止のように，いかなる社会にも必要不可欠な道徳的原理やルールを含むものであり，第二の種類は，一夫一婦制のように，特定の社会にとっての道徳的核心を形成するものであり，第三の種類は，それら二種類以外のもので，隣人には会釈するというルールのように，必ずしも特定の社会にとって特有の道徳的核心をなすものであるわけではないが，当該社会の多数の人々によって受容されている社会道徳である．ハートとデヴリンは，ともに第一の種類の道徳を法によって強制してもよいと考え，また，第三の種類の道徳については，個人の自律に委ねて法の干渉を認めない点では一致している．ハート・デヴリン論争では，問題は，第二の種類の社会道徳を法的に強制することが，それも刑罰を用いて強制することが，道徳的に許されるかどうかであった．デヴリンは，このレベルでの法による道徳の強制を是認し，その限りでリーガル・モラリズムを是認する立場をとっている．それに対してハートの議論では，この領域の社会道徳は，刑罰まで用いて強制すべきではなく，自己に対する身体的危害の防止を介入理由に含めるパターナリズムや公然性の原則などのいくつかの原則による制約を受けながらも，基本的には個人の選択による流動的状態に委ねられるものであり，リーガル・モラリズムは拒否される．

BOX3：実定道徳と批判道徳

実定道徳：ある社会集団の大多数が実際に受容し共有している道徳．
批判道徳：実定道徳や実定法，社会制度を批判的に評価したり基礎付けたりする場合に用いられる一般的な道徳的基準・原理．

3．現代における道徳規範の強制——代理母をめぐって

　最後に，現代において法と道徳の関係が問題となる一事例として代理母の問題を取り上げる．代理母とは，生まれた子供を引き渡す目的で依頼者のために妊娠・出産をおこなう女性のことである．そのような出産の形態は代理（母）出産と言われる．代理母には，正妻との間に子供ができない場合に妾に子供を

産ませるなど，様々な地域や文化において古くから多数の前例があり，明治民法の庶子制度も代理母を前提としたものである．現代では，人工授精や体外受精技術などの医療技術が使用され，医療者などの第三者が介入する点で過去の形態とは異なっている[20]．

　代理母を用いた家族形成を認めるか否かという問題は，夫婦や親子関係，家族，個人の自由などについて一定の価値判断をともなった道徳の問題である．この道徳問題に社会や国家が対応する場合には，大きく分けて二つの方法があり得る．第一は，社会や国家の構成メンバーである個人の自由に軸足を置く方法であり，第二は，社会や国家の道徳に優先権を与える方法である．具体的には，第一の方法として，個人（依頼者・代理母・医療者）の選択の自由を尊重する米英型がある．その中には，この分野での個人による自生的な秩序形成を信頼し，裁判所による事後的な紛争処理のみに徹するアメリカ型と，一定の法的枠組みを設けて，その範囲内での個人の自由を保障すると共に，事前に紛争予防を図るイギリス型がある．第二の方法としては，個人の自由よりも，社会や国家の公認する道徳秩序の維持形成が重要であると考え，代理母出産を禁止する独仏型がある．

　イギリスは，業者が対価を得て代理母を広告，募集，斡旋・仲介するなどの営利的な代理母斡旋業を禁止することによって商業主義に一定の歯止めをかけると同時に，妊娠出産する女性が母親であるという原則，代理母出産契約は法律上強制することはできないという原則を法定すると共に，妹が不妊の姉のために妊娠出産するなどのボランティア精神にもとづく代理母出産を一定の条件の下で許容する法制度を樹立している[21]．

---

20) 『入門・医療倫理Ⅰ〔改訂版〕』第11章も参照せよ．
21) Cf. Human Fertilisation and Embryology Act 1990 (& 2008) and Surrogacy Arrangements Act 1985. なお，前者の第54条では，代理母出産で生まれた子と依頼者との法律上の親子関係を決定するために，次のような手続き，すなわち配偶子提供者のための親決定（parental order），が定められている．その要件とは，①代理母で生まれた子の親になろうとする申請者は，イギリスに居住地のある18歳以上のカップルであること，②申請者の少なくとも一方が当該子供と遺伝的なつながりがあること，③申請は，当該子供の出生後6週間以上経過後，6ヶ月以内になされること，④親決定の申請時および決定時に，当該子供は申請者夫婦と居住地を同じくしなければならないこと，⑤当該子供の父（代理母の夫またはパートナー）と代理母が自由に，かつ含まれる内容を十分理解して，条件をつけずに親決定に合意していると裁判所が認めたこと，⑥裁判所が，

わが国では，現在，代理母に関する法は存在しない．関連学会の日本産科婦人科学会が会告で代理母出産を禁止しているが[22]，一公益社団法人の内部規定にすぎないため，当該会員に対しても法的拘束力はない．厚生科学審議会先端医療技術評価部会は，生殖補助医療についての報告書をまとめており，そのなかで代理母出産については反対の意見表明をおこなっている．報告書では，この分野で確立されるべき原則を6つあげ，その中で，代理母は，「生まれてくる子の福祉を優先する」「人を専ら生殖の手段として扱ってはならない」「安全性に十分配慮する」という原則に反するので禁止すべきである，とされている[23]．

　いずれの原則も重要な道徳的原則であると考えられるが，この報告書には，ミルのように，社会や国家がどのような場合に個人の自由に干渉できるかという視座が欠落し，社会や国家は道徳を個人に強制できるというリーガル・モラリズムの立場が正当化もなく前提されている．つまり，なぜ「個人の自己決定をできるだけ尊重する」などの他の原則はとりあげられないのかの説明がないし，イギリスのような法制度をなぜ採用できないのかの説明もない[24]．生殖医療を始めとした生命・医療倫理の領域において，個人の自由を法によって制

親決定，第5項の合意，子の引渡，親決定についての取決め締結のため，またはその対価として（合理的に被った出費以外の）金銭またはその利益の授受が依頼者夫婦においてなかったと認めたこと，などである．
22) 日本産科婦人科学会・会告（2003. 4. 16）．代理母妊娠を禁止する理由として次のことがあげられている．すなわち，1) 生まれてくる子の福祉を最優先するべきである，2) 代理懐胎は身体的危険性・精神的負担を伴う，3) 家族関係を複雑にする，4) 代理懐胎契約は倫理的に社会全体が許容していると認められない，である．
23) 厚生科学審議会先端医療技術評価部会・生殖補助医療技術に関する専門委員会「精子・卵子・胚の提供等による生殖補助医療のあり方についての報告書」（2000年12月），同部会「精子・卵子・胚の提供等による生殖補助医療制度の整備に関する報告書」（2003年4月）．他の3つの原則は，「優生思想を排除する」「商業主義を排除する」「人間の尊厳を守る」という原則である．なお，日本弁護士連合会（「『生殖医療技術の利用に対する法的規制に関する提言』についての補充提言——死後懐胎と代理懐胎（代理母・借り腹）について」（2007年1月））も，日本学術会議（「代理懐胎を中心とする生殖補助医療の課題——社会的合意に向けて」（2008年4月））も代理出産には反対の立場を表明している．
24) なお，代理母問題をめぐる賛否両論については，山﨑康仕，1991，「法と道徳の交錯（4）——代理母問題を素材にして」神戸大学教養部紀要『論集・第48号』，53-80頁；2016，「倫理の法制度化——日本における『代理母』」角田猛之・市原靖久・亀本洋編著『法理論をめぐる現代的諸問題』晃洋書房，136-46頁を参照．

約する場合，その強制や禁止の根拠を明確化することが強く望まれる．

まとめ

　以上の考察から「法と道徳」については次のことが指摘できるであろう．第一に，個人の倫理や道徳，専門家集団の倫理規範，社会道徳，そして行政指針や判例，立法の法規範など，倫理規範は様々な層から形成されており，その多層な倫理規範の各層に応じて「法と道徳」を考察する視座が必要となってくる．第二に，個人の自由の許容範囲をどの程度にするのが望ましいのかという問題が重要な課題となる．単に社会の共通感覚に依存した規範形成論では不十分で，原理的な正当化の理論が求められている．さらに，ここでの法と道徳を文化規範の一つとして捉えた場合，他の文化規範との整合性についての考慮が必要になってくる．その際，普遍化可能性をめざすグローバルな視点と共に，東アジア圏のような地域主義が重要な要素になるであろう．

参考文献

- ハート，HLA，2014，長谷部恭男訳『法の概念（第3版）』筑摩書房．
- キムリッカ，W，1999，角田猛・石山文彦・山﨑康仕監訳『多文化時代の市民権』晃洋書房．
- リー，S，1993，加茂直樹訳『法と道徳——その現代的展開』世界思想社．
- ミル，JS，1971，塩尻公明・木村健康訳『自由論』岩波文庫．
- 三島淑臣，1980，『法思想史』青林書院新社．
- 長尾龍一・米本昌平編，1987，『メタ・バイオエシックス』日本評論社．
- 中山竜一，2000，『二十世紀の法思想』岩波書店．
- ロックウッド，M編著，1990，加茂直樹訳『現代医療の道徳的ジレンマ』晃洋書房．
- 田中成明，1994，『法理学講義』有斐閣．
- 米本昌平，2006，『バイオポリティクス』中央公論新社．

II 規範倫理学

II　規範倫理学

児玉　聡

　本書の第II部では規範倫理学の諸理論が詳しく説明される．ここではその準備として，規範倫理学とは何かについて基本的な解説を行う．最初に，規範倫理学が倫理学の研究全体において占める位置を確認する．次に，規範倫理学で主題となる倫理理論は，規範を記述するのではなく正当化することを主たる目的にしていると述べる．そして最後に，以下の諸章で検討される倫理理論を分析する枠組みとして，正の理論と善の理論の区別を導入する．

I．倫理学の分類

　倫理学の領域は大きく規範倫理学，メタ倫理学，記述倫理学の三つに分けられる．フランケナの説明[1]を参考にすると，この三つはBOX 1のように説明される．このうち，本書第II部では規範倫理学が中心に取り扱われる．

BOX1：倫理学の分類

規範倫理学：「何が正しいか，何が善いか，どのような道徳的義務があるか」など，われわれの行為指針となるべき規範についての研究．具体的には，倫理理論や倫理原則の探求と体系化を行うとともに，安楽死や人工妊娠中絶などの特定の倫理的問題がこうした理論や原則に照らして論じられる．

メタ倫理学：規範倫理学や日常の道徳的な営みでは暗黙の前提とされている価値や義務などの倫理的概念を考察の対象にし，倫理の本質を明確化することを目的とする研究．

記述倫理学：特定の時代や地域や職域における倫理的実践を記述・説明することを

---

[1]　Frankena, 1973.

> 目的とする実証的な研究．
>
> 規範倫理学と記述倫理学の違いについては，BOX 2を参照せよ．また，規範倫理学とメタ倫理学の違いについては第Ⅲ部を参照せよ．なお，規範倫理学と対比して，メタ倫理学と記述倫理学の二つを，非規範的倫理学と呼ぶこともある．これは，後者の二つが，われわれは何をなすべきかという規範的な問いに直接答えるものではないからである．

Ⅱ．規範倫理学とは

規範倫理学（normative ethics）は，われわれの行為指針となるべき規範についての研究を行う，倫理学の一部門である．より具体的には，規範倫理学は，第一に，倫理理論や倫理原則の探求と体系化を行う．倫理理論や倫理原則とは，本書第2章でも解説されたように，功利主義，義務論，徳倫理学などであり，規範倫理学はこれらの理論や原則を研究の対象とする．第二に，規範倫理学は，医療倫理や環境倫理といったいわゆる応用倫理学的研究もその一部として含む．そこで，たとえば安楽死，人工妊娠中絶などの特定の倫理的問題が，こうした理論や原則に照らして論じられる．

規範倫理学が何を目的としているのかを説明するために，倫理的な意見が対立している事例を考えてみる．今ここに，一郎と次郎の二人が，尊厳死が合法化されるべきかどうかについて論じているとする．合法化に反対している一郎は，「尊厳死は医師による殺人であり，殺人はいかなる場合でも許されない．また，合法化されると社会的弱者が意思に反して殺されるリスクがある」と主張し，それに対して次郎は「いつ治療を中止するかについての本人の意思を尊重すべきである．また，尊厳死の合法化によってもたらされるリスクよりも，それによる利益の方が全体としては大きいだろう」と主張する．

上のように，一郎と次郎は，尊厳死の合法化について意見が対立しており，お互いに自分の主張を正当化しようとしている．ここで，ある主張が正当化されるとは，それがもっともな理由によって支持されるということである．上の例では，一郎も次郎も，自分の倫理的な立場を正当化するために，より良い理由を提示すべく議論をしていると言える．たとえば，尊厳死の合法化に反対す

る一郎は,その根拠として,「殺人はいかなる場合でも許されない」とする倫理原則や,「社会的弱者を危険から守るべきだ」という倫理原則に訴えている.一方,合法化を支持する次郎は,「治療に関する決定においては本人の意思を尊重すべきだ」という倫理原則や,「リスクと利益を考慮して,社会全体の利益が増える政策を採用すべきだ」という倫理理論(功利主義)に訴えて,自らの主張を正当化しようとしている.

このように,倫理理論や倫理原則は,われわれの行為や主張を正当化する理由を与えるものであり,規範倫理学の主要な課題は,われわれが従うべき倫理理論や原則の探求と体系化の試みを行うことである.

規範倫理学は少なくとも次の三つの仕方で役に立つ.第一に,ある倫理的問題をめぐって意見が対立している場合に,お互いの主張を正当化する理由を探すことは,意見の対立の解消のためには不可欠である.第二に,われわれは普段から,倫理的直観[2]に基づいて「〜すべきだ」「〜すべきでない」といった判断を数多く行っているが,こうした倫理的直観を倫理理論や原則に照らして検討することも,今後のより良い意思決定に役立つだろう.第三に,これまでに前例のない倫理的問題が生じた場合には,その問題に関する明確な倫理指針が存在しない状態——いわゆる「指針の空白」という状態——が生じるが,その際に何をなすべきかを決定するのに,やはり倫理理論や原則に従って考えることが役に立つであろう.

BOX2:記述倫理学と規範倫理学の違いと,両者の評価方法について

規範倫理学とはわれわれの行為や主張を正当化する理由を与える倫理理論や倫理原則についての研究であり,特定の時代や地域や職域における倫理的実践を記述・説明することを目的とする記述倫理学とは異なる.たとえば,今日の日本の医療従事者が治療行為の中止と差し控えに倫理的な違いがあると考えているかどうかを調べるのは,記述倫理学的な試みである.他方,たとえばその研究の結果,多くの医療従事者が治療の中止と差し控えに倫理的な違いがあると考えていることが分かった場合に,そのような考え方は正当化されるのか,すなわち,両者を倫理的に区別するもっともな理由があるのかどうかを研究するのは,規範倫理学的な試みである.

---

2) 直観については,本書第1章13頁を見よ.

両者の違いに関して注意すべき点は，記述倫理学における理論や調査の良し悪しは，それがどれだけ正確に事実を反映しているかという基準によって主に決まるのに対し，規範倫理学における理論の評価については，それと同じ基準を用いることはできない，という点である．というのは，規範倫理学は，現実を正確に反映した理論を作ろうとするのではなく，理論に照らして現実を評価するものだからである[3]．したがって，規範倫理学の観点からすると，たとえば治療行為の中止と差し控えの倫理的区別が理論的に正当化されないのであれば，医療従事者の考え方を変える必要があるという結論になる．逆に，もし倫理理論の良し悪しが，現実の社会制度や人々の考え方に適合しているかどうかのみによって判断されるとすると，倫理理論は現状を追認するだけの役割しか果たさないことになってしまうだろう．

　規範倫理学における理論の評価基準は必ずしも定まっていないが，学問としての倫理学においては，体系性と一貫性が重視され，倫理理論も体系性と一貫性が一つの評価基準になる．たとえば，マペスとドゥグラツィア（Mappes and DeGrazia, 2001）によれば，どの学問分野における理論であっても，(1) 一貫性，(2) 明確さと完全さ，(3) 単純さが重要な評価基準になる．さらに彼らは，規範倫理学における倫理理論を評価するさいには，(4) 理論がわれわれの倫理的直観と調和可能なものであること，(5) 倫理的ジレンマ状況において有効な指針を与えられることの二点も考慮に入れるべきだとする．ただし，(4) については彼らも指摘しているように，常にわれわれの倫理的直観が正しいとは限らないため，場合によっては倫理理論に照らしてわれわれの倫理的直観を変える必要がある[4]．

III．規範倫理学における正の理論と善の理論

　近年の規範倫理学における重要な区別として，正の理論と善の理論という分類がある．正の理論（theory of the right）は，行為の正・不正（正しいか，正しくないか）を主題にする．正の理論は，ある行為が道徳的に義務であるか（なされるべき行為であるか）どうかを問題にするため，道徳的義務の理論とも呼ばれる．一方，善の理論（theory of the good）では，人格，動機，意図

---

[3] 専門用語を用いると，規範倫理学と記述倫理学は適合の方向性（direction of fit）が異なる（Darwall, 1998）．すなわち，記述倫理学は理論を現実に適合させようとするのに対し，規範倫理学は現実を理論に適合させようとする．
[4] 倫理的直観と倫理理論に関するこのような考え方は「反照的均衡」と呼ばれる（本書第2章45頁参照）．

などが善いか悪いかについて論じられる．善の理論は，どのような人格や動機に道徳的な価値があるかを問題にするため，価値の理論とも呼ばれる．

　日常的には，われわれは「正しい」と「善い」，「不正である（正しくない）」と「悪い」をしばしば交換可能なものとして用いている（「彼のあの行為はよくなかった」など）．しかし，フランケナも指摘しているように[5]，人は悪い動機から正しいことをすることや，善い動機から正しくない行為をすることもあるため，「正しさ」と「善さ」は上で述べた仕方で区別して用いることが望ましいと考えられる（BOX3）．

BOX3：正の理論と善の理論

正の理論：倫理理論のうち，行為の正しさを問題にする部分を指す．道徳的義務の理論とも呼ばれる．
善の理論：倫理理論のうち，人格や動機や意図の善さを問題にする部分を指す．価値の理論とも呼ばれる．

　以下の諸章で見るように，両者の区別は功利主義や義務論などの倫理理論を理解し検討するうえで重要である．一般に倫理理論はその構成要素として正の理論と善の理論を持つと考えられるが，大枠で言えば，功利主義，義務論，徳倫理学は次のように特徴づけることができる．まず，功利主義は正の理論を善の理論に基礎づける理論（すなわち，快や幸福などの価値を最大化する行為が正しいとする理論）である．また，義務論は正の理論を善の理論とは独立に構想する理論――すなわち，行為の正しさは，行為が結果として何を生み出すかとは無関係に決まるとする理論――である．また，徳倫理学においては，徳として語られる性格の善さが主たる関心事であり，行為の正しさは二義的であるという意味で，善の理論が主要であり，正の理論は従属的である．これらの理論の特徴と関係を図示すると，以下のようになる（図1）．

---

5) Frankena, 1980.

図1：本書で扱われる規範倫理学の理論とその分類

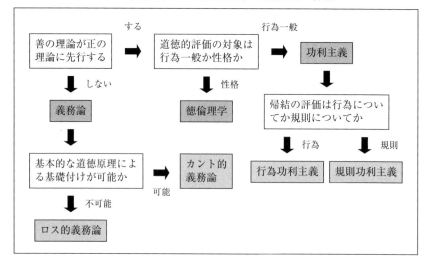

まとめ

以上，倫理学における規範倫理学の位置づけと，規範倫理学の学問上の性格とその意義について概説した．以下の諸章では，功利主義，義務論，徳倫理学という三つの代表的な倫理理論について詳細な検討が行われる．いずれの章においても，最初に正の理論と善の理論という区別を軸にしてそれぞれの倫理理論の理論的構造が明らかにされ，次にその理論の持つ主な問題点が考察される．

参考文献

- Darwall, S, 1998, *Philosophical Ethics*, Boulder: Westview Press.
- Frankena, WK, 1973, *Ethics*, 2nd ed., New Jersey: Prentice-Hall. （フランケナ，WK，1975，杖下隆英訳『倫理学』培風館.）
- Frankena, WK, 1980, *Thinking about Morality*, Ann Arbor: University of Michigan Press. （フランケナ，WK，1995，飯田亘之他訳『道徳についての思考──倫理と合理性』東海大学出版会.）
- Mappes, TA and DeGrazia, D, 2001, *Biomedical Ethics* 5th ed., New York: McGraw Hill.

- 赤林朗編, 2017, 『入門・医療倫理Ⅰ〔改訂版〕』勁草書房.

第 5 章

功利主義

水野俊誠

本章の目的と概要

　功利主義は，ベンサムによって 18 世紀末に提唱され，その後 19 世紀にミルやシジウィックらによって洗練された倫理理論である．功利主義の主張を簡単に述べると，「道徳的に正しい行為や政策とは，社会の成員に最大の幸福をもたらすものである」[1] となる．功利主義は，現代でも英米を中心に根強い支持者を持ち，現代の規範倫理学の多くの議論は，功利主義とその批判者たちの争いとも言える．さらに，功利主義の影響は倫理学をこえて社会科学，心理学，政策形成にまで及んでいる．倫理学においても，義務論，徳倫理学と並ぶ主要な理論である．本章では，この功利主義に関する基本事項を説明する．

---

1) キムリッカ，2005, 16 頁．いっそう正確にいえば，功利主義とは，正・不正や義務の唯一の究極的規準が功利原理であるとする考え方である．功利原理とは，われわれの全ての行為が追求すべき道徳的目的は世界全体における悪にまさる可能な限り最大の善であるという原理である（フランケナ，WK, 1975, 杖下隆英訳『倫理学』培風館，58 頁）．

I. 功利主義の特徴 [2]

1. 善の理論

　功利主義の善の理論（価値論）は，内在的な価値を持つもの（それ自体として善いもの）は人々が享受する幸福や不幸のみであるとする幸福主義（welfarism）として特徴づけられる．幸福主義によれば，知識や健康に価値があるのは，それが幸福をもたらすからであり，知識や健康それ自体に価値があるからではない．幸福主義は，幸福をどのようなものと考えるかによって，(1) 量的快楽説，(2) 質的快楽説，(3) 選好充足説等に区分される．

　(1) 量的快楽説．ベンサムの考え方によれば，内在的価値を持つのは快楽と，苦痛がないことのみであり，われわれの全ての経験の価値は，快楽と苦痛という同種の心理状態の量を測定することによって決定できるとされる．快楽と苦痛の量は，その強さ，持続時間，それが生じる確実性，それが生じるまでの時間等の要因に基づいて測定される [3]．

　(2) 質的快楽説．ベンサムはいかなる種類の快楽も量の違いを除けば等しい価値を持つと考えたが，ミルは快楽には質的な違いがあると述べた．彼の考えによれば，芸術鑑賞や科学的真理の探求にともなう知的快楽のほうが，性的快楽のような感覚的快楽よりも高い価値を持つとされる．ある2つの快楽のどちらの質が高いかは，その両方を経験した判定者のうち大多数の人がどちらを選択するかによって判断できる [4]．

　(3) 選好充足説．われわれは必ずしも快楽のみに内在的価値があるとは考えていない．例えば，マラソンランナーが自己最高記録を出すために大きな苦しみに耐えるときや，政治犯が仲間を裏切ることを拒否して拷問を受けるとき，彼らの行為の目的は快楽説の言葉ではうまく説明することができない [5]．今日，

---

2) 本節は以下の文献を参考にした．Sen, A, 1979, "Utilitarianism and Welfarism", *The Journal of Philosophy*, 76, pp. 463-90；川本，1995, 12-3頁；伊勢田，2006a, 3-10頁．
3) 関嘉彦編，1979,『世界の名著49　ベンサム，J. S. ミル』中央公論社，113-6頁．
4) 前掲書，467-72頁．

快楽説に代わる標準的な見解である選好充足説によれば，最も信頼できる価値の尺度となるのは，快楽と苦痛ではなく，選好（preference）の充足であるとされる．選好が充足されるとは，本人の欲求や望みが満たされることであり，そのさい快楽や苦痛が経験されたかどうかは考慮されない．

2. 正の理論

功利主義の正の理論は，行為等の正・不正を判断するさいの究極的な判断材料となるのはその行為の結果（帰結）のみであるという帰結主義，及びそれを実現する手続きである総和主義によって特徴づけられる．

(1) 帰結主義

帰結主義（consequentialism）は，何の帰結が評価の対象となるのかに応じて，異なる形を取る．その評価対象の候補としては，行為，規則，動機，性格，制度，政策等が考えられる．ここでは，行為の帰結を評価する行為功利主義と規則の帰結を評価する規則功利主義について述べる．動機の帰結を評価する動機功利主義については，BOX3で述べる．

行為功利主義とは，行為の正・不正は行為そのものの善い帰結または悪い帰結によって判定されるべきであるという考え方である．また，規則功利主義によれば，正しい行為とは有益な規則に合致した行為であるとされる．有益な規則とは，それらが一般に受け入れられるかまたは遵守されるときに善い帰結をもたらすと考えられる規則である[6]．このように，行為功利主義が功利原理を個々の行為に適用するのに対して，規則功利主義は功利原理を規則に適用する．

(2) 総和主義

総和主義（sum-ranking）とは，関係者の効用は加算可能であり，複数の

---

5) Goodin, RE, 1991, "Utility and the Good", Singer, P ed., *A Companion to Ethics*, Oxford: Blackwell, p. 243.
6) Lyons, D, 2001, "Utilitarianism", Becker, LC and Becker, CB eds., *Encyclopedia of Ethics*, 2nd ed., New York: Routledge, p. 1739.

帰結の善し悪しは，関係者が享受する効用の総和を大きい順に並べることで判定できるという考え方である．総和主義は，関係者全員の効用を公平に考慮して単純に加算するという単純加算主義（aggregationism），幸福の総量を最大化するという最大化（maximizing）の考え方を含む．単純加算主義は，全ての関係者の効用を等しく算入するという公平性を表している．

　ただし，最大化に関しては，関係者全員の幸福の総量を最大化しようとすべきだという考え方の他に，各人が享受する幸福の平均値を最大化しようとすべきだという考え方もある．人口100万人で全員が幸福な世界Aと，人口200万人で全員が世界Aの住人と同じくらい幸福な世界Bを考えてみよう．幸福の総量を最大化しようとする人にとっては，世界Bの方が世界Aよりも望ましい．しかし，幸福の平均値を最大化しようとする人にとって，この2つの世界は同じくらい望ましい[7]．次に，人口1000万人で全員の幸福度が世界Aの住人の1/10である世界Cを考えてみよう．幸福の総量を最大化しようとする人にとって，世界Cは世界Aと同じくらい望ましい．一方，幸福の平均値を最大化しようとする人にとって，世界Aは世界Cよりずっと望ましい．

　また，単純加算主義に関しては，どのような範囲の関係者の幸福を考慮に入れるべきかについて，解釈が分かれている．たとえば，人間のみの幸福を考慮に入れる人間中心主義的な考え方と，快楽や苦痛を感じ欲求を持つ動物等の利害も考慮すべきであるとする非人間中心主義的な考え方を区別することができる．シンガーは，人間の効用のみを考慮に入れる従来の人間中心主義的な考え方を批判して，考慮される効用の主体を人類に限定せず感覚を持つ全ての存在者に拡張した[8]．また，国家等の共同体に所属する人の幸福のみを考慮に入れるローカルな功利主義と全世界の人の幸福を考慮に入れるグローバルな功利主義を区別することができる[9]．さらに，人口を増やすことによって幸福の総量を増加させることに価値を認める総量説と，そうすることに価値を認めない存在先行説とを区別することができる．総量説は，幸福になる見込みがある子供

---

[7] Smart, JJC, 1973, "An Outline of System of Utilitarian Ethics", Smart, JJC and Williams, B, *Utilitarianism: For and Against*, Cambridge: Cambridge University Press, pp. 27-8.
[8] シンガー，P，2011，戸田清訳『動物の解放　改訂版』人文書院．
[9] 伊勢田，2006a，20-1頁．

を女性ができるだけ多く産むことを要求するかもしれない[10].

3. 善の理論と正の理論の関係

　功利主義においては，行為等の正・不正は，その帰結の善悪によって決まる．つまり，可能な限り多くの幸福をもたらす行為，規則等が正しいものであるという功利主義の正の理論（責務論）は，幸福のみに内在的価値があるというその善の理論（価値論）の基盤の上に成り立っている．このような単純明快な理論構造のおかげで，功利主義は次のような長所を持つ（BOX1）．

BOX1：功利主義の長所[11]

　第一に，功利主義は，矛盾した結果をもたらさないという整合性，単純性，適応範囲が広いという包括性といった理論としての長所を備えている．単一の功利原理に基づいてあらゆる問題について判断を下す功利主義は，きわめて整合的でありしかもその基本構造は単純である．また，功利主義の適用範囲は行為のみならず，規則，制度，政策，性格，動機等に及びきわめて広い．

　第二に，功利主義は，直観的規則の是非や優劣をそれが功利原理に合致しているかどうかという観点から検討することができる．これに対して，直観に訴えて行為や規則を正当化する倫理理論は，直観的規則の是非や優劣を検討することができない．

　第三に，功利主義は，どの行為や政策が正しいかという問いに対して，どの行為や政策が幸福の総量を最大化するかを実証的に研究することによって，原理的には答えを出すことができる．

　第四に，功利主義にある「行為等の正・不正を判断するさいにはそれらの帰結が重要な考慮事項となる」，「人間の幸福が重要である」といった考え方は，多くの人が共有できるものである．

---

10) シンガー，1999，123-7頁．
11) 伊勢田，2006a，10-4頁；Hope, T, Savulescu, J, Hendrick, J, 2003, *Medical Ethics and Law*, Churchill Livingstone, p. 4; Smart JJC, Williams B, *op. cit*.

Ⅱ. 功利主義の問題点

1. 功利主義批判

功利主義に対する批判を，善の理論（幸福主義），正の理論（帰結主義，単純加算主義及び効用最大化）という功利主義の側面のうち，主にどれに対して差し向けられたものかという観点から分類して述べる．

(1) 幸福主義に対する批判

第一に，幸福主義の主要な一派であり，快楽のみに内在的価値を認める快楽説に対する批判として，「経験機械」の思考実験を援用したロバート・ノージックによる以下の批判がある[12]．快楽説によれば，脳に電気刺激を与えて快楽をもたらす「経験機械」に繋がれた人生が善いものになる．しかし，われわれはこのような人生を善いものとは考えない．なぜなら，われわれは快楽だけでなく，現実に触れながら生きることをも望んでいるからである．快楽説はこうした実情をとらえ損なっている．

第二に，快楽説や選好充足説などの幸福主義に対する批判として，適応的選好形成（adaptive preference formation）の問題を指摘するものがある．これは，幸福主義が，不公平な仕方で永続的な困窮状態に置かれている人の利害を適切に評価することができないという批判である．社会状況のせいで必要な最低限の食料や住居がなく基本的な教育が受けられないために基本的な諸権利を侵害されている人は，当人の置かれている環境に順応するために，大きな害悪を被ってもあまり苦痛を感じず僅かな利益に大きな快楽を感じるようになるかもしれない（これを適応的選好の形成と言う）．幸福主義の観点から見れば，彼らは十分に幸福であるという納得の行かない結果になる[13]．

第三に，善の多元論からの批判がある．これは，幸福主義が，快楽や選好に

---

12) ノージック，R，1992，嶋津格訳『アナーキー・国家・ユートピア』木鐸社，67-72頁．
13) 川本，1995，21-2頁．

還元できない内在的価値の存在を認めないことに対する批判である[14]．たとえばムアは，知識，友情，愛，勇気，健康，美に内在的価値があると主張した[15]．

(2) 帰結主義に対する批判

第一に，帰結主義は，行為等を道徳的に評価するさいに，正義，権利，過去の経緯といった，行為等の帰結以外のものを考慮に入れないため，直観に反する結論に行き着くという批判がある（BOX2）．

BOX2：正義，権利，過去の経緯を考慮に入れない功利主義が，直観に反する結論に行き着く事例[16]

1. 保安官の事例

功利主義は正義や権利を考慮しないという批判がある．米国の小さな町の保安官が，無実の人に罪を着せて処刑することによってのみ，数百人の死者が出ると考えられる暴動を防ぐことができるとしよう．功利主義の考え方をとれば，無実の人を処刑することの害悪のほうが暴動で多数の人が殺されることの害悪より小さいのであれば，その処刑を行うべきであるということになる．しかし，無実の人に罪を着せて処刑することは正義に反するし，その人の基本的人権を蹂躙することにもなる．このように，功利主義は正義や権利の観念と時に両立しない．

2. 約束違反の事例

功利主義は過去の経緯を考慮に入れないという批判がある．あなたは友人と午後に会う約束をしたが，仕事をするために家にいたくなったとしよう．仕事を完成させる利益のほうが約束を破ることでその友人が被る不利益より僅かに大きいと考えられる場合，功利主義の考え方によれば，その約束を破ることが正当化される．功利主義者がこのような不適切な判断をすることになるのは，将来の帰結のみを考慮して過去の経緯を考慮に入れないからである．

第二に，帰結主義の特徴である行為者中立性（agent neutrality）に対する

---

14) Hooker, B, 2000, "Rule-Consequentialism", LaFollette, H ed., *The Blackwell Guide to Ethical Theory*, Oxford: Blackwell, pp. 184-5.
15) Moore, GE, 1903, *Principia Ethica*, Cambridge: Cambridge University Press.
16) レイチェルズ，2017，114-7頁を参考にした．

批判がある[17]．行為者中立性とは，ある行為等の正・不正は行為者，傍観者を問わず誰の視点から評価しても同じであるということである．たとえば，わたしがラテンアメリカの小さな町を訪れたとき，20人の住民が，政府に対する抗議行動の見せしめとして銃殺されようとしていたとしよう[18]．銃殺隊の隊長は，わたしが1人の住民を銃殺すれば残りの19人を釈放すると言う．行為者中立的な立場からみれば，わたしが1人の住民を殺すことは正しい．なぜなら，わたしが殺そうと他の人が殺そうと殺人の不正さには変わりがなく，しかもわたしが1人を殺せば19人の命が助かるという善い結果が得られるからである．多くの人が疑問に思うこのような答えに功利主義が行き着くのは，行為者中立性の考え方が不適切なものだからである．

　第三に，帰結主義は不適切な理由に基づいて正しい行為を要求するという批判がある．例えば，功利主義者も，家族や友人に親切にする義務を認めるだろう．功利主義者にその理由を尋ねると，「そうすることがもっとも善い帰結をもたらすから」と答えることになる．しかし通常，多くの人にその理由を尋ねると，「彼らに愛情を抱いているから」と答えるだろう．このように，功利主義者が行為の正当化に持ち出す理由は，われわれの自然な心情を反映していない[19]．

　最後に，帰結に関する情報の不足の問題がある．行為や規則等の帰結の善し悪しを評価するためには，それらの帰結に関する莫大な情報が必要になるが，現実にそのような情報を入手することは多くの場合困難である．そのような情報の入手を前提とする帰結主義は，実行不可能な考え方である[20]．

(3) 単純加算主義，及び効用最大化に対する批判

　第一に，世界における幸福を最大化することを目指す功利主義は，個人に過

---

[17] 伊勢田，2006b，35-7頁；Scheffler, S, 1993, *The Rejection of Consequentialism*, revised edition, Oxford: Oxford University Press.
[18] Williams, B, 1973, "A Critique of Utilitarianism", Smart, JJC and Williams, B, *Utilitarianism: For and Against*, Cambridge: Cambridge University Press, pp. 98-100 を改変.
[19] Pettit, Ph, 1997, "The Consequentialist Perspective", Baron MW, Pettit Ph, and Slote M, *Three Methods of Ethics*, Oxford: Blackwell, p. 156.
[20] 平野，1993，284頁．

大な要求をするという批判がある．たとえば，功利主義の考え方を取れば，日本を含めた先進国の人々の多くは，映画鑑賞やスポーツ観戦に行くのを諦めて，その分のお金を開発途上国の貧しい人々の食料や医薬品を購入するために寄付しなければならない．功利主義のこのような要求に全て応えようとすれば，当人の人生計画や当人にとって重要な活動を諦めなければならなくなるだろう[21]．

第二に，単純加算主義の考え方には，全ての関係者の利益を同じように考慮に入れるという公平性（impartiality）が含まれているが，これに対する批判がある．実際のところ，公平性に従って生活している人は少ない．なぜならそのような生き方をすれば，われわれは友人や家族との特別な関係を放棄しなければならなくなるからである．たとえば，功利主義の考え方を取れば，火災現場で自分の子供より，将来人類の幸福に貢献する見込みの高い子供を優先的に救助しなければならないことになる．しかし，他人の子供を救助して自分の子供を火災現場に置き去りにすることは不道徳な行為であると多数の人は考えるだろう[22]．

第三に，ある快楽や選好充足と別の快楽や選好充足を比較するための共通の尺度がないので，それらを加算することはできないという批判がある．快楽や選好充足を加算できるためには，それらを同一の尺度で測定できなければならない．しかし，ある個人内（intrapersonal）の異なった快楽や選好充足，たとえばわたしがリンゴを食べるときの快楽や選好充足とわたしが読書をするときの快楽や選好充足を比較する共通の尺度はない．かりにある個人の異なった快楽や選好充足を比較できたとしても，異なった個人間（interpersonal）の快楽や選好充足，たとえばわたしがリンゴを食べるときの快楽や選好充足と別の人がリンゴを食べるときの快楽や選好充足を比較する恣意的でない尺度を設定することは，いっそう困難である[23]．

第四に，効用最大化の考え方を取る功利主義は，人格の別個性（separate-

---

[21] レイチェルズ，2017，117-8頁．
[22] レイチェルズ，2017，118頁．
[23] Beauchamp, TL, 2001, *Philosophical Ethics: An Introduction to Moral Philosophy*, Boston: McGraw-Hill College, p. 128.

ness of persons）を無視しているという批判がある．当人自身の幸福を最大化するという個人の選択原理を社会全体にまで拡張する効用最大化の考え方は，全ての個人を一つに融合させてしまう．この意味で，効用最大化の考え方は人格の別個性を十分に尊重していない[24]．その結果，たとえば，奴隷制が奴隷所有者に大きな利益をもたらすことによって結果的に社会全体の利益を最大化すると考えられる場合には，功利主義はそれを許容することになる．このような結果は，健全な社会道徳に反する[25]．

最後に，効用最大化の考え方に内在するエリート主義に対する批判がある．規則功利主義や二層理論（BOX4）の考え方からすれば，社会全体の幸福を正確に計算できる「功利主義エリート（utilitarian elite）」が「凡庸な」一般大衆の教育プログラムを策定し，一般大衆はそのプログラムに盲目的に従うような制度が望ましいものになる．しかし，そのような社会は，帝国主義時代の「植民地総督府」が支配した社会を彷彿とさせる管理的で圧政的な社会である．こうした管理，圧制の性格を本質的にそなえた規則功利主義や二層理論を，バーナード・ウィリアムズは「植民地総督府の功利主義（Government House Utilitarianism）」と呼んで批判した[26]．

2. 批判に対する応答

上で述べた様々な功利主義批判のうち多くのものは，功利主義を採用すると常識や多数の人の直観に反する結果になるというものである．これらの批判のそれぞれのものに差し向けられた個別的な反論もあるが，ここでは，それらの批判一般に応えるための3通りの戦略を紹介する[27]．

第一の戦略は，功利主義批判で用いられた事例の多くは，現実の世界で起こ

---

[24] ロールズ, J, 2010, 川本隆史・福間聡・神島裕子訳『正義論 改訂版』紀伊國屋書店, 42頁.
[25] Lyons, *op. cit.*, p. 1740.
[26] Williams, B, 1973, "A Critique of Utilitarianism", Smart, JJC and Williams, B, *Utilitarianism: For and Against*, Cambridge: Cambridge University Press, pp. 138-140; Sen, A, and Williams, B, 1982, *Utilitarianism and Beyond*, Cambridge: Cambridge University Press, pp. 15-6; 川本, 1995, 22-3頁；伊勢田, 2006b, 39-40頁.
[27] レイチェルズ, 2017, 118-24頁.

る状況を記述していないと論じるものである．功利主義の考え方を取れば直観に反する結果に行き着くという批判の例として，保安官の事例（BOX2）を考えてみよう．現実の世界で，無実の人に罪を着せて処刑すれば，真犯人が野放しになって犯行を重ねたり，冤罪が発覚して裁判制度に対する信頼が失われたりする．無実の人を処刑することのこれらの悪い結果は，暴動の発生を防ぐというその善い結果より大きい．従って，功利主義者は問題となっている事例で無実の人を処刑しないという決定を下すだろう．このように，功利主義批判で用いられる事例は，現実の世界に当てはまらないものが多い．

　第二の戦略は，批判に応えうるように功利主義を修正するというものである．例えば，約束違反の事例（BOX2）を考えてみよう．この事例では，約束を破ることの利益がその害悪より僅かでも大きいと考えられる場合に約束を破ることが正しいことになるという批判がなされていた．たしかにこの批判は，行為功利主義には当てはまるかもしれない．しかし，規則功利主義の考え方を取れば，約束を守るという規則を遵守する社会はその規則を遵守しない社会より望ましいので，問題となっている状況で約束を破ることが利益をもたらすとしてもその約束を守ることが正しいことになるだろう．従って，この批判を免れるためには規則功利主義を採用することが考えられる．しかし，規則功利主義に対しても，明白に望ましくない結果をもたらす行為を非難しないのは功利主義として首尾一貫していないという批判や，その批判をかわそうとすれば結局行為功利主義に逆戻りしてしまうという批判がなされている[28]．これらの批判に応えるべく，現代の功利主義は様々な修正を重ねてきている（BOX3・BOX4）．

BOX3：動機功利主義（motive utilitarianism）

　規則功利主義とならぶ重要な修正案として，アダムズが提案した動機功利主義がある[29]．規則功利主義では功利原理が規則の評価に用いられるのに対して，動機功利主義では功利原理が動機の評価に用いられる．すなわち，動機功利主義によれ

---

28) 伊勢田, 2006a, 15頁.
29) Adams, RM, 1976, "Motive Utilitarianism", *The Journal of Philosophy*, 73, pp. 467–81.

ば，人々は社会全体の幸福を最もよく促進するような諸々の動機を持つべきである．
　動機功利主義は（行為）功利主義の難点とされる二つの問題に対処できるとされる．その一つは，功利主義では，友情や愛情や忠誠心といった動機は道徳的に評価されず，幸福を最大化しようという動機のみが評価されることになり，われわれの日常的な考え方に反するというものである．もう一つは，一般に，幸福を直接に追求すると，かえって幸福を得ることができなくなるという問題である（これは「快楽のパラドクス」として知られる）．そのため，われわれはむしろ社会全体の幸福を目的に行為するよりも，友情や愛情や忠誠心といった動機から，身近な人々に対する義務を果たす方が，結果的に社会全体の幸福を最大化することにつながる可能性が高い．そこで，動機功利主義の考え方では，人々が社会全体の幸福の最大化に役立つような諸々の動機を身につけることが望ましいとされるのである．こうした動機に発する行為は，たとえ個々の場面では必ずしも社会全体の幸福の最大化につながらないとしても，正しい行為だとみなされる[30]．

BOX4：ヘアの二層理論（two-level theory）

　現代の功利主義の中でもっとも洗練されたものに，ヘアの二層理論がある．ヘアは，われわれの道徳的思考を，批判レベルと直観レベルの2つの層に分けることができるとする．われわれは通常，「約束を守れ」，「嘘をつくな」といった一見自明な原則を内面化しており，例外的な状況が生じない限りはそれらに従う．このような通常の道徳的思考をヘアは直観レベルの思考と呼ぶ．しかし，これらの原則が対立するような例外的状況では，批判レベルに移行しなければならない．そこでは功利原理に基づいて，当該の状況で何をなすべきかを決定したり，われわれが直観レベルで従う一見自明な原則の選択を行ったりするとされる．このようにヘアは，道徳的思考を二層に区分することにより，功利主義に対する批判の多くは退けられるとした[31]．

---

30) なお，動機功利主義の議論は，功利主義に直接・間接の区別をもたらした．直接功利主義（direct utilitarianism）とは，個々の意思決定の際に功利原理を用いて考えるという立場である．それに対して，間接功利主義（indirect utilitarianism）とは，個々の意思決定の際には功利原理を用いず，動機や規則を評価する際に功利原理を用いて，意思決定の際にはそうした動機や規則に応じて行為を決める立場である．この区別は一見すると行為と規則の区別に似ているが，行為と規則の区別は功利原理を何に適用するのか（行為，規則，動機など）という区別であるのに対し，直接と間接の区別は功利原理をいつ用いるのか（意思決定の際，行為や規則などの道徳的評価の際）という区別である点に注意すべきである．（なお，BOX3および本注は児玉聡による．）
31) ヘア，1994．

第三の戦略は，功利主義と常識や直観が対立する場合には，むしろ常識や直観のほうを修正せよと反論するものである．例えば，白人の利益は黒人の利益より重要であることが白人の「常識」であったように，道徳上の常識や直観は文化，宗教，家庭環境からくる偏見に基づくものかもしれない．従って，功利原理に基づく決定が常識や直観と対立する場合，修正すべきなのは常識や直観のほうかもしれない．保安官の事例（BOX2）をもう一度考えてみよう．1人の無実の人を処刑するよりも，数百人の人が暴動で殺されることが正しいとする常識の立場は，異論の余地がないとは言えない．また，開発途上国の貧しい人々を救うためにわれわれの生活水準を下げる義務はないという常識の立場は，時代の偏見に基づくものであるかもしれない．

まとめ

　本章では，功利主義をその善の理論と正の理論に分けて基本的な特徴づけを行ったあと，功利主義に対する主な批判と，批判に応答するための3つの戦略について概説した．これまで見てきたように功利主義に対する批判は多岐にわたっており，功利主義が全ての問題点を克服しているわけではない．しかし，様々な批判に応える形で修正を繰り返してきた結果，ヘアに代表される現代の功利主義は洗練された理論となっており，規範倫理学において重要な位置を占めている．

　以後の章では，義務論と徳倫理学という倫理理論を取り上げるが，功利主義の長所と短所を知ることは，義務論や徳倫理学を理解するうえでも有意義である．また，功利主義と照らし合わせたときにこれらの理論がどの程度の説得力を持つかが，その理論的有用性を測る試金石となるであろう．

参考文献

- 安藤馨，2007，『統治と功利——功利主義リベラリズムの擁護』勁草書房．
- 伊勢田哲治，2006a，「功利主義とはいかなる立場か」伊勢田哲治・樫則章編『生命倫理学と功利主義』ナカニシヤ出版，3-25頁．

- 伊勢田哲治，2006b，「功利主義をめぐる論争」伊勢田哲治・樫則章編『生命倫理学と功利主義』ナカニシヤ出版，26-47頁．
- 川本隆史，1995，『現代倫理学の冒険』創文社．
- 児玉聡，2010，『功利と直観』勁草書房．
- 児玉聡，2012，『功利主義入門』ちくま新書．
- 平野仁彦，1993，「功利主義論争」，田中成明編『現代理論法学入門』法律文化社．
- 松嶋敦茂，2005，『功利主義は生き残るか』勁草書房．
- 若松良樹，2017，『功利主義の逆襲』ナカニシヤ出版．
- キムリッカ，W，2005，千葉眞・岡﨑晴輝訳者代表『新版 現代政治理論』日本経済評論社．
- シンガー，P，1999，山内友三郎・塚崎智監訳『実践の倫理［新版］』昭和堂．
- ヘア，RM，1994，内井惣七・山内友三郎監訳『道徳的に考えること──レベル・方法・要点』勁草書房．
- レイチェルズ，J，2017，次田憲和訳『新版 現実をみつめる道徳哲学』晃洋書房．

第6章

義務論

堂囿俊彦

本章の目的と概要

　前章では，行為の道徳的評価を考える上で，その結果を重要視する功利主義を説明した．しかしはたして，行為の正・不正は，結果のみに基づくのだろうか．たとえば，「人を殺してはならない」，あるいは「嘘をついてはならない」という規則に従うべきなのは，これによって何か善い結果がもたらされる，あるいは悪い結果が避けられるからなのだろうか．義務論の答えはノーである．人を殺すこと，あるいは嘘をつくことは，結果にかかわりなく，それ自体で不正なのである．

　本章では，こうした義務論の考え方を紹介していくことにする．最初に，前章で紹介した功利主義の考え方と対比しつつ，正の理論，善の理論，正と善の理論の関係について述べる．次に，義務論の抱える問題点を取り上げる．一つ目は，「それ自体で正しい・不正な行為」という考え方をどのように正当化するのかという問題であり，二つ目は，「それ自体で正しい行為」が対立する義務の葛藤の問題である．

I. 義務論の特徴

1. 正の理論

　義務論の基本的な考え方に従えば，われわれの行為の領域は，自ら選択することが「許されない（impermissible）」行為と，「許される（permissible）」行為によって区分される．そして，前者の領域に関わるのが義務論的制約（deontological constraint）であり，後者に関わるのが義務論的特権（prerogative）である[1]．

　これら二つは，道徳的要求のタイプによって分けられる．すなわち，義務論的制約とは，帰結の善悪には還元されない，正しい・不正な行為のタイプを示し，これによってわれわれの行為を制約する．他方，義務論的特権が要求するのは，義務論的制約が及ばない領域について，自ら行為を選択することである．言い換えれば，そうした領域については，われわれ自身に選択する権利が与えられているのである．

　以下，これらを順次説明し，その後で，両者に共通する特徴である行為者相対性（agent-relativity）を説明する．

(1) 義務論的制約

　義務論的制約は，帰結の善悪には還元されない，正しい・不正な行為のタイプを示し，これによってわれわれの行為を制約する．これは，制約，規則，禁則などさまざまに呼ばれるが，本章では義務論の特徴であることを強調するために「義務論的制約」，あるいは単に「義務」と呼ぶ．何を義務論的制約として挙げるのかについては，論者によって異なる．BOX1 に代表的な義務論的制約を挙げる．

---

[1] ちなみにマクノートンとローリングは，「約束」のように過去に生じた他人への特別なコミットメントから生じる「特別な関係にもとづく義務（Duties of special relationship）」を義務論的制約から区分している．cf. McNaughton, D and Rawling, P, 2005, "Deontology", Copp, D ed., *The Oxford Handbook of Ethical Theory*, New York: Oxford University Press, pp. 424-58.

> **BOX1：代表的な義務論的制約**
>
> スティーブン・ダーウォルは，決して網羅的ではないと断った上で，代表的な義務論的制約として以下のようなリストを挙げている[2]．
> ・無危害の義務
> ・善行の義務
> ・特別に（子ども，患者，生徒に対して）配慮する義務
> ・誠実および忠実の義務
> ・行為者および被行為者の過去の行為から生じる義務
> ・互恵および公平な行為の義務
> ・公平な政治制度を支える義務
> ・他の種（動物など）に対する義務
> なお，カントおよびロスが具体的に何を義務論的制約として考えているかについては，それぞれ BOX2 および II-2-（1）を参照のこと．

さらに，義務論的制約を，①どのように正当化するのか（直観かより基礎的な原理か），②絶対的なものと考えるのか相対的なものと考えるのかについても，義務論者の間で異なる見解が示されている．ここでは，現代の義務論者の「精神的ルーツ」[3]とされる，イマヌエル・カントとデイヴィッド・ロスという二人の義務論者を取り上げ，そうした異なる見解を確認する．

イマヌエル・カント

われわれは通常，自らの行為を決定するさいに，自分なりの行為指針に従っている．そのような行為指針をカントは格律（maxim）と呼んだ．ある格律が義務論的制約であるのかを知るためには，その格律が誰でも従うことのできる普遍的なルールになることを意志できるかどうか試してみればよい．カントはそのようなテストを，定言命法（categorical imperative）という形で定式化した[4]．定言命法にはいくつかのバージョンが存在するが，その中でもっと

---

[2] Darwall, S, 2003, "Introduction", in Darwall, 2003. ダーウォルは無危害と善行を一緒に挙げているが，ここでは分けた．
[3] Kamm, 1999, p. 205.

も有名なものは以下の「普遍的法則の定式」である．

> 格律が普遍的法則となることを，当の格律を通じて自分が同時に意志できるような格律に従ってのみ，行為しなさい [5]．

カントによると，格律を普遍的法則として意志しえない場合には二種類ある．一つ目は，格律を普遍化しようとすると自己矛盾が生じる場合であり，二つ目は，矛盾は含まないものの，理性的存在者として意志できない場合である [6]．

前者の例としてカントが挙げるのは，「困っているときには，守るつもりのない約束をしてもよい」という格律である．定言命法に従い，この格律を普遍的法則として意志できるのかどうかを考えてみると，その法則に含まれる矛盾がただちに明らかになる．なぜなら，「自分の都合の悪いときには偽りの約束をしてもよい」という格律が普遍的法則になった場合，約束という慣習そのものが破綻してしまい，困っているときに約束をすることさえできなくなるからである．そしてここから，「偽りの約束をしてはならない」という義務論的制約が，例外を認めないものとして導き出されることになる [7]．カントは，絶対的な妥当性をもつこうした義務を，完全義務（perfect duty）と呼んだ．

後者の例としては，苦しんでいる人を助けるという善行が挙げられる．「他者が苦しんでいても助けの手を差し伸べない」という格律は，みながこの格律を採用しても論理的な破綻は生じない．しかし，われわれは理性的存在者として，このような格律が普遍的法則となることを意志しえない以上，善行も義務

---

[4] 定言命法とは，無条件に命じる命令文の形式のことである．それに対して，仮言命法（hypothetical imperative）とは，「人に親切にしてもらいたければ，人に親切にするべし」というように，「ある目的を達成することを望むならば」という条件文を伴う命令文の形式のことである．カントによれば，道徳的義務は人々に普遍的に当てはまるものであるため，定言命法のみが道徳的なものである．というのも，仮言命法の場合，前提に何が入るのか（人々が何を望むのか）はさまざまであり，たとえ「幸福」のように多くの人が望むものが前提にあったとしても，幸福になるために何をするべきなのかについては意見の一致を見ないため，結果として，義務がもつ普遍的妥当性をうまく説明できないからである．cf. カント，2000a，43-6頁．
[5] カント，2000a，53-4頁．ただし，訳文は若干変えた．
[6] カント，同上，57頁．
[7] カント，同上，55-6頁．

とされる．ただし，善行と，虚言を禁じる完全義務が対立した場合，後者が優先される．つまり善行という義務に従うべきかどうかは，完全義務と対立するかどうかに応じて決まる相対的なものであり，それゆえに・不・完・全・義・務（imperfect duty）と呼ばれる．

カントのこうした考え方のうち，現代でも強い影響力を与えているのは，(a) 基礎的な原理によって義務論的制約を正当化する考え方，(b) 完全義務と不完全義務の区分である．（また，2で述べるように，彼の善に対する考え方も，多くの義務論者に引き継がれている．）

デイヴィッド・ロス

カントは，定言命法という原理を用いることで義務論的制約を知ることができると考えたが，ロスはこのような考え方を採用しない．なぜなら彼によれば，カントのような体系的理論は，倫理理論が扱うべき複雑な事柄を歪曲してしまうからである[8]．

このような考え方にもとづき，ロスは，定言命法のような原理に代わり，直観を導きの糸とする．ここで言う直観は，単なる感覚と同じものではなく，「思慮深く，教養のある人々がもつ道徳的確信」[9] である．このような確信にもとづき，ロスは七つの義務を提示する（BOX2）．ロスはこれらの義務のリストを完全なものと考えているわけではないが，数学の公理と同じように，いかなる証明も必要としないほどに自明なものと見なしている．

ロスはこれらの義務を，・一・応の義務（prima facie duties）と呼ぶ[10]．なぜならこれらの義務は，個々のケースにおいてしばしば相対立するため，具体的な状況において何がわれわれのなすべきことであるかを示すには不十分だからである．それゆえに，一応の義務は相対的な義務である．たとえば，友人との大切な約束を守るためにある場所へ向かっているとき，死に瀕した人を見つけたとする．ここでは，誠実の義務と善行の義務という二つの一応の義務が対立しており，この場合にどちらの義務に従うべきなのかを知るには，さらに・熟・慮

---

8) Ross, 1930, p. 19〔272頁〕．
9) Ross, op. cit., p. 41〔302頁〕．
10)「一見自明な義務」と訳されることもある．

(consideration) ないしは徹底した反省 (the fullest reflection) というプロセスを経ることが必要になる．このようにして選ばれた義務は，本来の義務 (duty proper)，あるいは現実の義務 (actual duty) と呼ばれる．本来の義務は，一応の義務が持つような自明性をもちえず，蓋然的なものでしかないことを，ロスは繰り返し強調している．

BOX2：ロスにおける一応の義務 [11]

誠実 (fidelity) ／無危害 (nonmaleficence) ／正義 (justice) ／自己研鑽 (self-improvement) ／善行 (beneficence) ／感謝 (gratitude) ／補償 (reparation)

ロスの義務論は，生命・医療倫理学の発展に多大な影響を与えるとともに[12]，現代の義務論に対しても，(a) 直観や熟慮に重要な役割を与えた点，そして (b) 義務の衝突を解決するためには，複数の義務を比較衡量する必要があると主張した点で，強い影響を与えている．

(2) 義務論的特権

義務論的特権とは，行為者に，①公平な善を最大化しない仕方で行為すること，そして，②彼個人の視点から生じた理由にもとづき行為することを権利として認めるものである[13]．この点についてチャールズ・フリードは次のように述べる．

われわれは自らの生を，正しさの領域の要求によって生きることはできない．

---

11) Ross, 1930, p. 21〔275-6 頁〕；本書第 2 章 43 頁．
12) 本書第 2 章 42 頁．
13) Kamm, 1999, p. 207. なお，義務論的特権 (prerogative) という用語を初めて導入したサミュエル・シェフラー自身は，義務論者ではない．というのも彼は，義務論的制約を認めないからである．そして，義務論的制約を認めない彼の理論に対しては，シェリー・ケーガンやカムから批判が寄せられている．しかし，シェフラー自身が自らの立場を義務論と帰結主義の「混合理論 (hybrid theory)」(Scheffler, S, 1994, *The Rejection of Consequentialism*, Oxford: Oxford University Press, p. 5) と呼ぶことからも分かるように，彼の理論にも義務論的要素が含まれており，それが義務論的特権なのである．

不正なことを避け，自らの義務をなしたあとは，無限の選択肢（options）が残されているのである[14]．

BOX1で示したように，善行の義務は，カントやロスを含めた多くの義務論者によって義務論的制約として認められていた．かりにこの制約が絶対的なものであるなら，われわれの行為の大部分は，この義務によって覆われることになる．つまり義務論的特権にもとづきわれわれ自身が選択できる領域はほとんど存在しない．しかし，ロスにおいて義務はそもそも「一応の」義務であり[15]，また，カントにおいて，善行の義務は「不完全義務」に分類されていた．義務論者は，善行を絶対的なものとは見なしていないのである．

BOX3：義務論的制約の特徴

ナンシー・アン・デイヴィスは，義務論的制約の特徴を三つ挙げ，制約が限界をもつことを説明している[16]．
(1) 通常，否定文の形で定式化されている（negatively formulated）．
「嘘をついてはいけない」「殺してはいけない」など．そして，これを肯定文（たとえば「真実を言わなければいけない」）に書き換えることはできない．
(2) 狭い範囲に限定されている（narrowly framed, and bounded）．
われわれの行為の全領域のなかで，義務論的制約の領域が義務論的特権に比べて小さな部分を占めるということ．
(3) 狭い範囲に向けられている（narrowly directed）．
行為者が責任を負う範囲を，行為によってもたらされるすべての結果ではなく，行為者の決定（意図）および作為に限定する考え方．（具体的には，II-2-(2) および (3) を参照．）

---

(3) 行為者相対性

行為者相対性とは，行為の理由が行為者と不可分に結びついていることを意

---

14) Fried, 1978, p. 13.
15) ロスも，善行の義務よりも無危害の義務の方がより強い拘束力をもつことを認めている．cf. Ross, 1930, pp. 21-2〔276-7頁〕．
16) Davis, 1991, pp. 208-10.

味する．功利主義が行為者中立的（agent-neutral）であるのに対して，義務論的制約および義務論的特権は行為者相対的であると言える．以下，功利主義と対比する形で，義務論の行為者相対性を説明する．

　ある人が5人を殺そうとしているが，かりに私が別の1人を殺せば，その5人を助けることができる場面を考えよう．このとき，私が功利主義者であれば，「1人を殺すべきである」と判断する可能性が高いだろうし，その理由は，「5人が殺害される世界よりも，1人のみが殺害される世界の方が望ましいから」というものであるだろう．ここから明らかなように，理由となっているのは，世界の状態それ自体の評価であり，その状態が誰によってもたらされるのかは考慮されていない．この意味で，功利主義において行為の理由は行為者中立的である[17]．

　これに対し，義務論において，行為の理由は，行為者相対的である．なぜなら，「人を殺してはならない」という義務論的制約が私に課しているのは，人が殺されない世界を実現することではなく，私が人を殺すという行為に関わらないことだからである．それゆえ義務論者であれば，「私は殺人に手を染めるわけにはいかないから」という理由にもとづき，5人が殺害されることを選択する可能性がある．また、義務論的特権も行為者相対性と結びつく．というのも，すでに述べたように，この特権は，義務論的制約が及ばない領域において，われわれが個人的な理由から行為を選択する権利を意味するからである．私が夕食に何を食べるのかは，私の好みにもとづいて決めることができるのである．

2．善の理論

　上で述べたように，義務論の基本的な考え方は，帰結の善悪には還元できない義務論的制約や義務論的特権を主張する点にある．それゆえに，功利主義のように正の理論を帰結の善に関する理論には基礎づけていない．しかし，だからといって，義務論者が善に無関心であったわけではない．ここでは，義務論者が，帰結という善とは異なる種類の善に対して，どのようなスタンスをとっ

---

17) 功利主義における行為者中立性については，第5章II-1-(2) を参照のこと．

ているのかを紹介する.

　帰結とは異なる善について積極的に言及しているのは，正の理論でも取り上げたカントである．功利主義は，幸福を唯一の内在的価値としたが，カントが内在的価値として認めたのは尊厳（dignity）であった．彼は，価値を価格と尊厳とに分類し，前者を，物件（thing）にそなわる価値と見なし，それを欲しがる人がいてはじめて生じるという意味で相対的であると述べる．これに対して尊厳は，理性をもつ存在者，すなわち人格（person）にそなわる価値であり，絶対的な価値とされる．人格は，絶対的な価値をもつゆえに，他の目的のための単なる手段（これは相対的価値しかもたない）ではなく，目的自体とみなされなければならない．こうした考えに従い，カントは，定言命法の別バージョンとして，以下のような「目的自体の定式」を提示している．

　　自分の人格のうちにも他の誰もの人格のうちにもある人間性を，自分がいつでも同時に目的として用い，決してただ手段としてだけ用いないように，行為しなさい[18]．

　尊厳という価値から義務を導き出すカントの議論は，功利主義と同様に，正の理論を善の理論によって基礎付けている．しかし，功利原理が，行為の結果として生じる善（幸福）を最大化するよう行為せよと命じるのとは異なり，定言命法は，行為の結果の善悪にかかわらず，尊厳という内在的価値を尊重すること（respect）を命じる[19]．この点において，功利主義と義務論は異なる．現代における多くの義務論者も，内在的価値に対してわれわれの採るべき態度が，最大化することではなく，尊重することだという点において一致している．（ただし，「尊重」によって，義務論と功利主義を区分することに対しては，批判もある．本章Ⅱ-1-（2）を参照．）

---

[18] カント，2000a，65頁．訳文は若干変えた．
[19] カント，2000a，75頁．翻訳では「尊敬」とされている．

3. 正の理論と善の理論の関係

正しい・不正な行為を帰結の善悪から導き出さない義務論において，義務論的制約の考慮は帰結の善悪の考慮に先立つ．「善に対する正の優位（the priority of the right over the good）」[20] という義務論の特徴は，帰結の善悪に対する義務論的制約の優位を意味しているのである．そこで本節では，正の理論と帰結の善悪との関係，そして前節で述べた善の理論との関係を見ていくことにする．

(1) 正の理論と帰結の善悪の関係

すでに述べたように，行為を決定するにあたり，義務論的制約の考慮は，帰結の善悪の考慮に先立つ．しかし同時に，義務論的制約には限界があり，われわれには，残された行為の領域において，個人的な理由にもとづいて行為を選択することが，特権として認められている．つまり義務論的制約とは，各人が，許容された行為の領域において，自らの目標（善）——ここでは行為の帰結が重要な意味をもつ——を目指して行為する場合に，それに先立って従うべきものなのである．そして義務論的制約は，二通りの仕方でわれわれ自身の善の追求を統制する．すなわち，第一に，一定の目的を追求してはならないものとして統制し（たとえば，他者の支配を目的とする場合），第二に，追求することが許されるあるいは義務づけられている目的であっても，そこへ至る手段を統制するのである（たとえば，待ち合わせに遅れないために他人の自転車を盗む場合）[21]．

義務論的制約を，一定の限界をもつものとして，そしてわれわれ自身の目的の追求を統制するものとして提示する考えは，道徳性の律法主義的理解（legalistic conception of morality）[22] と呼ばれる．というのも，各人の掲げる

---

20) Rawls, J, 1999, *Theory of Justice*, revised edition, Oxford: Oxford University Press, pp. 28.〔ロールズ，J，2010，川本隆史・福間聡・神島裕子訳『正義論 改訂版』紀伊國屋書店，45頁．〕
21) cf. Fried, 1978, p. 9
22) Davis, 1991, p. 217.

目的を統制するという義務論的制約の役割は，私的な生活に必要最低限しか介入しない法律の役割と類似しているからである．現代の義務論者の中には，こうした正と善の関係を，功利主義と対比した場合のメリットとして強調する者もいる．功利主義の場合，われわれの行為は世界に何らかの結果をもたらすゆえに，すべての行為について正・不正が問われることになる．これに対して義務論の場合，善の最大化とは独立した形でわれわれに課される義務論的制約には一定の限界があり，それ以外は，積極的な安らぎ（positive relief）[23] を得られる領域として確保されているのである．

もちろん功利主義も，行為の正不正に限界を設けることによって，社会全体の幸福が増大するのであれば，積極的な安らぎを得られる領域を認めるであろう．しかしこのようにして設けられた領域は，社会全体の幸福の減少につながるのであれば，ただちに縮小され，さらには取り消される可能性もある．この意味でその領域は，「圧迫するような，強迫観念にとりつかれた領域（oppressive, obsessive regime）」[24] であり，「不十分な道徳上の息抜き部屋（insufficient moral breathing room）」[25] なのである．

（2）帰結の善には還元されない価値の尊重

善の理論において述べた尊厳は，帰結の善悪とは異なる価値である．カントの場合，両者の関係は，正と帰結の善悪の関係とは逆に，むしろ善が正に先立つ．カントは人格を，尊重されるべき絶対的価値として提示したが，同時に，この価値を「定言命法の根拠」[26] と考えている．なぜなら，仮言命法（注4参照）の根拠が，各人の立てる相対的な目的であるのに対して，定言命法の根拠となるのは，この命法に備わる普遍的な妥当性を考えるなら，絶対的な価値をもつ目的，すなわち人格と考えられるからである．

現代においても，カントと同様に，正の根拠を，帰結とは異なる種類の善に求める義務論者はいる．フランシス・カムは，そうした論者の一人である．私

---

[23] Fried, 1978, p. 14.
[24] *Ibid.*
[25] Davis, 1991, p. 209.
[26] カント，2000a，63-4頁．

が1人を殺せば，他人に殺されそうになっている5人を助けることができるという事例を思い出してほしい．この場合，「殺してはならない」という義務論的制約は，「私は人を殺してはならない」という形で，行為の理由を形づくる．（それゆえに義務論的制約は行為者相対的なのである．）しかしカムは，行為者相対的な義務論的制約の根拠を，行為者自身に求めることはしない．一つの素晴らしい芸術品を破壊すれば，5つの素晴らしい芸術品を守ることができる場合を考えてみよう．このとき，1つの芸術品を破壊することはおそらく許容される．しかし，人に対して同じことをする（5人を助けるために1人を殺す）ことには，大きな困難がつきまとうように思われる．そうであるならば，人を殺してはならないという義務論的制約の根拠は，行為者自身の中にではなく，行為の受け手である人格の内にあると言えるであろう．こうして彼女は，義務論的制約に関して，「行為の受け手に焦点をあてた，権利にもとづく説明（victim-focused, rights-based account）」[27]を採用する．

このように正と善の関係を捉えたとき，「善に対する正の優位」という義務論の特徴が維持できるのかという疑問も提示されるだろう．しかし，ヘンリ・リチャードソンが述べるように，人格の価値（尊厳）は，帰結の善とはまったく異なる価値であり，それゆえに帰結の善とは異なる領域，すなわち正の領域に位置づけられうる[28]．このように，人格の価値が正の領域に位置づけられるのであれば，「善に対する正の優位」という考え方を保持することは可能であろう．

II．義務論の問題点

1．義務の正当化

義務論に対して向けられてきた一つ目の批判として，帰結の善悪に還元でき

---

27) Kamm, 1999, p. 217.
28) Richardson, HR, 2006, "Deontological Ethics", *Encyclopedia of Philosophy*, 2nd ed., vol. 3, Borchert, DM, ed., Detroit: Macmillan Reference USA, p. 714.

ない義務論的制約を正当化することはできないというものがある．これに対して義務論者は，主として二つの方法で，義務論的制約を正当化しようと試みている．ここでは，そうした試みの概要と，それに対して示されている批判を概観する．

(1) 直観による正当化

第5章で述べたように，功利主義に対して提示される批判の一つに，この立場に従って示される行為が，直観とあまりにも乖離しているというものがある．功利主義におけるなすべき行為と直観の乖離に比べれば，義務論は一見したところ，直観，あるいはもう少し広く常識（common-sense）により合致するように思われる[29]．義務論者の中には，義務論的制約と直観の親和性にもとづき，義務論的制約を正当化しようとする者もいる．Ⅰで述べたロスは，その代表的論者である．

これに対して，直観には偏見が含まれ，それゆえに問題のある義務をも正当化してしまうのではないかと批判されるかもしれない．しかし，すでに述べたように，ロスの言う「直観」は，社会通念と同一視されるようなものではなく，精神的に充分成熟した人々のものである．その意味では，偏見等が含まれる可能性は少ないかもしれない．だが，教養ある人々が確信をもっているというそのことだけで，義務論的制約を正当化することには問題が残る．たとえばアリストテレスは奴隷制を正当化していたが，同じような過ちを犯す可能性を否定することはできない．そしてそれ以上に疑問なのは，教養ある人々の確信が対立するときに，いずれの直観を制約として採用するべきかという問題である．ロス自身は，彼の見解に同意しない人が出てきた場合にできることは，もう一度反省してみるように求めることだけだと述べるが[30]，それで充分なのだろうか．

---

[29] McNaughton and Rawling, 2005, pp. 427–428.
[30] Ross, 1930, p. 21〔275頁〕.

(2) より基礎的な原理による正当化

　正の理論において見たように，基礎的な原理による正当化を試みた代表的な義務論者はカントである．しかし基礎的な原理から義務論的制約を導出する試みにも問題が残る．

　第一に，そもそもそうした基礎的な原理自体は，どのようにして正当化されるのか，という問題がある．たとえばカントは，定言命法を，理性的な存在者であるなら意識できる「理性の事実」と考えている[31]．しかし，このような形での正当化は，直観による義務論的制約の正当化と同じ困難に陥る可能性がある．なぜなら，理性の事実という考え方は，別の事実（たとえば功利原理）のみを意識する人に対して，自らの正当性を主張できないからである．

　第二に，基礎的な原理は抽象的であるために，具体的に義務論的制約を基礎づけることはできない，あるいは，恣意的に適用されかねないという批判がなされる．例えば，アラン・ドナガンは，「あらゆる人——自分自身であれ，他者であれ——を理性的被造物として尊重しないことは許されない」[32]という原理を提示した上で，この原理から義務論的制約（例えば嘘の禁止）を導いている．これに対してデイヴィスは，「尊重」という言葉から，三つの特徴をもつ義務論的制約（BOX3）を導出することはできないと指摘する[33]．第一に，尊重を基準とした場合，否定文だけではなく，肯定文も義務となりうる．なぜなら，真実を言うことこそ相手を尊重するために必要な場合を想定できるからである（例えば，医師が患者に必要な情報を伝える場合のように）．第二に，義務論的制約が狭い範囲に限定されないことになる．なぜなら，他者の福祉を増進する功利主義的な行為を，尊重の一つの形として理解することは可能だからである．第三に，義務論的制約は，結果をも含む，広い範囲に向けられることになる．というのも，1人を殺せば5人が助かるケースで，私が「殺すな」という不作為の義務論的制約を遵守し，1人を殺さなかった場合でも，私は5人を尊重しなかったと言えるからである．このように，「尊重」を命じる原理から，狭く限定された義務論的制約を導き出すことは困難なのである．

---

[31] カント, 2000b, 182-95 頁.
[32] Donagan, A, 1977, *The Theory of Morality*, Chicago: University of Chicago Press, p. 66.
[33] Davis, 1991, pp. 212-3.

2. 義務の衝突

義務論に対して提示されてきたもう一つの批判は，義務の葛藤を解決できないのではないかという批判である．義務論者が複数の義務を，（ときには絶対的な）拘束力をもつものとして提示している以上，この批判に答えることが義務論者に求められる．そこで本章では，義務の葛藤を解消するために提示されてきた様々な試みを紹介する．

(1) 義務の秩序づけ

義務の葛藤を解消する一つの方法は，義務を，それに従わなければならない強制力（強度）に従って，秩序づけるというものである．この方法を採用した論者の一人は，すでに言及してきたカントである．すでに述べたように彼は，義務を，完全義務と不完全義務に区分した上で，「完全義務は不完全義務に常に優越する」という原則を採用することにより，義務の衝突を解消しようとした．完全義務として挙げられているのは，「自殺をしてはならない」（自己に対する完全義務），「守るつもりのない約束をしてはならない」（他者に対する完全義務）であり，不完全義務として挙げられているのは，「自分の才能の開花に努めよ」（自己に対する不完全義務），「困窮している人を助けよ」（他者に対する不完全義務）というものである．なお，すでに第二章で述べたように，カントは，「正直であることを」を完全義務とみなすゆえに，たとえ困っている人を見捨てることになっても，嘘をつくべきではないと主張するのである．

現代において秩序づけの方法を採用している論者として，生命倫理学者のロバート・ヴィーチを挙げることができる．彼は，ビーチャムとチルドレスが定式化した医療倫理の四原則[34]を，帰結主義的なグループ（＝善行および無危害）と非帰結主義的なグループ（＝自律尊重，正義）に分類し，それぞれのグループ内部では比較衡量を必要とするが，後者のグループは前者のグループにつねに優越するとした．この方法は，比較衡量と，辞書のように一義的に決ま

---

[34] 『入門・医療倫理Ⅰ〔改訂版〕』，第3章．

った順序づけ（lexical ordering）の混合戦略と呼ばれる[35]．

(2) 作為 (action) と不作為 (inaction)

この区分は，責任を問われる領域を作為に限定し，これによって義務の衝突に対して一定の方向性を示すことを目指している．そして通常，作為は身体的動作を意味し，不作為はその不在を意味する．たとえば，治療を差し控えることで患者を死ぬにまかせる場合と，積極的に行為して（塩化カリウムの注射）患者を殺す場合を考えてみる．このとき，作為・不作為の区分を支持する立場からすれば，殺すこと（作為）は不正だが，見殺しにすること（不作為）は許容される．

しかし，作為・不作為の原理には，多くの反論が寄せられてきた．その代表的なものが，功利主義者であるジェームズ・レイチェルズによる批判である[36]．彼は，遺産を手に入れるために従兄弟を浴槽で溺死させる（作為）スミスと，溺死させようと思っていたが，従兄弟が浴槽で溺れたために，溺死するまで見守っていた（不作為）ジョーンズを比較し，両者の間に道徳的に重要な違いが存在するのだろうかと問いかけた[37]．

このようなレイチェルズの議論に対しては，何人かの論者が反論している．その代表的な論者として，ウォレン・クインがいる．クインは，作為と不作為を，単純な身体的動作の有無よりも広い意味で——つまり，身体的動作以外の要素を加味して——理解することで，この区分を保持しようとする．というのも彼によれば，身体的行為が存在しない場合でも，積極的行為者性（positive agency）を帰することができるケースが存在するからである．つまり身体的

---

[35] Veatch, RM, 1995, "Resolving Conflicts Among Principles: Ranking, Balancing, and Specifying", *Kennedy Institute of Ethics Journal*, 5, pp. 199–218. 事実彼は，帰結主義的なものを「不完全義務」と呼んでいる．cf. Veatch, *op. cit.*, p. 211. ただし，無危害が不完全義務に区分されるなど，ヴィーチとカントの違いにも着目する必要がある．

[36] Rachels, J, 1994, "Active and Passive Euthanasia", Steinbock, B and Norcross, A, ed., *Killing and Letting Die*, New York: Fordham University Press, pp. 112–9.〔レイチェルズ, J, 1988, 小野谷加奈恵訳「積極的安楽死と消極的安楽死」加藤尚武・飯田亘之編『バイオエシックスの基礎——欧米の「生命倫理」論』東海大学出版会，113–21頁.〕

[37] レイチェルズをはじめとして，功利主義者は基本的に作為と不作為の間に道徳的に重要な違いを認めない．これを等価テーゼ（the Equivalence Thesis）と呼ぶ．cf. Kamm, 1999, p. 208.

には不作為でも，作為と呼べるものがあると考えるのである．以下のようなケースを考えてみよう．私は，自動操縦で進む電車を運転している．ただし，ブレーキで止めることはできる．その電車には一刻を争う5人の瀕死患者が乗っており，列車が止まれば助かる見込みはない．ところが私は前方にレールに縛り付けられた人を発見した．そしてクインによれば，このときに何もせずに電車の自動運転を続けることは許されない．なぜなら私は，電車を止めることがで・き・，人の死につながる電車の運行を意・図・しているからである．つまり，クインにとって，コントロール力と意図が，身体的な不作為を作為に区分する条件なのである[38]．

以上のようなクインの考え方に従えば，ジョーンズの身体的な不作為も作為に分類されることになる．なぜなら彼は従兄弟を助けることがで・き・，溺れるこ・と・を意・図・しているからである．こうしたクインの試みによって，作為と不作為の区分はより常識に合致したものになる．ただし，クインが挙げた「意図」は，伝統的には，作為と不作為の違いを説明するものとしてではなく，意図と予見という別の区分として説明されてきた．そこで次にこの区分を見ていく[39]．

(3) 意図（intention）と予見（foresight）

この区分は，望ましい結果と望ましくない結果を伴う行為について，行為者があくまでも前者を意図し（intend），後者を予見している（foresee）に過ぎない場合に，その行為を正当化するために用いられる．たとえば，ある爆撃によって，武器倉庫の破壊と，近隣に住む非戦闘員の死亡という二つの結果が生じたとしよう．意図と予見の区分に従えば，パイロットの意図が，後者を引き起こすことにではなく，武器倉庫の破壊とそれによる戦争終結のみにあるのなら，その爆撃は許容されることになる．また，この区分は，医療倫理学の文脈

---

38) Quinn, WS, 1994, "Actions, Intentions, and Consequences: The Doctrine of Doing and Allowing", Steinbock, B and Norcross, A, ed., *Killing and Letting Die*, New York: Fordham University Press, pp. 364-7.
39) クインは意図と予見を含んだ二重結果の原理（後述）についても独自の見解を示しており，そこで言われる「意図」とここでの「意図」を分けている．彼によれば両者の違いは，前者が犠牲者を意図される対象として直接含むのに対し，後者は犠牲者の死につながる対象（電車）の運動だという点にある．cf. Quinn, *op. cit.*, p. 366.

でも，死を引き起こす行為（作為）であっても，死を意図している場合（積極的安楽死）は許されず，苦痛の緩和を意図し，死を予見しているにすぎない場合（間接的安楽死）は許容される，という仕方で用いられる[40]．

意図と予見の区分を中心に，より詳細に義務の葛藤を解決する枠組みを示しているのが，二重結果の原理（The Doctrine of Double Effect）である．この原理に従えば，以下の条件を満たした場合，たとえある行為によって悪い結果が生じるとしても，その行為は許容される[41]．

1. 行為はそれ自体善いものであるか，少なくとも善くも悪くもないものでなければならない．
2. 意図されている善は悪い結果によって獲得されてはならない．
3. 悪い結果はそれ自体として意図されてはならず，単に許容されなければならない．
4. 悪い結果を許容するのに釣り合うほどの重大な理由がなければならない．

しかし，二重結果の原理に対しては，さまざまな問題点が指摘されている[42]．たとえば，行為者の意図と予見を確実に識別することはできないと批判されることがある．というのも，武器倉庫を爆破している兵士は，実際のところ，近隣住民を殺すことを意図しているのかもしれないからである．こうした批判に対して，二重結果の原理の擁護者たちは，意図と予見を区分するためのさまざまな基準を提示している．以下，BOX4にそうした基準を示す．

BOX4：意図と予見を区分するテスト[43]

(1) 反事実的テスト
　善い結果と悪い結果のうち，悪い結果だけが生じなかった場合に，行為者がどの

---

[40] 安楽死の区分については，『入門・医療倫理I〔改訂版〕』，313頁を参照のこと．
[41] Aulisio, MP, 2004, "Double Effect, Principle or Doctrine of", *Encyclopedia of Bioethics* 3rd ed., New York: Macmillan Reference USA, p. 687.『入門・医療倫理I〔改訂版〕』，315頁．
[42] 『入門・医療倫理I〔改訂版〕』，315-6頁．
[43] 久保田顕二，1993，「二重結果の原則と人格の尊重——クインの所説をめぐって」『応用倫理学

ような反応を示すのかを考える．たとえば，武器倉庫を爆撃する兵士は，奇跡的に非戦闘員が死ななかった場合に，そのことを喜ばしく思うのであれば，非戦闘員の死という結果を意図していなかったと考えられる．
(2) 接近性のテスト
　意図されている善い結果が，予見されている悪い結果と十分に接近したものであるのかを考える．かりに十分接近したものであるならば，行為者は悪い結果も意図していると言わなければならない．たとえば，妊娠初期の女性から治療のために子宮を全て摘出する場合，子宮の摘出と胎児の死は直接結びついているため，前者のみを意図し，後者は意図していなかったと言うことは困難である．
(3) 分離可能性のテスト
　ある行為と，その結果として生じる出来事を分離できるかどうか考える．かりに分離可能であるならば，それを意図していたと言う必要はない．たとえば，吹雪の中で傷を負った人が，グループのメンバーが生き残る機会を増やすために自ら立ち去った場合を考える．この場合，その人の行動と死の結びつきは論理的な必然性をもたない以上，分離可能と言うことができる．そしてこのような仕方で分離可能であるなら，彼は，吹雪の中を立ち去るときに，自らの死を意図している必要はない．

　しかし意図と予見を区分するこうしたテストに対しては，さらに批判が提示され，現在も議論が続いている．たとえば反事実的テストに対しては，このテストに従うと，一見したところ二重結果の原理が禁じる行為（戦争を終わらせるために一般市民を殺すこと）も正当化されてしまう可能性がある．なぜなら爆撃によって一般市民を殺す兵士は，終結後に死んだ人たちが生き返ったなら喜ぶであろうし，それゆえに市民の死を意図してないことになってしまうからである．

研究』1, 31-4 頁．また，ここで挙げる基準を含めて，意図と予見の区分を支持する立場を，功利主義の観点から批判的に検討した文献として以下のものがある．Kuhse, H, 1987, *The Sanctity of Life Doctrine in Medicine: A Critique*, Oxford: Clarendon Press.〔クーゼ，H，2006，飯田亘之他訳『生命の神聖性説批判』東信堂．〕

まとめ

　冒頭に述べたように，義務論の基本的な主張は，結果にかかわりなく，従うべき義務論的制約がわれわれには課されており，同時に，こうした制約には限界があり，それ以外の領域においてはわれわれに選択権が与えられているというものである．そしてこうした義務論の主張は，われわれの日常的な道徳に関する考え方に合致する．

　しかし，義務論と常識との親和性を，具体的な場面においても維持することは容易ではない．たとえば，人工呼吸器を装着しないこと，あるいはモルヒネによって苦痛を緩和することは，「殺してはならない」という義務論的制約に反しているのだろうか．そのような場面で，義務論的制約が十分な行為の理由となりうるのか，あるいは，現実の場面で生じる義務同士の葛藤に対して，有効な行為指針を提示できるのかなど，多くの疑問が提示されてきた．

　こうした中で義務論の側から提示されてきたのが，作為と不作為，意図と予見といった区分であり，終末期医療をはじめとしてさまざまな場面で一定の役割を果たしている．もちろん本章で見たように，こうした区分に対しても批判は寄せられている．しかし，こうした区分に問題があるということは，ただちに義務論自体が無効だということを意味するものではない．むしろ，義務論的制約と義務論的特権の区分自体を根幹にすえた上で，直観あるいは常識を一つの試金石としながら，義務論的制約の具体的なあり方，あるいはその限界を探っていくことが求められているのである[44]．

---

[44] カムは，義務論独自の方法論を次のように説明している．すなわち，提案された義務論的制約が仮想的な事例に対して示す見解と，そのようなケースに対する直観的判断 (intuitive judgment)／熟慮判断 (considered judgment) とを比較し，かりに両者が対立する場合には，代わりとなる義務論的制約や理論を展開し，両立する場合には，さらに，義務論的制約や理論をより十分な形で正当化するために，それらの根底にある基礎的な要素を見出そうとするのである．cf. Kamm, 1999, p. 207.

参考文献

- Darwall, S (ed.), 2003, *Deontology*, Oxford: Blackwell.
- Davis, NA, 1991, "Contemporary Deontology", Singer, P, ed., *A Companion to Ethics*, Oxford: Blackwell, pp. 205-18.
- Fried, C, 1978, *Right and Wrong*, Cambridge: Harvard University Press.
- Kamm, F, 1999, "Nonconsequentialism", LaFollette, H, ed., *The Blackwell Guide to Ethical Theory*, Oxford: Blackwell, pp. 205-26.
- カント, I, 2000a, 平田俊博訳『人倫の形而上学の基礎づけ』,『カント全集7』岩波書店.
- ──, 2000b, 坂部恵・伊古田理訳『実践理性批判』,『カント全集7』岩波書店.
- Ross, WD, 1930, *The Right and the Good*, Oxford: Oxford University Press.（第一章および二章の翻訳が, 矢島羊吉・岩崎武雄・細谷恒夫編, 1959,『現代英米の倫理学』福村書店, 248-333頁に収められている.）

第 7 章

徳倫理学

奈良雅俊

本章の目的と概要

　現代の徳倫理学（1950年代以降，英米で展開された徳倫理学）には大きく分けて二つの流れがある．反‐理論（anti-theory）としての徳倫理学は実践知を強調し，実践知をもつ行為者が正・不正の判断を下す際に行っている繊細な考察を体系化することは不可能だと考える[1]．他方で，倫理理論としての徳倫理学は，功利主義や義務論に代わる第三の理論として，正・不正の評価基準や行為指針を提示している．本章では，倫理理論としての徳倫理学について解説する．以下では，善の理論，正の理論そして二つの理論の関係という観点から徳倫理学の特徴を述べ，最後に徳倫理学の問題点について考えてみたい．

はじめに

　徳倫理学という名称は，徳や道徳的性格を強調するアプローチを義務論や功利主義から区別するために導入された術語である．たとえば，助けを求めている人をあなたが救助しなければならないという状況を考えてみる．功利主義なら，救助するという行為の結果が幸福を最大化するという事実を強調するだろ

---

1) Baron, Pettit and Slote, 1997, pp. 179–83.

う．義務論なら，結果のよさに還元できない「善行の義務」に行為が一致しているという事実を強調するだろう．しかし，徳倫理学が強調するのは，その行為が博愛精神や仁愛からなされているという事実である[2]．その行為が，すぐれた性格の人（徳のある人）であればその状況でなすであろう行為であるかどうかに焦点を当てるのである．現代の徳倫理学に共通する一般的特徴として，二点を挙げることができる．まず，行為者の性格や動機づけに焦点を当てるという点．そして，「よい」や「立派な」といった卓越（excellence）の概念が根本的であり，義務や正しさの概念は派生的なものとみなすという点である．

I．徳倫理学の特徴

1．善の理論

(1) 徳とは何か

　徳（virtue）という語は，よさや卓越性を意味するギリシア語のアレテー（*arete*；ラテン語では*virtus*）に由来する．古代ギリシアの倫理学においては，人を「よい人（卓越した人）」にするものは何かが問われた．当時の思想家たちはその答えを性格特徴に見いだした．性格特徴（character trait）とは，行為の仕方，感情のもち方，欲求のもち方等の傾向（disposition）のことである．このようにして，賞賛すべき性格特徴が人間のアレテーすなわち徳と考えられるようになった．アリストテレスは，徳を思考の徳と性格の徳（倫理的徳）に分けた．倫理的徳は「状況にふさわしい仕方で行為しようと欲し，かつ行為するような定着した傾向」[3]であるとし，それは「習慣づけ」によってはじめて習得されると考えた．われわれは，たとえば節制を一度だけでなく何度も繰り返し行うことによって節制のある人になり，勇敢なことを繰り返し行う

---

[2] Hursthouse, 1999, p. 1〔3頁〕.
[3] Urmson, JO, 1988, *Aristotle's Ethics*, Blackwell, p. 28.〔アームソン, JO, 2004, 雨宮健訳『アリストテレス倫理学入門』岩波書店, 50頁.〕cf. Hursthouse, R, 2003, "Virtue Ethics", *Stanford Encyclopedia of Philosophy*. (http://plato.stanford.edu/entries/ethics-virtue/)

ことによって勇気ある人になる，といった具合である．現代の徳倫理学は，アリストテレスの徳論を継承するものとそうでないものに大別することができる（前者を新アリストテレス主義[4]の徳倫理学と呼ぶ）．

徳にはさまざまなものがあり，それらを集めた目録も一つではない[5]．古代ギリシアにおいては知恵，勇気，節制，正義（四元徳）が，キリスト教世界においては信仰，希望，愛が根本的な徳と考えられた．現在では，仁愛（benevolence）や誠実（honesty）なども重要な徳と考えられている．他方で，専門職に固有の徳も指摘されている．たとえば医療の領域では，医療の目的と使命という観点から，正義，節制に加えて，共感（compassion），信頼への忠実，フロネーシス（実践知），不屈，インテグリティ，自己犠牲（self-effacement）などの徳が挙げられている[6]．

(2) 徳とはどのような状態を指すのか

さまざまな徳に共通する特徴を三つあげることができる．第一に，アリストテレスによれば，徳は中庸（mean）（中間）の状態である．たとえば恐怖を感ずる状況の中で，恐怖をまったく感じないことも，逆に感じすぎることも極端な対応である．「勇気」の徳は無謀と臆病という両極端の（悪徳の）中庸である，とされる[7]．つまり，徳とは，快楽や苦痛を感じることにおいて「然るべきときに，然るべき事柄について，然るべき人に対して，然るべき目的のため

---

[4] アリストテレスの著作に忠実である立場を「アリストテレス主義」（Aristotelianism）という．アリストテレス主義の中でも，現代の視点から奴隷制や女性差別についてのアリストテレスの見解を否定し，博愛や仁愛などアリストテレスが徳とみなさなかった性格も徳のリストに加える学説は「新」（Neo-）アリストテレス主義と呼ばれている．Hursthouse, 1999, p. 8〔14頁〕．

[5] 徳のリストの一例は，本書第2章，46頁を参照．

[6] Pellegrino, ED and Thomasma, DC, 1993, *The Virtues in Medical Practice*, Oxford: Oxford University Press. 不屈（fortitude）とは「精神的な勇気，たとえば道徳的な善のために個人的な危害をうけることを厭わないこと」をいう．またインテグリティ（integrity）は「あらゆる徳を一つの全体へと統合し個々の状況で原則，規則，指針，命令そして他の徳の相対的重要性を慎重に判断し，一つの行為の決定に至る」ことをいう．

[7] しかし，現代の徳倫理学者の中には，この中庸説に対して否定的な評価を下す者も多い．「多くの論者が指摘するように，今日われわれが道徳的生活の中で非常に重要だとみなすいくつかの領域にそのまま適用することはできない．正直や誠実は，真実を多く語りすぎないことでも語らなすぎないことでもない」（Baron, Pettit and Slote, 1997, p. 184）．

に，然るべき仕方においてそれを感ずる」[8] という状態であり，行為においても同様である．

　第二に，徳はフ・ロ・ネ・ー・シ・ス・をともなう．ギリシア語の「フロネーシス (*phronesis*)」は，思慮と訳される．フロネーシスは思考の徳の一つであり，実践知（practical wisdom）と解釈されている．フロネーシスは，正しい目的を立て，その目的に至る手段を発見する能力である．たとえば「気前の良さ（generosity）」は，適切な種類のものを，適切な量だけ，適切な理由から，適切な人に，適切な機会に与える徳である．この場合，量，理由，人，機会の「適切さ」とはどれだけなのかを判断するのがフロネーシスの役割である[9]．

　フロネーシスは，状況理解の能力，即ち，状況がもつさまざまな特徴の中のいくつかを他の特徴よりも重要であると（直観的に）知覚する能力である．われわれは，このような知覚に基づいて，いまこの状況で（人間としての善さという観点から見て）何が立派で（noble），何が恥ずべきことか（ignoble）を判断する．そして，この判断に従ってなされた行為や感情表現などに対して，「勇気がある」とか「気前がよい」といった評価が下されるのである．フロネーシス自体は思考の徳の一つであるが，勇気や節制など性格の徳を徳として成立させるものである．

　またフロネーシスは，人間のあり方と人生についての知識であり，人生経験や成熟とともに獲得される知である（BOX1）．われわれは生まれながらに正義，勇気，節制などの徳をもっているが，この「自然的な徳」はいわば始原であって，フロネーシスの習得を待ってはじめて完成される．フロネーシスをもつ人とは，人生において本当に価値があるものは何か，何が本当に重要で，何が本当の利益をもたらすかを知っている人，要するに「よく生きること」を知っている人である．

　第三に，徳は欲望や感情を「抑制」することができるということではない．いわば心の調和した状態である．「節制」の徳を所有するとは，理性が行為すべき理由を認識するとき，感情や欲望が理性の声に耳を傾け，自然に従うこと

---

[8] Aristotle, *Nicomachean Ethics*（1106b21-22）.
[9] Hursthouse, 1999, pp. 12-3〔20頁〕. cf. Aristotle, *Nicomachean Ethics*（1107a1-2）.

ができるということである．アリストテレスは，徳を「抑制（continence）」から区別している．抑制する者にあっては，正しい行為を行う理由と欲望との間に対立が存在しているが，徳を有する人にあっては存在しない．なぜなら，抑制する者は理性に反する欲望に快楽を感じながらもこれに引きずられないよう自己を抑制するのに対し，徳のある人はもはやそのような欲望に快楽を感じないからである[10]．

BOX1：フロネーシスの習得

フロネーシスの習得には，ある種の道徳教育が必要である．徳倫理学によれば，よい人になるために必要なのは，道徳原理の学習ではなくて，お手本（ロールモデル）を模倣することである．有徳な人とはどのような人であるかを学ぶのは，ダンス，料理やサッカーのプレーを学ぶのと同じである．すぐれた人たちのプレーをじっくりと見て，同じことをすることによって「まねぶ」のである．お手本による教育は，道徳原理や道徳的責務を座学で学習するよりもはるかに具体的で，有効である．このとき，手本となる「徳のある人」が魅力的に描かれるならば，手本を真似ようとする動機づけは強まるだろう[11]．

「お手本」は，理念や理想という形で「まねぶ」者の行動を規制する．専門職論の観点から，オークリーはお手本がはたす役割を「統制的理念（regulative ideal）」と呼んでいる．統制的理念とは，正しさや卓越性に関する理念である．自己のうちに統制的理念をもつ者は，動機と行為をそのような基準に合う（あるいは少なくとも矛盾しない）よう調整することができる[12]．たとえば医師や看護師が，医療の目的に関する理念や理想を内面化し，これらと一致する仕方で患者を治療する「性格・傾向」を備えるならば，その者は徳のある医療従事者であるとみなすことができる．

---

10) Aristotle, *Nicomachean Ethics* (1146a9–11). 岩田靖夫，1985，『アリストテレスの倫理思想』岩波書店，87頁．
11) Statman, 1997, p. 13.
12) Oakley, J and Cocking, D, 2001, *Virtue Ethics and Professional Roles*, Cambridge: Cambridge University Press, p. 25.

2. 正の理論

行為者の性格に焦点を当てることや卓越概念の使用をもって徳倫理学を特徴づけるとき，徳倫理学は行為の正しさについて説明できるのだろうかという疑問が浮かぶ．もし説明できないとしたら，徳倫理学は功利主義や義務論に比べて不完全な倫理理論であるように見える．しかし，現代の徳倫理学者の多くは，徳倫理学が行為者の良し悪しだけでなく，行為そのものの正しさ・不正さについても説明することができると主張している．その場合，彼らは行為者の性格特徴や動機に言及することによって，行為の正しさを評価しようとする．ここでは，彼らの主張の中から適格な行為者説と行為者‐基底説をとりあげる[13]．

(1) 適格な行為者（qualified agent）説

ハーストハウスは，『徳倫理学について』の中で，行為の正しさに関する次のような基準を提示している．「ある行為が正しいのは，それが，有徳な行為者がその状況においてふさわしい仕方で（in character）振舞うことと一致する場合であり，その場合に限る」[14]．たとえばある患者の生命が当人にとってまだ善いものである場合，医師が彼の生命を救うことは正しい．なぜなら，仁愛の徳をもつ医師であればそのように行為するであろうし，仁愛は他人の善を目指す徳だからである．

ハーストハウスによれば，行為の正・不正は徳のある人（すぐれた行為者）が同じ状況でその行為を選択するか否かで決まる．すべての徳を所有し，発揮する場合にその人は「徳がある」（有徳な人）とみなされる．新アリストテレス主義の立場にたつハーストハウスによれば，「徳とはエウダイモニア（BOX2）に到達するために必要な性格特徴である」．このように，ハーストハウスによる説明は，行為の正しさを仮想上のすぐれた行為者（hypothetical qualified agent）の有徳さに基礎付けるところに特徴がある．また，ハース

---

13) 徳倫理学による「正しい行為」の説明については以下の文献を参照．リーゼル・ファン・セイル「徳倫理学と正しい行為」，ラッセル編，2015，pp. 267-304; Swanton, C, 2003, *Virtue Ethics: A Pluralistic View*, Oxford: Oxford University Press, pp. 227-31.
14) Hursthouse, 1999, p. 28〔42頁〕．

トハウスは「正しさ」を含むさまざまな徳の言葉によって行為の道徳性を説明しようとしている．たとえば人工妊娠中絶の道徳性について，ハーストハウスはおよそ次のように説明する．避妊せざるを得ない状況に巻き込まれてしまった女性の多くは，「精神的強さ，独立心，意志の堅さ，決断力，自信，責任感，まじめさ，そして自己決定力」といった性格特徴のどれか一つ以上を欠いている．このような意味で，中絶は「道徳的な欠点を反映している」[15]．これらの性格特徴を備えた「有徳な女性」であれば，そのような状況に陥るような選択をそもそもしなかっただろう．さらに，ハーストハウスの説明のもう一つの特徴は，エウダイモニア主義をとっている点である．

BOX2：エウダイモニア

ギリシア語の「エウダイモニア（eudaimonia）」は，もともと「よき守護者の精神をもつこと」という意味であり，客観的に望ましい人生を送っている状態をさす．そして，エウダイモニアは，古代ギリシアの倫理思想において「人間にとっての最高善（the supreme human good）」であると考えられていた．「最高善」とは，他の何かのために選ばれるのではなく，それ自体で選ばれるもののことである．アリストテレスはエウダイモニアを「徳にもとづく魂の活動」であると述べた．

今日，エウダイモニアは，幸福（happiness）あるいは福利（well-being）と翻訳される．しかし，（現代語の）幸福には主観的な意味合いが含まれており，また幸福は例えば快楽に存するといった誤った理解に陥りやすいという難点がある．そのため，徳倫理学者の間では，「開花繁栄（flourishing）」と翻訳することが多い．それは「私が（精神的にも肉体的にも）よい状態にある（healthy）」（ハーストハウス）という意味である．

倫理をエウダイモニアすなわち開花繁栄という概念に基礎付けるような考え方をエウダイモニア主義（eudaimonism）という．エウダイモニア主義をとるか否かは，現代の徳倫理学を区分する上での根本的な基準のひとつになっている．

---

[15] ロザリンド・ハーストハウス「徳理論と妊娠中絶」，江口聡編・監訳，2011，『妊娠中絶の生命倫理——哲学者たちは何を議論したか』勁草書房，242頁．

(2) 行為者基底 (agent-based) 説

スロートは,行為の正しさを(ハーストハウスのように)仮想上の優れた行為者ではなく,「行為者の実際の動機 (actual agent's motives)」に基礎付ける.スロートによれば,行為の正しさは,卓越性の観点から動機,性格特徴あるいは個人について行う倫理的な評価に完全に由来する[16].言い換えれば,ある行為が正しいといえるのは,それが立派な (virtuous) 動機からなされ,行為がそのような動機を反映している場合である.したがって,スロートによる行為の正しさの基準は次のように定式化することができる.「行為は,善意や(他者の幸福への)気遣いを含む善い動機ないし有徳な動機に由来する場合,あるいは少なくとも,人間に対する悪意や無配慮を含む悪しき動機ないし劣悪な動機に由来しない場合,またその場合に限り,正しい(道徳的に許容できる)」[17].たとえば上記の例で医師が患者の生命を救うことが正しいということは,この行為が仁愛という立派な動機からなされ,そのような動機を反映しているということにより説明することができる.

スロートによれば,ハーストハウスの適格な行為者説の難点は,「すぐれた行為者」とはどのような人かを決める基準があるのかという点である.ハーストハウスによれば,それは「エウダイモニア」に必要な性格特徴を身につけている人である.しかし,そのような性格特徴をもつ人が行うことはすべて「正しい」となぜ言えるのだろうかという疑問が残る.行為者の善さによって行為の正しさを説明するためには,単に行為者に焦点をあてるだけでなく,行為者の善さを誰もが納得する仕方で示すことができなければならない.スロートが着目するのは,動機づけの構造である.スロートは徳倫理学のルーツを,アリストテレスではなく,18世紀の哲学者ヒュームや19世紀の神学者マーチノーに求める.マーチノーによれば,人間の行為の動機は神への崇敬から悪意に至る階層構造をなしており,ある行為が正しいか不正かは,その行為が与えられた状況の中で最も高い動機を示しているかに依存する.スロートは,(神への

---

16) Slote, M, 2001, *Morals from Motives*, Oxford: Oxford University Press, p. 5; "Agent-based Virtue Ethics", in Crisp and Slote, 1997, p. 239. cf. Garrard, E. 2000, "Slote on Virtue". *Analysis*, 60 (3), p. 280.
17) Slote, 2001, p. 38. ファン・セイル,2015, p. 281.

崇敬が最も高い動機であるかは別にして）動機づけの「構造」が行為の正・不正を決めるというマーチノーの考えに同意する．そして，行為の正しさを決定するためには，行為者をそのような行為に動機づけているものは何かに着目する必要があると主張する[18]．この場合，動機の卓越性が（ハーストハウスのように）エウダイモニアに必要か否かという観点から評価されるわけではない．エウダイモニアから独立した動機づけという観点から行為者を評価し，そのような評価を行為の正しさを説明するための「ベーシック」な規準とするという意味で，スロートの徳倫理学は行為者基底的（agent-based）と呼ばれる[19]．

表１：徳倫理学における正・不正の評価基準

適格な行為者説：ある行為が正しいのは，それが，有徳な行為者がその状況においてふさわしい仕方で振舞うことと一致する場合であり，その場合に限る．
行為者基底説：ある行為が正しいのは，それが，善意や（他者の幸福への）気遣いを含む善い動機ないし有徳な動機に由来する場合，あるいは少なくとも，人間に対する悪意や無配慮を含む悪しき動機ないし劣悪な動機に由来しない場合であり，その場合に限る．

3. 正と善の理論の関係

徳倫理学の理論的特徴は，善の概念の優位である．徳倫理学にとって「善さの概念は第一のものであり，正しさの概念は，善さと関連づけることにおいてのみ定義される．何が価値あるもので善いものかということを決めない限り，何が行為を正しいとするかについて説明はできない」[20]．徳倫理学は行為者のなかに，それが「仮想上の有徳な行為者」であれ「行為者の実際の動機」であれ，道徳的に価値のあるものを見いだし，それにしたがって行為の正しさを説明するのである．

---

18) Driver, J, 2006, *Ethics: The Fundamentals*, Oxford: Blackwell, p. 151.
19) スロートは，行為者の評価が行為の評価に先行しているという意味で，ハーストハウスの徳倫理学を「行為者優先的（agent-prior）」と呼び，自らの主張する「行為者基底的（agent-based）」なアプローチから区別している．
20) Oakley and Cocking, 2001, p. 19.

徳倫理学における善さの概念には，いくつかの特徴がある．行為者の中に「善いもの」として見いだされる徳（性格特徴や動機）は複数存在するが，個々の徳が持つ価値は，何か単一の価値へと還元することができない（善の多元性）．たとえば誠実や友情のもつ価値は功利性（効用）という価値に還元することはできないし，功利性（効用）を実現する手段として価値があるとみなされるわけではない．いずれの徳も，それ自体において私が選択するに値するものなのである．また，個々の徳の善さは，われわれがそれを所有したいと欲求するかどうかと無関係に決まる（善の客観性）．要するに，徳の善さは，何かを実現したり快をもたらしたりするという結果によって決まるわけではない．行為者が徳を所有し発揮することそれ自体のうちに善さがあるのである．そして，このような善さをもつ人が選ぶ行為を，またこのような善さを含んだ動機からなされた行為を正しいと説明するのである．

　善さの概念には，もう一つの重要な特徴がある．善の中には行為者に相対的なものがある（善の行為者相対性）．ある善が「行為者相対的（agent-relative)」であるとは，「それが私の善であることによって，その善に対して（私にとっての）付加的な道徳的重要性が与えられる」ということである[21]．たとえば友情（friendship）のもつ価値は行為者相対的である．私と親友との関係は，私と他の人々との交友関係よりも，あるいは他の人々同士の間の交友関係よりも，私にとって道徳的に重要である（他の人にとってはそうでないかもしれない）．したがって，友人との約束を守ることが，友人以外の人々との関係を促進すること（たとえば職場の忘年会）と衝突した場合には，後者よりも前者を優先させることが正しい選択になる．徳倫理学は，価値が不偏不党なもの（impartial）であるとは考えないので，二つの選択肢のうちで，価値をより多く促進する行為が正しいとはみなさないのである（善の最大化を正しさとしない）．

　今日では，行為者の性格や動機に価値を認め，そこから正しい行為についての評価を導出するようなタイプの功利主義や義務論も存在している[22]．しか

---

21) Oakley and Cocking, 2001, p. 23.
22) 例えば，Herman, B, 1993, *The Practice of Moral Judgment*, Cambridge: Harvard University Press; Railton, P, 1988. "Alienation, Consequentialism, and Demands of Morality", Schef-

し，徳倫理学独自の善さの概念によって，徳倫理学はこれらの理論から区別されるのである．

II．徳倫理学の問題点

現代の徳倫理学に対してはこれまでさまざまな問題点が指摘されてきた[23]．本節では，それらの中から，1．徳の基礎付け，2．現実への適用，3．文化相対性，4．道徳的ジレンマに関する批判を取り上げ，それに対する徳倫理学の応答について述べることにする．

1．徳の基礎付け

徳にはさまざまなものがある．そのため，どのような性格特徴を徳とみなすかについての客観的な基準はあるのかという批判が徳倫理学に対してなされる．ハーストハウスは，エウダイモニア主義をとることによって，この種の批判に応えている．しかし，エウダイモニア主義については難点が指摘されている．まず人間の「エウダイモニア」についての説明が必要である．次に，エウダイモニアのために徳がどうして必要なのかを明らかにする必要がある．そして最後に，その結果が，（美）徳と悪徳についてのわれわれの直観と多少なりとも一致していなければならない[24]．

現代の徳倫理学者の中には，エウダイモニア主義をとる必要は必ずしもない

---

fler, S ed., *Consequentialism and Its Critics*, Oxford: Oxford University Press.
23) 徳倫理学に対する代表的な批判については次の文献を参照．Solomon, D, 1997, "Internal Objections to Virtue Ethics", in Statman, 1997, pp. 165-79; Hursthouse, 2003. また，本章では扱えなかったが，性格特徴そのものの存在を疑問視するという批判もある．ハーマンは社会心理学における近年の研究成果に依拠しつつ，人間の行動は性格特徴よりも状況要因によって最もよく説明されるという批判を展開している．Herman, G, 1999, "Moral Philosophy Meets Moral Psychology: Virtue Ethics and the Fundamental Attribution Error", *Proceedings of the Aristotelian Society*, 99 (3), pp. 315-31.
24) Conly, S, 1988, "Flourishing and Failure of the Ethics of Virtue", *Midwest Studies in Philosophy* XIII, Notre Dame: University of Notre Dame Press, pp. 83-96.

と考える者がいる．スロートによれば，何が徳かはわれわれがどのような種類の性格を賞賛しうるかについての「常識的な見解」から導き出すことができる．仁愛，正直，正義などが賞賛されるべき性格であることは常識的に分かるはずだ，という．このような主張の背景には，アリストテレスの徳論やエウダイモニア主義を現代の文脈にそのまま持ち込むよりは，むしろ現代にふさわしい徳倫理学のあり方を追究すべきだという考えがある．近年，スロートは，徳倫理学の現代的なあり方を「ケアの倫理」に見いだし，他者への気遣い（care）と配慮という動機の中にこそ徳があるとしている[25]．しかし，常識にもとづく徳倫理学に対しても同様な批判はある．「徳がより広い理論的枠組みに結び付けられないとしたら，われわれは誤った判断をどのようにして説明できるのか不明であるし，さらに一般的に，ある性格特徴が望ましくて他のものは望ましくないということをどのようにして決めたらよいのか不明である」[26]．

2. 現実への適用（application）

現代の徳倫理学の中には，倫理は（一般的な）原理や規則へとコード化（成文化）することができないという主張と結びついて展開されたものがある[27]．功利主義や義務論においては，倫理理論の課題は普遍的原理や一般的規則を確立することであると考えられている．そのため，徳倫理学は反 - 理論（anti-theory）の一種であるとみなされた（BOX3）．1970年代になり医療倫理や生命倫理が注目を集めるようになると，倫理の「成文化不可能性のテーゼ」（anti-codifiability thesis）を支持する傾向が強まった．そして，規則や原理を正確に適用するためには，道徳的感覚や経験知など，要するにフロネーシスが必要であると考えられるようになった．このようにして徳倫理学の意義は再評価されたが，依然として，徳倫理学を現実の場面に適用することは難しいと

---

25) Slote, M, 1992, *From Morality to Virtue*, Oxford: Oxford University Press; 2001, *Morals from Motives*, Oxford: Oxford University Press.
26) Statman, 1997, p. 20.
27) McDowell, J, 1997, "Virtue and Reason", Crisp and Slote, eds., 1997, pp. 141-62.〔マクダウェル，J，2016，荻原理訳「徳と理性」，大庭健編・監訳『徳と理性——マクダウェル倫理学論文集』勁草書房．〕

いう指摘があった．（反‐理論としての）徳倫理学は独自の原理や規則を提示しないので，特定の状況で「私は何をなすべきか」に関する行為指針を提供することができないと批判された[28]．

徳倫理学を*理論*として提示しようとする人々は，「行為指針を提供できない」という批判に答えようと努力している．彼らが正しい行為の基準を提示していることはすでに述べた．しかし，そのような基準があるとしても，徳倫理学が与える「助言の量は非常に限られている．架空の道徳的模範人物がもしわれわれの立場にあったとしたらどのように行為するかを推測するのは，必ずしも容易なことではない」[29] という批判がある．ハーストハウスによれば，このような批判は，徳倫理学が「行為よりも人柄に関わる」という誤解にもとづいている．このような誤解を解くために，ハーストハウスは*徳‐規則* (v-rules) と呼ぶものを考案している[30]．徳倫理学は，徳や悪徳に関する語を使って行為を禁止する理由を述べることができる．また，これらの語を使って規則を作り，行為指針として提供することができる．たとえば「不誠実なこと／むごいことはするな（Do not do what is dishonest/uncharitable）」などがそれである．たしかにハーストハウスの徳倫理学は，人を正しい行為へと導く一種のアルゴリズムを提示するわけではない．しかし，特定の状況で有徳な行為者がどう行為したか，またどう行為するであろうかということについてかなり詳しく述べることができるし，その内容は，われわれが特定の状況でどう行為するのが正しいかを決定するのに役立つはずである[31]．

BOX3：反‐理論とは？

倫理学の「理論」には，正しい行為の基準や根拠となる一般的原理を確立すると

---

28) このような批判に対して，反‐理論としての徳倫理学は次のように反論する．正しいや不正であるといった「希薄な（thin）」概念から区別される，不誠実や残忍といった「濃密な（thick）」概念は，われわれに（他の理論よりも十分な）行為の理由を与えることができる．cf. Williams, B, 1985, *Ethics and the Limits of Philosophy*, London: Fontana/Collins.〔ウィリアムズ，B, 1993, 森際康友・下川潔訳『生き方について哲学は何が言えるか』産業図書．〕
29) Louden, RB, 1984, "On Some Vices of Virtue Ethics", Crisp and Slote, 1997, p. 206.
30) Hursthouse, 1999, p. 37〔55頁〕．
31) Oakley and Cocking, 2001, p. 33.

いう課題がある．他方で，このような基準や根拠を確立することは不可能であり，正しさの根拠は正しいと判断されているという事実にしか求められないと考える立場がある．このような立場を「反－理論（anti-theory）」と呼ぶ．

アリストテレスは，「中庸」に関して「どこまで，どの程度逸れれば非難に値するかを言葉で規定することは簡単ではない．（中略）しかるに，問題になっている状況は個別的な場面に他ならず，その判断はまさに知覚にかかっている」[32]と述べた．徳のある人は，個々の状況において何が道徳的に重要であるかを（推論によってではなく）直観的に知る．そして，このような直観知に従って，与えられた状況で何が適切な行為であるかを判断している．このような「直観知」は，個々の状況の様相やニュアンスを識別し解釈する能力，すなわちフロネーシスによるものである．アリストテレスは，有徳な行為者が正・不正の判断を下す際に行っている微妙な考察を一般的な原理によって説明することは不可能だと考えた，というのが「反―理論」の立場の人々のアリストテレス解釈である．

現代においても，ベイアーやウィリアムズは，階層秩序をなし例外なく普遍的に適用できる道徳原理を追求する構えを批判する．倫理理論が不偏不党性（impartiality）や単純さを求めれば，すべての道徳的思考に通底する共通性があり，あらゆる道徳的論争は何らかの決定手続きによって解決可能であると考えるようになる．その結果，本来複雑である道徳を単一要因へと還元してしまうことになるという．

反－理論としての徳倫理学の魅力は，実践的な場面での倫理的判断がいかになされているかを見事に説明してくれる点にある．たとえば十分な訓練と教育を受けた医師であれば，同じ疾患であっても，いくつかの治療計画を立てることができ，またそれぞれの違いを説明することができるかもしれない．この場合，個々の患者の状況を見ながら，この患者にはこの治療がよく，別の患者には別の治療がよいと判断するだろう．このような情景を功利主義や義務論はどのように説明するのだろうか．

3．文化相対性

行為指針問題への応答は文化相対性という別の批判を生み出した．たとえば，マッキンタイアが『美徳なき時代』[33]において述べたように，文化が変われば

---

32) Aristotle, *Nicomachean Ethics*（1109b21）．この箇所は直観主義者のロスも引用している（Ross, WD, 1930, *The Right and the Good*, Oxford: Oxford University Press, p. 42n）．直観と徳倫理学との関係については次の文献を参照．Watson, G, 1997, "On the Primacy of Character", Statman, 1997, p. 59-60．

33) MacIntyre, A, 1984, *After Virtue*, 2nd ed., Notre Dame: University of Notre Dame Press.〔マッキンタイア，A，1993，篠崎榮訳『美徳なき時代』みすず書房．〕

徳も変わる．したがって，徳 – 規則が命ずる行為も，特定の文化に相対して異なることになる．だとすれば，徳倫理学は，特定の文化に固有の徳を反映しているにすぎず，普遍性（universality）を持ちえないのではないか．このような批判は，メタ倫理学と規範倫理学の両面から重要な問題点を指摘している[34]．まず，メタ倫理学の観点からすれば，普遍性はどんな倫理理論にも必要な特性であり，これを欠くならば，徳倫理学は倫理理論とはもはや言えず，したがって功利主義や義務論に取って代わる理論であるということはできない．また規範倫理学の観点からすれば，徳に関するさまざまな考えのどれが正しいかを決める普遍的な基準が存在しないなら，徳倫理学の推奨する徳には拘束力（規範性）がないということになる．

　ハーストハウスは，徳倫理学は文化相対主義であるという批判に対して，「あなたもそうでしょう，お互いさまだ」（*tu quoque*）という論法で反論している．つまり，徳倫理学にとって文化相対主義が難題であることは認めるが，功利主義や義務論など他のアプローチにとっても同様の問題があると指摘する．だが，これはいかにも苦しい言い訳である．そのため，「実際には，コアとなる規範や価値に関して意見の一致が広く見られる」という主張がなされる．また，徳をエウダイモニアによって基礎付けるので，開花繁栄した人生のための一般的条件はいかなる個人にも，またどの社会にも当てはまる，と主張される．

　現代社会のような多元的な文化が混在する社会にあっては，文化相対主義という批判はもう一つの重要な問題点を提起する．ある状況において何が道徳的に重要であるかの判断が，異なる文化を背景にした者同士の間で食い違った場合に，一方には徳があり他方には徳がないということになるおそれがある．そして，「このような見方は，人々の間で，重要な社会問題に関してお互いの意見が一致しない場合に，（相互）尊重の欠如へと導く」[35]可能性がある．これは現代の徳倫理学に課された課題であるということができるだろう．

---

34) Statman, 1997, p. 20.
35) Driver, *op. cit.*, p. 152.

4. 道徳的ジレンマ

「あなたもそうでしょう，お互いさまだ」（tu quoque）という論法は，「徳の葛藤を解決できない」という批判に対して徳倫理学が反論する場合にも用いられることがある．「徳の葛藤」とは，二つの徳が対立する行為を命ずることが明らかな状況において，どちらを選択すべきかを徳倫理学は指示することができないという批判である．たとえば，がんのような悪い知らせを患者に伝えるべきかについて医師が悩んでいるとき，誠実（の徳）は，患者に有害であっても真実を告げることを医師に促す一方で，親切と共感は沈黙を守るあるいは嘘をつくことを促すとしよう．このような状況で，徳倫理学は徳の葛藤を解決することができない，というのである．

このような批判に対して，ハーストハウスは次のように反論する．義務論と徳倫理学は葛藤問題を共有している．そして，両者は「葛藤」への対応の戦略において類似している．どちらの理論も，葛藤は「見かけ上にすぎない（merely apparent）」と論じることによってジレンマを解決しようとするのである．徳倫理学の場合，有徳な人であれば，そのような状況に陥らないであろう．もしも徳の葛藤が生じた場合には次のようにして解決される．フロネーシスをもつ人であれば，その識別力（あるいは直観知）によって，葛藤しているように見えても実際には，二つの徳の要求は対立していないことが分かるはずである．有徳な人は「この個別の状況において，徳が生み出す要求は対立していないことに気づく（perceive）だろうし，一方の規則は他方に優先する，あるいはその規則には一定の例外条項が組み込まれていることに気づくだろう」[36]．このようにして徳の葛藤を解決することができる．

しかし，解決できるということと選択された行為が倫理的に正しいかどうかは別の問題である．徳の葛藤が生み出すジレンマの中には「悲劇的なジレンマ」とハーストハウスが呼ぶものもある．悲劇的ジレンマとは，そこから「手を汚すことなしに抜け出すことができない」状況をいう．たとえば「ジムとペ

---

[36] Hursthouse, "Virtue Ethics", Stanford Encyclopedia of Philosophy, 2016. https://plato.stanford.edu/entries/ethics-virtue/#objevirtEthi

ドロの事例」がそれである．ラテンアメリカの小都市を訪れたジムは20人の住民が銃殺されようとしている場面に出くわす．20人は政府に抗議行動をとった者への見せしめに殺されるのだという．銃殺隊の隊長はジムにこんな提案をする．ジムには訪問者の名誉として，1人を殺す特権を与えよう．ジムがこれを受ければ，残りの19人を解放する．しかし，ジムが拒めば，20人全員が殺される[37]．『徳倫理学について』の中で，ハーストハウスは「後悔」（regret）という概念によって，ジレンマ問題に対する徳倫理学ならではの考え方の特徴を示している．提案を受け入れるにせよ，拒否するにせよ，功利主義や義務論であれば，選択された行為は「なすべき行為」であったと割り切ることができるかもしれない．しかし，徳倫理学は，有徳な人であればそのような状況に陥った自分を責め，「後悔と痛みを感じながら行為する」と考える．また，彼は「なすべきことをしたものの，彼の行為は正しい行為ではなかった」とみなす[38]．徳倫理学において，倫理的に正しい行為とは「非難よりも称賛に値する行為，行為者がそれを行うことに不満を感じるよりもむしろそれを誇りに思うことのできる行為」である[39]．要するに，悲劇的なジレンマにも解決はある．しかし，その解決が「倫理的に正しい行為」であるとは決して認めないのである．

まとめ

本章では，現代の徳倫理学の特徴と問題点を概観した．行為の帰結あるいは道徳規則から（行為者の）性格と人間としての卓越性へ（再び）焦点が移ったことは，現代の倫理学において「卓越論的転回（aretaic turn）」と呼ばれる（BOX4）．徳倫理学は功利主義や義務論といった近代の倫理理論が十分に検討してこなかったものに再び光を当てていると言えよう．道徳が内在化された原

---

37) Smart, JJC and Williams, B, 1973, *Utilitarianism: For and Against*, Cambridge: Cambridge University Press, p. 98. Hursthouse, 1999, p. 75〔116頁〕．第5章Ⅱ-1-（2）も参照．
38) ファン・セイル，2015, p. 274.
39) Hursthouse, 1999, p. 46〔70頁〕．

理や規則との単なる一致以上のものであり，道徳は単に行為の正・不正だけではなく，人柄や性格の良し悪しをも含んでいるという点を思い起こすならば，われわれは徳倫理学の意義をよりいっそう理解できるかもしれない．

さて，われわれは徳倫理学と他の倫理理論との関係をどのように考えたらよいだろうか．この問いに対する答えには大別すると二つの傾向が見られる[40]．急進的な徳倫理学（radical virtue ethics）によれば，われわれの道徳的経験や判断は，「正しい」や「すべきである」といった概念を用いることなしに解釈することができる．したがって，徳倫理学は他の倫理理論にとって替わるものと考えるべきだと主張する．これに対して穏健な徳倫理学（moderate virtue ethics）によれば，倫理理論は互いに還元不可能な部門からなり，一方は行為の道徳性を扱い，他方は性格の道徳性を扱う．したがって，行為に焦点を当てるアプローチを徳についての説明によって補完することが望ましい．急進的な徳倫理学は，功利主義や義務論を人々を誤った方向に導く理論とみなすのに対して，穏健な徳倫理学はこれらを単に不完全なものとみなすのである．後者の主張は，徳倫理学者でない人々にも影響を与えている．たとえば，ビーチャムとチルドレスが『生命医学倫理』において，徳と道徳原理との対応関係を示していることは，その一例として解釈できるだろう[41]．現在のところ，急進的な徳倫理学の支持者の数は，穏健な徳倫理学の支持者に比べて「ずっと少ない」[42]ようである．

BOX4：卓越論的転回と現代倫理学批判：「現代倫理理論の統合失調症」

功利主義や義務論など近代の倫理理論の限界を批判し，卓越論的転回の口火を切ったのはアンスコムであった．アンスコムに続いて，現代倫理理論の問題点を的確に指摘したのはストッカーである．ストッカーは1976年に発表した「現代倫理理論の統合失調症」[43]の中で次のように主張した．行為の動機（motive）と行為の

---

40) Louden, RB, 2006, "Virtue Ethics", *Encyclopedia of Philosophy*, 2nd ed., vol. 9, Borchert, DM ed., Detroit: Macmillan Reference USA, p. 688. cf. Statman, 1997, pp. 8–9; Rachels, 2003, pp. 187–90.
41) Beauchamp, TL and Childress, JF, 2001, *Principles of Biomedical Ethics*, 5th ed., Oxford: Oxford University Press, p. 39. cf. Hursthouse, 1999, p. 41〔61頁〕．
42) Louden, *op. cit.*

理由（reason）の間の調和は，よい生き方の一つの指標である．これに対して，自分が価値を認めるものに動機づけられず，あるいは自分を動機づけるものに価値を認めないのは，精神の病である．動機と理由との間のこのような分裂は「道徳に関する統合失調症（moral schizophrenia）」と呼ぶにふさわしい．われわれは友情や愛に価値を認める．しかし，現代社会における人々は，その行為が正しいあるいは義務だからという理由を動機として行為する．このとき，（たとえば功利の実現のために）愛や友情といった価値を動機から排除することを余儀なくされる．

現代の倫理理論は，動機と理由の調和を不可能にする．その原因は責務，正しさ，義務に関心を寄せすぎるからである．また，理由，価値，正当化のみを扱い，動機については十分に検討しないからである．そのため，われわれがこれらの理論にもとづいて行為し，理論の示す理由を動機の中に具体化しようとすると，統合失調症に陥るか，あるいは貧困な道徳生活に甘んじるかのどちらかになる．

ストッカーが示唆しているのは，行為の正しさだけを強調する倫理理論は道徳生活について完全に満足のいく説明を与えてくれないということである．われわれは友情，愛，誠実に価値を認めない社会やそこでの人生に味気なさを感ずるだろう．だからこそ，友情や愛などの価値を強調する倫理理論が必要になる．

参考文献

- Baron, MW, Pettit, P and Slote, M, 1997, *Three Methods of Ethics*, Oxford: Blackwell.
- Crisp, R and Slote, M (eds.), 1997, *Virtue Ethics*, Oxford: Oxford University Press.
- Hursthouse, R, 1999, *On Virtue Ethics*, Oxford: Oxford University Press.（ハーストハウス，R，2014，土橋茂樹訳『徳倫理学について』知泉書館．）
- 岩田靖夫，1985，『アリストテレスの倫理思想』岩波書店．
- オークリー，J，2000，児玉聡・岸田功平・徳田尚之訳「徳倫理の諸相と情報社会におけるその意義」『情報倫理学研究資料集Ⅱ』「情報倫理の構築」プロジェクト，13-36頁．（http://www.ethics.bun.kyoto-u.ac.jp/fine/tr2/）
- Statman, D (ed.), 1997, *Virtue Ethics: A Critical Reader*, Edinburgh: Edinburgh University Press.
- 加藤尚武・児玉聡編・監訳，2015，『徳倫理学基本論文集』勁草書房．
- ラッセル，DC編，立花幸司監訳，2015，『ケンブリッジ・コンパニオン　徳倫理

---

43) Stocker, M, 1997, "The Schizophrenia of Modern Ethical Theories", in Crisp and Slote, 1997, pp. 66-78.〔加藤・児玉，2015，23-45頁．〕

学』春秋社.

Ⅲ　メタ倫理学

III　メタ倫理学

児玉　聡

　第III部では，メタ倫理学の諸理論について論じる．それに先立ち，以下では，メタ倫理学について概説を行う．最初に，規範倫理学とメタ倫理学との関係を説明する．次に，倫理に関するわれわれの実践を眺めたときに，道徳判断には客観性と規範性という二つの特徴が見出されることを指摘する．第三に，人間心理についての標準的な理解を前提とするかぎり，道徳判断がこの二つの特徴を同時に満たすことは非常に困難であるため，両者を調停させる理論を見つけることがメタ倫理学の主要な課題であると論じる．

I．メタ倫理学と規範倫理学の関係

　最初に，メタ倫理学（meta-ethics）が何を問題にしているかを明確にするために，メタ倫理学の問いと規範倫理学の問いを比較してみよう．前章までで見たように，規範倫理学の主要な問いは，価値についての問い（善の理論）と義務についての問い（正の理論），すなわち「何に価値があるのか」とか「われわれはどのような行為をなすべきか」という問いであった．そこでたとえば，価値についての問いに関しては，「快楽，人格の尊厳，卓越性などに価値がある」と論じられ，また義務についての問いに関しては，「帰結を最大化する行為，義務に適った行為，有徳な行為者が行う行為，をなすべきである」といった理論が提示された．
　これに対し，メタ倫理学は，価値や義務の本質，すなわち「そもそも価値とは何か」とか「そもそも道徳的義務とは何か」といった問いを問題にする．こうした問いは，規範倫理学の問いにおいては暗黙の前提となっている価値や義務そのものの性質を問題にしている（表1）．たとえば，「遷延性植物状態での

延命は患者にとって善いか（患者の利益になるか）」とか「真実の告知は医療者の道徳的義務か」などの問いは規範倫理学的な問いである．それに対して，「患者にとって善いとはそもそもどういう意味か（それは客観的に決まるものか，あるいは本人が決めるという意味で主観的なものなのか）」とか「医療者の道徳的義務とはそもそも何なのか（それは法律的な義務や宗教上の義務とはどういう関係にあるのか）」というのがメタ倫理学的な問いと言える．

表1：規範倫理学とメタ倫理学

規範倫理学（第一階の問い）	メタ倫理学（第二階の問い）
何に価値があるのか	そもそも価値とは何か
われわれの道徳的義務は何か	そもそも道徳的義務とは何か

　別の言い方をすると，規範倫理学の問いが倫理的議論の参加者として発する問いと考えられるのに対し，メタ倫理学の問いは実際の議論から一歩下がり，倫理的議論の性質について観察者として考えるときに生じる問いだと言える．これが，規範倫理学が第一階の問いであるのに対し，メタ倫理学は第二階の（メタレベルの，高次の）問いであると言われる所以である．このような規範倫理学とメタ倫理学の関係は，ちょうど数学と数学の哲学（数とは何か，数は実在するのかなど）の関係や，科学と科学の哲学（科学的説明とは何か，自然法則は実在するのか）の関係と類比的に捉えることができる．

　以上をまとめると，メタ倫理学は，規範倫理学や日常の道徳的な営みでは暗黙の前提とされている価値や義務などの倫理的概念を考察の対象にし，倫理の本質を明確化することを目的とする研究である．また，しばしばメタ倫理学は，記述倫理学と同様に非規範的研究と特徴づけられる．それはメタ倫理学が，規範的な問いの諸前提の考察を通じて，規範倫理学や日常の道徳的営みの性質を明らかにすることを目的としているため，メタ倫理学自体は，われわれは何をなすべきかという規範的な問いに直接答えるものではないからである．

II．日常の道徳的営みが持つと考えられる二つの特徴

　メタ倫理学の出発点は，日常の道徳的営みを，その外側から観察することで

ある.日常の道徳的営みとは,たとえば,ある人の行為の正しさや性格や動機の善し悪しについて議論したり,また意思決定の難しい状況においてどのように行為すれば倫理的と言えるかについて検討したりすることである[1].外側から観察するとは,先に述べたように,倫理的議論の参加者としてではなく,観察者として——いわば,「地球における道徳的営み」という現象を研究するために他の惑星から来た文化人類学者として——日常の道徳的営みを眺めるということである[2].

1. 道徳の客観性

日常の道徳的営みを観察した場合に指摘できる重要な特徴として,道徳の客観性と規範性を挙げることができる.道徳の客観性とは,道徳の議論は,少なくとも一見したところ,あたかも客観的な答えがあるかのように行われているという特徴である.たとえば,「ヒトクローン胚の作成は人間の尊厳に反するかどうか」という問いについて議論がなされる場合,議論の参加者たちは,賛成か反対の一方の意見が正しく,他方の意見が間違っているという前提に基づいて議論を行っていると思われる.

議論の前提として客観的な答えが存在すると考えられているという点で,道徳の議論は趣味の議論とは異なり,科学の議論に近いものと考えられる.趣味の場合,個人の主観的な好き嫌いについて語っているという前提で議論が行われるため,いろいろ議論はできるにせよ,議論を通じていずれかの好みが正しく,もう一方の好みが誤っていることが示されたり,議論の末に意見が一致したりすることは必ずしも期待されていない.それに対し,科学(とりわけ自然科学)の場合には,客観的なものについて論じているという前提があるため,たとえ長い論争が続いている場合であっても,議論を通じて論争におけるいずれかの立場が正しく,他方が誤っていることを示すことができ,最終的に意見の一致が見られるという前提で議論がなされている.趣味と科学の議論をこのように対比したうえで日常の道徳的な営みを観察すると,道徳の議論は科学と

---

[1] この日常の道徳的営みの現れ方のことを,専門用語では,道徳の現象(moral phenomenology)と呼ぶ(Darwall, 1998).
[2] 本節および次節の説明は,Smith, 1994に多くを負っている.

同様，客観的なものについて語っているために，議論を通じた意見の一致が原則として可能と思われているように見える．

2. 道徳の規範性

　日常の道徳的営みを観察して見てとれるもう一つの重要な特徴として，規範性（実践性）が挙げられる．道徳の規範性とは，道徳判断が，少なくとも一見したところ，行為の理由になるという特徴である．ある事柄（a）がある行為（A）の理由になるとは，a という事情が A という行為をすることを支持する一つの理由を提供できるということ，すなわち，「A という行為をする（した）のはなぜか」という問いに対して，「なぜなら，a という事情がある（あった）から」と答えられることである．

　たとえば，「代理出産は倫理的に許されない」という意見を主張する産婦人科医がいたとしよう．その場合，その医師は，他に何か特別な理由がないかぎり，代理出産には関わらないとわれわれは考えるだろう．というのは，「代理出産は倫理的に許されない」という彼の道徳判断が，彼が代理出産に関わらない理由になるとわれわれは考えるからである．逆に，かりにこの産婦人科医が代理出産に関わったとすると，われわれは，この医師には他に何か特別な理由があったと考えるか，あるいは，彼は代理出産についての道徳判断を撤回したか，またはもともと本気で主張していたわけではなかったのだと考えるだろう．

　このように，道徳判断は行為の理由になるがゆえに，われわれは道徳判断と行為の間に一貫性があることを期待し，逆に一貫性がなければおかしいと考える．行為の理由になるという点では，道徳の議論は科学の議論と異なり，趣味の議論に近いと考えられる．科学は，人間を含めた世界がどうあるかについて探究を行うものであり，世界についてのわれわれの信念は，研究を通じて解明された事実によって形成されたり，修正されたりする．しかし，そのような信念は，それ自体では，われわれの行為の理由にはならない．たとえば，DNAが二重螺旋形をしているという事実が研究によって明らかになったとしても，その事実（を信じる）だけでは，いかなる行為の理由にもならない．すなわち「DNA は二重螺旋形である」という事実（を信じること）は，それ自体では，ヒトクローン胚の作成を支持する理由にも，作成に反対する理由にもならな

い[3]．一方，趣味の場合，たとえばあなたが知り合いと二人でレストランに行ったとして，彼女がビールよりもワインの方が好きだと述べたとすると，あなたは，そのことは彼女がワインを注文する一つの理由（行為の理由）になると考えるだろう．逆に，その人がビールを頼んだとしたら，その人の嗜好が変わったとか相手に合わせたなど，何か別の（より重要な）理由があったのだろうとあなたは考えるだろう[4]．このように科学と趣味を対比したうえで日常の道徳的営みを観察すると，道徳の議論は趣味と同様に，その判断が行為の理由になるものであり，判断と行為の間に一貫性が要求されるとわれわれは考えているように見える．

要約すると，日常の道徳的営みをその外側から観察した場合，客観性と規範性という二つの特徴が存在することがわかる．倫理の議論は一面では科学の議論と似て客観的であるように思われ，他面では趣味の議論と似て規範性を持つように思われる（BOX1）．しかし，以下で説明するように，日常の道徳的営みを観察した場合に指摘できるこの二つの特徴は，実は深刻な矛盾を抱えているのである．

BOX1：日常の道徳的営みが持つと考えられる二つの特徴

道徳の客観性：道徳の議論は，少なくとも一見したところ，科学の議論と似て，あたかも客観的な答えがあるかのように行われている．

道徳の規範性：道徳的信念は，少なくとも一見したところ，科学的事実に関する信念と異なり，行為の理由を提供するものと考えられる．

III．メタ倫理学の基本的な問題

日常の道徳的営みが持つ客観性と規範性という特徴が深刻な矛盾を抱えてい

---

[3] この点については，次節でさらに説明する．また，本書第1章II-1の事実と価値の区別の議論も参照せよ．
[4] それに対して，彼が「一般にビールよりもワインの方がアルコール度数が高い」という（科学的）事実を述べただけだとしたら，この彼の信念は，それ自体では，彼がワインを注文することを支持する理由にも，反対する理由にもならないことに注意せよ．

ることを示すには，まず，人間の心理状態についてのヒューム（Hume, D. 1711-1776）以来の標準的な人間理解を説明する必要がある．

1. 人間心理に関するヒューム的な理解

ヒューム的な人間理解に従えば，人間の心理状態は信念と欲求の二種類に大別される．信念（belief）とは，「今，外で雨が降っている」とか「DNA は二重螺旋形である」など，世界がどうあるかを表した心理状態である．また，信念は世界の実際のあり方と一致していればその信念は正しく（真であり），不一致であれば間違えている（偽である）という意味で客観性を持つ．それに対して，欲求（desire）とは，「雨に濡れたくない」とか「ビールよりもワインが飲みたい」など，自分を含めた世界がどうあってほしいかを表した心理状態である．また，世界の実際のあり方に照らして真偽が決まるわけではないという意味で主観的である．

ところで，人間心理に関するヒューム的理解によれば，われわれが意図して行う行為には，この信念と欲求という二つの要素の存在が常に前提されている．たとえば，お腹がすいたので食べ物を探すために冷蔵庫を開けるという行為を考えてみよう．その行為をするにあたっては，冷蔵庫には（おそらく）食べ物が入っているという信念と，何か食べ物を食べたいという欲求があったということができるだろう．この場合，冷蔵庫を開けるという行為を動機づけたのは，何かを食べたいという欲求であり，冷蔵庫に食べ物が入っているという信念それ自体は，行為を動機づけていない点に注意する必要がある．前節で，信念はそれ自体では行為の理由にはならないと述べたのは，このためである．たしかに，「なぜあなたは冷蔵庫を開けるという行為をしたのか」という問いに対して，「冷蔵庫に食べ物が入っていると信じていたから」と行為の理由を述べることができる．しかし，たとえ冷蔵庫に何か食べ物が入っているという信念を持っていたとしても，何かを食べたいという欲求がなければ，冷蔵庫を開けてみるという行為にはいたらなかっただろう．信念は欲求を満たすための手段を示すだけであり，行為にはその動機づけとなる欲求の存在が必要である．

前節では，日常の道徳的営みの特徴を明らかにするために，道徳の議論を科学の議論と趣味の議論と対比して論じた．以上の人間心理についてのヒューム

的理解に従えば，科学の議論は世界のあり方についての信念が問題になっているため，その信念は客観的でありえても規範的ではない（それ自体は行為を動機づけるものではない）．その一方，趣味の議論は世界がどうあってほしいかという欲求が問題になっているため，その判断（ビールよりもワインが飲みたいなど）は主観的であるが規範的である（行為の動機づけとなりうる）．科学の議論と趣味の議論をこのように特徴づけると，道徳の議論が持つとされる客観性と規範性という特徴は，実は同時には成り立たないのではないかという疑問が生じる．これがメタ倫理学の基本的な問題である．すなわち，日常の道徳的営みを観察すると客観性と規範性という二つの特徴が見出されるが，人間心理に関するヒューム的な理解に基づけば，道徳の議論が客観的かつ規範的であるということは不可能なのではないか，という問題である．以下では，次章以降の導入を兼ねて，この問いに対する三つの主要な立場を紹介する．

2. メタ倫理学における三つの主要な立場

　第一に，われわれが行う道徳判断は，世界のあり方についての信念を述べているという立場がある．すなわち，人間という主体の側ではなく，世界という客体の側に「道徳的な事実」が存在し，われわれはそれを認知（認識）することによって道徳的信念を形成し，それに基づいた道徳判断を行うという立場である．この立場は，道徳的事実が何らかの仕方で客観的に存在するという意味では道徳的実在論（moral realism）と呼ばれ，またわれわれの道徳的信念はそれを認知することによって形成されるという意味では認知主義（cognitivism）と呼ばれる．この立場の大きな課題は，(1) 客観的かつ規範的な道徳的事実とはどのようなものか，(2) 仮にそのような道徳的事実があったとして，われわれはそれをどうやって認知するのか，の二点を明らかにすることである．この立場については，第8章で詳細に説明される．

　第二に，われわれの道徳判断は，世界のあり方についての信念ではなく，世界がどうあってほしいかについての欲求の表明であるという立場がある．この立場では，世界の側に道徳的事実が存在するという実在論や，道徳的信念はそのような道徳的事実を認知することによって形成されるとする認知主義は否定される（反実在論，非認知主義）．その代わりに，道徳判断はその判断を行う

人の欲求やそれに類するものの表明であるがゆえに，行為者を行為へと動機づけるものであると言われる．この立場の大きな課題は，(1) 道徳の根拠が世界（客体）の側にないとすると，道徳は主観的・相対的なものになるのではないか，(2) 日常の道徳的な営みが少なくとも一見すると客観的に見えるのはなぜか，の二点にどう答えるかである．この立場については，第9章で詳細に説明される．

　第三に，われわれの心理状態を信念と欲求に二分するというヒューム以来の標準的な人間理解を退けて，道徳の議論は信念でも欲求でもない客観的かつ規範的な心理状態に関わるものであると主張する立場がある（反ヒューム主義）．この立場については第10章で詳細に説明される．第10章では，合わせて，客観性と規範性の両方を保証しようとする，最近の実在論・認知主義と反実在論・非認知主義の展開も論じられる（図1）．

図1：メタ倫理学における三つの主要な立場

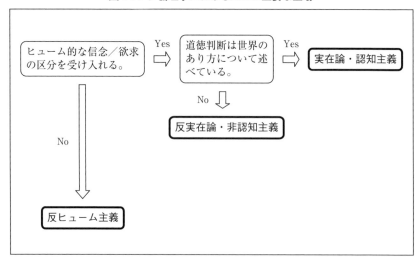

まとめ

　以上，メタ倫理学の主要な課題が何であるのかを概説してきた．メタ倫理学は規範倫理学や日常の道徳的営みにおいて暗に前提されている道徳的議論の客

観性や規範性について検討し，規範倫理学や道徳的営みをよりよく基礎づけようとする試みである．以下の諸章では，三つの異なる方向からこの基礎づけを行う理論が詳しく論じられる．

　最後に，メタ倫理学を研究する意義について述べておく．先にも述べたように，メタ倫理学は非規範的な研究であり，たとえば医療倫理学で喫緊の問題となっている規範的な問いに直接答えようとするものではない．とはいえ，メタ倫理学を研究することは，規範的な問いを考える上で非常に重要である．というのは，道徳が持つと考えられる客観性を否定する相対主義（第9章参照）などの，規範倫理学や道徳的営み全体に対する懐疑的な立場が誤っているのかどうかがわからなければ，われわれは十分な確信を持って道徳判断や議論を行うことができなくなるからである．その意味で，倫理学においては，規範的な問いを規範倫理学の観点から検討すると同時に，規範倫理学や日常の道徳的営みの前提となっている客観性・規範性といった特徴を「救う」ことができるかどうかを真剣に考える必要がある．

参考文献

- Darwall, S, 1998, *Philosophical Ethics*, Boulder: Westview Press.
- Miller, A, 2003, *An Introduction to Contemporary Metaethics*, Cambridge: Polity.
- Singer, P (ed.), 1991, *A Companion to Ethics*, Oxford: Blackwell.
- Smith, M, 1994, *Moral Problems*, Oxford: Blackwell.（スミス，M，2006，樫則章監訳『道徳の中心問題』ナカニシヤ出版.）

第8章

実在論・認知主義

奈良雅俊

本章の目的と概要

　本章では，われわれの道徳判断は，世界のあり方についての信念を記述しているという立場が検討される．この立場では，道徳的事実というものが（われわれの心の中にではなく）世界の側に客観的に存在し（実在論），道徳的信念はそのような道徳的事実を認知することによって形成される（認知主義），と理解されている．この立場の大きな課題は次の二つの問題を明らかにすることである．(1) 客観的かつ規範的な道徳的事実とはどのようなものか，(2) 仮にそのような道徳的事実があったとして，われわれはそれをどうやって認知するか．以下では，最初に，実在論・認知主義の展開を説明し，次に，実在論・認知主義の問題点を検討する．

I. 実在論・認知主義の展開

　道徳的実在論（moral realism; 以下，実在論）とは，道徳的事実や性質というものが，われわれの心から独立して実在していると考える立場である．道徳的事実や性質がどのような仕方で実在していると考えるかに応じて，実在論は自然主義的実在論（以下，自然主義）と非自然主義的実在論（以下，非自然主義）の二つに大別される．大まかに言えば，自然主義とは，道徳的事実が自

然的事実に還元できると考える立場である．非自然主義とは，道徳的事実が非自然的で独特な事実であると考える立場である．

　認知主義（cognitivism）とは，「～は善い（あるいは正しい）」などの道徳的判断が何か客観的な事実を記述しており，事実に照らして真偽を問うことができると考える立場をいう．実在論が道徳的事実についての存在論であるとすれば，認知主義は認識論である．認知主義の立場をとるということは，実在論の立場にコミットしているということでもある[1]．自然主義も非自然主義も認知主義であるという点では同じだが，非自然主義は道徳的事実が直観（直覚）によって認識されると考える点で異なっている．

1. 自然主義

　自然主義（naturalism）あるいは倫理的自然主義（ethical naturalism）は，実在論，認知主義，還元主義の三つの特徴により要約することができる[2]．還元主義（reductive doctrine）とは，道徳的事実を道徳外の事実に還元できる，あるいは道徳的事実を道徳外の用語を使用することによって定義できるとする考え方である．現在のメタ倫理学において自然主義は，「自然科学や社会科学の主題を記述するのに適した用語だけを用いて道徳の用語を定義することができるという見解」[3]であると理解されている．

　三つの特徴を共有するとしても，自然主義の名の下に分類される理論はさまざまである．「善，悪などが何に還元されうるか，そして還元がいかにしてなされうるか」に関しては，自然主義者の間でも意見が一致していない．たとえば，快楽主義的自然主義は，善が快楽や苦痛によって定義できるとする．他方

---

[1] cf. Smith, 1991, "Realism", Singer, P ed., *A Companion to Ethics*, Oxford: Blackwell, p. 402.
[2] Pigden, 1991, p. 421. cf. Miller, 2003. 本章では，「還元」という語を，ある領域に属するものを他の領域に属するものによって置き換えること，あるいはそこに吸収させること，という意味で使用する．現在では，還元主義をとらない自然主義も登場している．道徳的事実が自然的事実へと完全に還元できるならば，そもそも道徳的事実という固有の事実など存在しないことになり，還元主義的な自然主義が道徳的実在論と言えるかどうか疑問だからである．非還元主義的な自然主義の代表はコーネル実在論（Cornel realism）と呼ばれるグループである．コーネル実在論については，第6章を参照されたい．
[3] Smith, 1994, p. 35〔49頁〕．

で，アリストテレス的自然主義は，善を人間の本性や人間的な開花繁栄（human flourishing）によって定義するといった具合である．

異なる理論が自然主義という同じ名称で呼ばれるようになった理由は，メタ倫理学の歴史の中に見いだされる．自然主義という名称を倫理学の中に導入したのは，ムアである．ムアは，次のような特徴をもつ理論を自然主義的（naturalistic）理論と呼んだ[4]．それは，「善い」とは「当該の自然的性質をもつことを意味する」という前提の下に，「善い」という語を「自然科学や心理学」が探求することのできるような事実によって定義しようとする理論である．

自然主義の代表的な理論は功利主義である．功利主義によれば，「『Xがそれ自体で善い』とは，それを知り経験した普通の人であれば，Xをそれ自身のために欲求するだろうということを意味する」[5]．このような前提の下に，ミルは，ある行為はそれが幸福を増大させる傾向をもつのに応じて正しい，と主張した．これは，「何が正しいか」という規範的な問いに対して，行為や制度の正・不正の基準を述べたものである．だが同時に，「『正しい』という語の意味は何か」という問いに対して「幸福を増大させる傾向をもつ」と答えていると解釈することもできる．つまり，「正しい」という道徳的価値を経験的事実によって定義している．また，その前提となっていた「善い」についても，「それをそれ自身のために欲求する」という心理学的事実によって定義しているわけである．

このようにして，道徳判断は道徳外の事実を記述する文へと翻訳することができる．その結果，道徳判断は，経験的世界に関する事実判断と同じように，実証的方法によってその真偽を検証することができることになる．「Xが善い」という判断が真であるか否かは，Xが欲求されるか否かを調べることによって経験的に調べることができるというわけである．自然主義によれば，「倫理学は経験科学または実証科学である．したがって，その結論はすべて経

---

[4] Moore, GE, 1903, *Principia Ethica*, Cambridge: Cambridge University Press, chap. II, sec. 26.〔ムア，GE，2010，泉谷周三郎・寺中平治・星野勉訳『倫理学原理』三和書房，p. 152.〕引用は，Moore, GE, ed. by Baldwin, Th, 1993, *Principia Ethica*, revised edition, Cambridge: Cambridge University Press に拠った．

[5] Adams, EM, 2001, "Naturalism", Becker, LC and Becker, CB eds., *Encyclopedia of Ethics*, 2nd ed., New York: Routledge, p. 1212.

験的な観察と帰納によって立証されうる」[6]．しかし，ムアは，自然主義の理論にはある重大な誤謬（「自然主義的誤謬」）が含まれていると批判したのである．

表1：自然主義と非自然主義

```
道徳的事実や性質が実在する
 ┌（yes）→実在論 →道徳的事実は道徳外の事実に還元できる
 │                 ┌（yes）→自然主義／超自然主義
 │                 └（no） →非自然主義
 └（no）→反実在論：情動説／指令説など
```

BOX1：エウテュプロン問題

　道徳的実在論はこれまで，道徳的事実と道徳外の（nonmoral）事実との関係をどのように考えるかによって三つの仕方で展開されてきた．自然主義，超自然主義（supernaturalism），非自然主義（nonnaturalism）である[7]．「超自然主義」とは，道徳的事実が自然科学や社会科学とは別の仕方で研究される事実に，たとえば宗教的事実に還元できるとする考え方である．この考え方は，伝統的に，「神の命令理論（Divine Command Theory）」という名で呼ばれてきた．神の命令理論によれば，「道徳的に正しい」とは「神によって命じられていること」を，「道徳的に間違い」とは「神によって禁じられていること」を意味する．神の命令理論の強みは，道徳の客観性について明快な解答を与えてくれることにある．つまり，個人の感情や社会の習慣とは無関係に，神が命じたことは正しく，神が禁じているならそれは間違いなのである．

　しかし，神の命令理論には深刻な問題がある．まず，無神論者はこのような倫理を受け入れない．第二に，神を信じる者も，難問に直面することになる．それは「そもそも行為は神が命じたから正しいのか，それとも正しいから神が命じたのか」という問題である．この問題はもともとプラトンの著書『エウテュプロン』において提起されたため，一般にエウテュプロン問題と呼ばれている[8]．エウテュプロン問題は次のようなジレンマに陥る．もし「神が命じたから正しい」のだとすれば，たとえば嘘をつく行為であっても，神がそれを命じるなら「正しい」ということになってしまう．誠実であることも，その反対に嘘をつくことも，ともに神が命じる

---

6) Moore, 1903, chap. II, sec. 25〔151頁〕．
7) Brink, DO, 1989, *Moral Realism and the Foundations of Ethics*, Cambridge: Cambridge University Press, p. 22.
8) プラトン，2005，今林万里子訳『エウテュプロン』，『プラトン全集1』岩波書店．

ことができる以上，神の命令は主観的で恣意的なものであるということになる．だが，このような結論は「神は善である」という教義を無意味なものにしてしまう．逆に，「正しいから神が命じた」とするならば，その場合，全知全能の神の意思から独立した正・不正の基準が存在することになってしまう．今度は，神の全知全能性が疑われることになる．エウテュプロン問題は，道徳と宗教の関係というだけでなく，道徳の客観性を考えるための格好の例題と言われている．

2. 非自然主義

非自然主義（nonnaturalism）は，実在論，認知主義，直観主義（直覚主義）の三つの特徴により要約することができる．直観主義（intuitionism）は，非自然主義の認識論である．それは，「われわれは通常の知覚能力に類似する道徳的直観能力を持っているのであって，その能力によって……一定の道徳的性質が存在することを直観する」[9] という考え方である．自然主義と同様に，非自然主義の理論も多種多様である．たとえば，プラトンのイデア論も非自然主義の一種である．ここでは，非自然主義の代表として，ムアの主張を取りあげる．

(1) 自然主義への批判——自然主義的誤謬

ムアは自然主義を次のように批判した．自然主義は，善の意味に関する一定の主張から，いかなる行為が正しいかについての実質的な結論を導き出している．その過程で，ムアが「自然主義的誤謬」と呼ぶ重大な誤りを犯している[10]．自然主義的誤謬（naturalistic fallacy）とは，「われわれが「善い」によって意味する単純な観念を，他の観念と同一視〔混同〕することに由来する誤謬」[11] である．つまり，道徳的性質を自然的性質によって定義しようとする誤りのことである．この誤りには二つの異なる論点が含まれている．第一に，善という観念はそもそも定義できないのだから，何らかの他の観念によって定

---

9) Smith, 1994, p. 19 〔27頁〕．
10) ノーマン，2001，271-2頁．
11) Moore, 1903, chap II, sec. 35 〔173頁〕．

義しようとすることは誤りだ，という論点．そして第二に，善は非自然的な性質なのだから，自然的なものによって定義することは誤りだ，という論点である[12]．

ムアによれば，われわれはあるものを定義しようとするとき，複合的なものを単純なものへ分解し，諸部分を明らかにすることによって，一つの全体の定義を述べようとする（したがって，定義とは分析である）．たとえば，馬という動物は，顔が長く，頭部にたてがみを有し，四肢が長い等によって定義することができる．これに対して，善は分析不可能な単純な性質であるがゆえに，定義できない（第一の論点）．善の単純さは，黄色のような性質に喩えることができる．われわれは，黄色いものを見れば，それが黄色であることが分かる．われわれは黄色という性質を直接，経験することによって，黄色とはどのような性質であるかを理解している．しかし，これまで黄色を見たことのない人に黄色とは何であるかを説明することはできない[13]．ムアによれば，善が複合的な概念であるという考えも，また，善は無意味な観念であるという考えも実際には受け入れることができないのだから，「私が「善はいかにして定義されるべきか」と問われるならば，私の答えは善を定義することはできないということであり，そしてこれが善について私が言わなければならないすべてである」[14]．

(2) 開かれた問い論法

ムアは，言語の意味はそれが指示する対象であるという言語論を採用していた．それゆえ，善という語もそれが指示する性質の名称であると考えた．ムアは，ミルの功利主義においてもスペンサーの進化論的倫理学（evolutionary ethics）においても道徳的性質の定義が不十分であることを示すために，簡単なテストを用いた．そのテストは，開かれた問い論法（open question argu-

---

12) 自然主義的誤謬に関するこの区別は，塩野谷，1984, 41-2頁による．また，フランケナは，前者の論点を自然主義的誤謬の根底にある一般的な（generic）誤謬であるとし，「定義主義的誤謬（definist fallacy）」と呼んでいる．Frankena WK, 1939, "The Naturalistic Fallacy", *Mind*, 192, p. 471.
13) Moore, 1903, chap. I, sec. 7〔110頁〕.
14) Moore, 1903, chap. I, sec. 6〔110頁〕.

ment）と呼ばれる．開かれた問い論法とは，ある議論が問題を完全に解決していないこと，つまり依然として未解決の問題点を含んでいることを指摘する論法である[15]．この論法は以下のような形式をとる．

　自然主義者が，「「善い」（あるいは「正しい」）とは「Pという属性（性質）をもっていること」である」と定義したとしよう．たとえば「善い」を「欲求されること」によって定義する．この場合，あるXについて，それがPをもつということにわれわれは同意できたとしても，しかもなお「Xは善いか（あるいは正しいか）」と正当に問うことができる（このように問うことには意味がある）．つまり，自然的性質PをもつXが善いかどうかは，常に開かれた問いである．

　もし自然主義者による定義が正しいのであれば，このような問いはトートロジーであり無意味な質問である．なぜなら，「XはPをもっている．だがXは善いか」は，「XはPをもっている．だがXはPをもっているか」と同じだからである．他方で，われわれは「XはPをもっているが，Xは善くない」と言うことができる．実際，われわれは欲求されるものの中にも善くないものがあることを知っている．しかし，これは定義が正しかったとすればありえないことだろう．したがって，そのような定義が正しいはずがない[16]．

(3) 非自然主義の認識論——直観（直覚）

　開かれた問い論法によって明らかになったのは，善という語が指示する性質を自然的性質によって定義したとしても，その定義はうまくいかないということであった．ムアは，そこから善が指示しているのは非自然的性質であると結論した．これが，自然主義的誤謬の第二の論点である．自然的誤謬を指摘することによってムアが示そうとしたのは，善という語が指示する性質は（自然的性質に）還元不可能な独特な性質であるということであった．

---

15) フランケナ，WK，1967，杖下隆英訳『倫理学』培風館，141頁訳者註．なお，「開かれた問い論法」という訳語は，浜野研三，1998，「自然主義的誤謬」，廣松渉他編『岩波哲学・思想辞典』岩波書店，646頁に拠った．
16) 開かれた問い論法についての説明は以下を参考にした．Frankena, WK, 1973, *Ethics*, 2nd ed., New Jersey: Prentice-Hall, p. 99.〔フランケナ，WK，1967，杖下隆英訳『倫理学』培風館，166-7頁．〕

それでは，このような「独特な」(sui generis) 性質についての認識をわれわれはどのようにして獲得するのだろうか．ムアによれば，道徳的性質は経験的な観察や帰納によって立証することができない．ムアは，道徳判断が証明や推論によらずに直接的に真であることがわかるということを「直観（直覚）」(intuition) と呼んでいる[17]．そのため，ムアの立場は，（彼自身が否定したにもかかわらず）しばしば直観主義（直覚主義）と呼ばれる．ムアが直観（直覚）と呼ぶものは，それ自体として善いもの（内在的価値）[18]に関するわれわれの信念である．この信念が真であることをわれわれは知りうるが，どうしてそれが真であるかについて，それ以上の理由を与えることができない．ムアによれば，「善とは善である（Good is good）ということであり，これでこの問題は終わりである」．

　道徳的価値の直接性や自明性を主張したのは，ムアだけでない．プリチャードやロスも「正しさ」や義務の自明性を主張した．彼らによれば，どの行為が正しく，どの行為が間違っているかを説明する基本的な道徳原理をわれわれは「直観」によって知ることができる[19]．したがって，直観主義を，善に関する直観主義と正しさに関する直観主義に分類することができるとすれば，ムアは，前者に属し，それ以外の者は後者に属すということになるだろう．ちなみに，ムアは，「正」に関しては，善の最大化を正しいとしたという意味において理想的功利主義（ideal utilitarianism）であった[20]．

---

[17]　「またそのような命題を「直覚」と呼ぶことができるとき，私が言おうとしていることは，単にそれらの命題が証明不可能であることを主張していることに気づいて欲しい．私は，それらの命題についての認知の仕方や起源について，何も言及していないのである」(Moore, 1993, p. 36〔80頁〕).

[18]　善という言葉は多義的であり，さまざまな文脈で用いられる．そのため，ムアは，倫理学の研究の対象を，それ自体で存在すべきもの，あるいは「目的としてそれ自体で善いもののもつ善さ」に絞った．これが内在的価値（intrinsic value）である．

[19]　Dancy, J, 1991, "Intuitionism", Singer, P ed., *A Companion to Ethics*, Oxford: Blackwell, pp. 411–20. プリチャードとロスは，正しさや義務に関するこのような認識がある種の特殊な能力（「道徳的直観」）によって獲得されると考えているようである．cf. 塩野谷，1984, 43–8頁．また，ロスについては，本書第6章I–1も参照されたい．

[20]　注18で述べた内在的価値をもつものとして，ムアは「人格間の交わりからくる喜びや美的対象の享受」を挙げている（Moore, 1903, chap. VI, sec. 113〔329頁〕）．正しい行為とは，このような人格的愛の快楽と美の享受を最も効果的にもたらす行為であるということになる．なお，福利主義を功利主義の不可欠な要素と見る考え方からすると，ムアの立場は厳密には功利主義ではない．む

> **BOX2：ムアの衝撃**
>
> ムア（1873-1958）が1903年に発表した『倫理学原理（*Principia Ethica*）』は，20世紀の倫理学の中で最も大きな影響力をもった著作の一つである．倫理学を規範倫理学とメタ倫理学に分類しようとする傾向はここから始まったといってもよい．自然主義的誤謬や開かれた問い論法など，ムアの議論から始まったメタ倫理学は，1960年代に至るまで隆盛の一途をたどった．それは，規範倫理学の一切の営みを放棄させてしまうほどであった．この間，倫理学は，「善い」や「正しい」あるいは「べき」といった道徳の言語が何を意味しているか，そしてその用法や機能は何かといった問題を分析する学問となったのである．

II．実在論・認知主義の問題点

　実在論によれば，われわれの心から独立して世界の中に存在する事実の中には，物事の善し悪しや行為の正・不正に関する事実（道徳的事実）がある．自然主義は，この道徳的事実が定義上，自然的事実に還元できると考える．それに対して，非自然主義は，道徳的性質は独特な性質であるから，定義的同一性は成り立たないと考える．いずれの立場であれ，実在論の強みは，われわれの日常の道徳的営みの中に見いだされる一つの特徴をうまく説明してくれるところにある．それは道徳判断の客観性という特徴である．道徳判断の客観性とは，「道徳判断には正しい答えがある．正しい答えは客観的な道徳的事実によって正しいものとなる」ということをいう[21]．道徳的事実が実在するならば，それと照らし合わせることにより，われわれは道徳判断の正しさや間違いを識別することができるだろう．しかし，実在論については，これまで多くの批判がなされている．それらの中から三つの批判を取り上げ，実在論・認知主義の問題点として指摘してみたい．それは，(1) 実在論者が主張する道徳的事実はそ

　　しろ「非福利主義的帰結主義と分類するのが適切」である．伊勢田哲治，2006，「功利主義とはいかなる立場か」伊勢田哲治・樫木則章編『生命倫理学と功利主義』ナカニシヤ出版，6-7頁．
21)　Smith, 1994, p. 9〔14頁〕．

の存在も認識も特異なものである．(2) 実在論者は道徳的事実が自然的事実とどのように関係しているのかについて，納得のいく説明を与えてくれない．(3) 道徳的事実からいかにして行為を導くことができるのかを説明することは，実在論者には困難である，という批判である[22]．

1．マッキーによる「特異性にもとづく論証」

　道徳的事実が客観的に存在するかどうかが問われるとき，そこで問題になっている道徳的事実の概念とはどのようなものだろうか．マッキーによれば，われわれがもっている道徳的事実の概念は，世界の客観的に指令的な特徴という概念である[23]．道徳的事実が客観的に指令的（objectively prescriptive）であるとは，道徳的事実がわれわれにいかに行為すべきかを指令するということ，言い換えれば行為の理由をわれわれに与えるということである．あるものが道徳的に善いとは，われわれはそれを追求すべきであり，それを追求する理由があるということである．要するに，道徳的事実には，正しいことを実行し不正なことを差し控えなさいという客観的な要請が含まれているというのである．

　マッキーは，客観的に指令的な要請など存在しないということを示すために，特異性にもとづく論証（argument from queerness）と呼ばれる議論を展開した．この論証は，実在論の存在論的主張への批判と認識論的主張への批判の二つの部分からなっている．第一に，（非自然主義的）実在論が主張するように「仮に客観的価値が存在するとしても，それらはこの世界の他のものとまったく違った非常に不可思議な実体（entities），もしくは性質，もしくは関係であろう」（存在論的主張）．しかし，マッキーによれば，われわれの世界の中にこのような特異な実体，性質，関係が存在するということも，またそれらに客観的に指令的な要請が何らかの仕方で組み込まれているということも考えにく

---

[22]　cf. Jacobs, J, 2002, *Dimensions of Moral Theory: An Introduction to Metaethics and Moral Psychology*, Oxford: Blackwell, p. 21.

[23]　Mackie, JL, 1977, *Ethics: Inventing Right and Wrong*, Harmondsworth: Penguin Books, p. 24, 26.〔マッキー，JL，1990，加藤尚武監訳『倫理学――道徳を創造する』哲書房，22，25頁．〕cf. Smith, 1994, p. 64〔85頁〕．; Miller, 2003, p. 115.

い.

　第二に，特異な実体，性質，関係が仮に存在するとしても，われわれはそれらをどのように認識するのかという問題がある．（非自然主義的）実在論によれば，「われわれがそれらに気づいているとしても，そのことは，他のいろいろなことを知るわれわれの通常の方法とまったく違った道徳的知覚あるいは直観の何らかの特別な能力によるものでなければならないだろう．これらの点は，ムアが非自然的性質について語るときに，また直観主義者たちが『道徳的直観の能力』について語るときに，認めていたものである」[24]（認識論的主張）．マッキーによれば，特別な直観による認識という答えはいかにも説得力がない．しかし，彼らはこのような直観に訴えざるを得ないのだろう．

　実在論者の主張の特異さは，別の仕方で示すこともできる．今度は，道徳的性質と自然的性質の関係という観点から考えてみよう．もし，実在論者の主張するような道徳的性質が実在し，しかもその道徳的性質は自然的性質に還元できないとするならば，その場合，道徳的性質は自然的事実に何らかの仕方で付随（supervenience）するとしか考えられない[25]．たとえば，楽しみのために人を虐待するという行為を例にとってみよう．われわれが「この行為は一種の故意の虐待であるからこそ不正である」と判断したとする．実在論によれば，道徳的性質は直観によって知られるということであった．したがって，われわれの判断を実在論者は次のように説明するだろう．「楽しみのために人を虐待する」という行為のもつ道徳的性質（「不正である」）は自然的性質（「故意の虐待」）に付随したのであり，われわれはこのことを直観によって知る，と．しかし，マッキーは実在論者の説明を次のように批判する．道徳的性質が自然的性質に付随するということが，この世界の中で起こりうるのだろうか（起こ

---

24)　Mackie, *op. cit.*, p. 38〔43頁〕．
25)　Smith, 1994, p. 21〔30頁〕．付随性（supervenience）とは，Aという性質とBという性質との間に次のような関係が存在している場合に，両者の関係をあらわす語である．性質Aに生じた変化は性質Bに生じた変化が存在することなしには存在し得ないが，しかし性質Bの変化は性質Aの変化がなくても存在し得る．この場合，性質Aは性質Bに依存生起する，と言う．二つのものがまったく同じ自然的性質Bをもつならば，その場合，両者はまったく同じ道徳的性質Aをもつ．cf. Honderich, T (ed.), 2005, *The Oxford Companion to Philosophy*, 2nd ed., Oxford: Oxford University Press, p. 903; Miller, 2003, p. 31.

るはずがない）．また，いかなる道徳的知覚あるいは直観によっても，二つの性質の間にある付随性の関係を認識することはできない．したがって，このような神秘的な客観性を主張するよりは，むしろ道徳的性質はある種の主観的な反応だと理解したほうが，事態はずっと単純で分かりやすいだろう．

2. 人間心理に関するヒューム的な理解と道徳判断の規範性

　道徳的事実が世界の中に実在しているという実在論の主張は，人間の認識や心理という観点から見るとき，認知主義として理解することができる．すなわち，道徳判断は，道徳的事実のあり方に関するわれわれの信念を表現している．そして，世界における道徳的事実の実際のあり方と照らし合わせることによって，信念はその真偽を識別することができる．

　道徳的判断は信念であるとする実在論・認知主義の立場には，大きな問題点がある．それは，道徳判断の規範性を説明することが困難であるという問題点である．道徳判断の規範性とは，われわれの日常的な道徳判断に見て取れる特徴の一つであり，「道徳判断が，少なくとも一見したところ，行為の理由になる」というものであった．規範性を説明することが実在論・認知主義にとって困難である理由を理解するためには，人間心理に関するヒューム的な理解を思い起こす必要がある．ヒュームによれば，われわれの心理状態は，信念と欲求の二つに大別される．動機づけに関していえば，動機づけを保証するのは欲求である．たとえば，「お腹がすいたので食べ物を探すために冷蔵庫を開けるという行為」（154頁）を再び取り上げよう．冷蔵庫を開けるという行為を動機づけているのは何かを食べたいという欲求であり，冷蔵庫に食べ物が入っているという信念ではない．信念は欲求を満たすための手段を示すだけであり，信念と欲求が適切に結合することによってはじめて冷蔵庫を開けるという行為が動機づけられるのである．

　信念と欲求による動機づけの理論に忠実である限り，実在論・認知主義は次のような問題に直面する．「この行為が道徳的に正しい」という判断は，道徳的事実のあり方についての信念である．しかし，信念それ自体では動機づけが起こらない以上，道徳判断が行為の理由になるということは，いかにして可能

なのか.

　非自然主義的実在論が，道徳判断は客観的に実在する道徳的事実を記述しており，道徳的事実には客観的に指令的な特徴が組み込まれていると主張するとき，非自然主義は道徳判断の規範性についての説明を与えることができるように見える．しかし，マッキーが批判したように，非自然主義には，特異な道徳的事実の存在とその認識について納得のいく説明を与えてくれないという難点があった．したがって，これらの難点が克服されなければ，非自然主義的実在論は道徳判断の客観性だけでなく，規範性をも説明することができないだろう．

　それでは，自然主義的実在論はこの問題点にどのような対応をとることができるのだろうか．自然主義的実在論は，ムアによる自然主義的誤謬批判によって論破された観がある．したがって，自然主義的実在論の可能性を探るためには，まずムアの自然主義的誤謬の再検討から始める必要があろう．

3. 自然主義的誤謬の見直し

　今日では，自然主義的誤謬批判の妥当性について，さまざまな疑問が投げかけられている．その中には，自然主義的誤謬という概念自体を疑問視し，その（論理学上の）虚偽を指摘するものがある．フランケナは，自然主義的誤謬は論点先取（論証を経たうえで認められるべきものを前提として立ててしまう誤り）であると指摘した[26]．「善は定義不可能である」にせよ，「善は非自然的性質である」にせよ，これから論証されるべき命題である．しかし，ムアは，すでに論証されているという前提の下で，善を定義することは誤謬であると主張している．そこには論点先取の誤りがある．このようなフランケナの指摘は正しい，とする意見が現在では一般的である．

　また開かれた問い論法にも問題点があることが指摘されている[27]．この論

---

[26] Frankena WK, 1939, "The Naturalistic Fallacy", *Mind*, 192, p. 465; Frankena, WK, 1973, *Ethics*, 2nd ed., New Jersey: Prentice-Hall, p. 99 〔166 頁〕. 塩野谷，1984，43 頁. 論点先取（この場合は，不当仮定）の定義は，清水哲郎，1998，「虚偽論 1. 西洋」廣松渉他編『岩波哲学・思想辞典』354 頁を参考にした．

[27] Miller, 2003, pp. 15-8.

法の目的は，善はいかなる自然的性質とも同一視することができないこと，したがっていかなる善の定義もうまくいかないことを示すところにある．しかし，今日の自然主義者の中には，ムアの誤解を指摘する者もいる．彼らによれば，「善とは欲求されることである」という（自然主義の）主張は，善と欲求されることとの間に，たとえば「水は H_2O である」という表現と同様の同一性があることを示していると理解することができる．「水は H_2O である」という表現は，水と H_2O が同じ意味（synonymous）であると述べているわけではない．両者が同一の（identical）対象を指示していると述べているにすぎない．そして，両者が同一の対象を指示していることは経験的に実証することができる．「善とは欲求されることである」という主張も同様である．善という概念をいくら分析してみても，そこに「欲求されること」という事実が見いだされるわけではない．しかし，「概念分析というよりはむしろ経験的探求によって，道徳的性質は自然的性質と同一である」[28]ことがわかるだろう．

　これらの指摘が正しいとすれば，われわれは再び，自然主義を実在論・認知主義の一つの形態として受入れることができるようになるだろう．そこで問題になるのは，道徳判断の規範性をどのようにして説明するか，である．動機づけや行為の理由についての考え方には，大きく分けて二つの考え方がある．内在主義と外在主義である．内在主義（internalism）は漠然とした概念である．その定義も一つではない．道徳判断と行為の理由あるいは動機づけとの間にある関係を示すために様々な意味で用いられる．本章では，内在主義を次のような考え方として理解しておく．それは，「道徳的に行為することへの動機づけの存在が，道徳判断そのものの真理性によって保証される」という考え方である[29]．つまり，ある行為が道徳的に正しいという判断が真であれば（正しければ），われわれはこの行為を行うよう動機づけられると考える．これに対して，外在主義（externalism）とは，われわれがそのような道徳判断を真であると受け入れたからといって，この行為を行うような動機づけが起こるとは限らないという考え方である．したがって，われわれが動機づけられるためには，

---

28) Pigden, 1991, p. 427.
29) Nagel, T, 1970, *The Possibility of Altruism*, Princeton: Princeton University Press, p. 7.

受け入れた判断以外の心理的な強制力，すなわち何らかの欲求を必要とすることになる．

　人間心理に関するヒューム的な理解に忠実であろうとするとき，自然主義的実在論が道徳判断の規範性を説明するためにとるべき方法は，外在主義しかない．ある行為が道徳的に正しいという信念それ自体の中に，この行為を行うよう必然的に動機づけるものが組み込まれていると主張することは，自然主義的実在論には不可能である．自然主義的実在論はいかなる道徳的事実も自然的事実に還元できるとする．自然的事実のあり方に関するどのような信念の中にも，この行為を動機づけるものは何も見いだすことができない．自然科学や社会科学においては，世界のあり方についての信念は客観性をもつが，規範性をもつわけではない．

　しかし外在主義を取るとき，自然主義的実在論はジレンマに直面する．カントが定言命法と仮言命法の区分（第2章，第6章）によって示したように，道徳的行為は自分や他人のいかなる欲求とも無関係に，端的になすべきものであると考えられる．道徳的行為は理性の要求であり，いかなる外在的な欲求も必要としないという特徴は，われわれの日常的な道徳的営みの特徴である客観性と分かちがたい仕方で結びついているように思われる．自然主義的実在論が，動機づけをうまく説明しようとして，欲求に訴えるとき，道徳判断から定言命法的な特徴が失われてしまうおそれがある．逆に，定言命法的性格を保持しようとすれば，自然主義的実在論は，道徳判断の規範性を説明することを断念しなければならなくなる．

まとめ

　道徳に関して，われわれはしばしば，本当に正しいあるいは間違っていると言えることが何かあるはずだと考える．実在論・認知主義は，次のように主張することによって，われわれの常識を理論的に説明してくれる．われわれの道徳判断は，単なる心の産物にすぎないわけではない．その根拠となるような道徳的事実がわれわれの心の外部に客観的に実在している．そして，そのような

事実と照らし合わせることにより，ある道徳判断が正しいか間違っているかを識別することができる．

　実在論・認知主義には二つの課題があった．(1) 客観的かつ規範的な道徳的事実とはどのようなものか，(2) 仮にそのような道徳的事実があったとして，われわれはそれをどうやって認知するか，である．自然主義的実在論は，(1) の課題について，道徳的事実は自然的事実に還元できると答える．非自然主義的実在論は，(1) について，還元不可能な独特な事実であると答え，そして (2) については，直観的に認知すると答える．非自然主義の答えは神秘的であるとはいえ，どちらの実在論・認知主義も，私たちの日常の道徳判断の特徴である道徳判断の客観性をうまく説明してくれる．

　それでは，もう一つの特徴である道徳判断の規範性についてはどうだろう．実在論・認知主義は，道徳判断の規範性を説明することができるのだろうか．人間心理に関するヒューム的理解に忠実であろうとするとき，実在論・認知主義が選択できる道は二つ（あるいは三つ）ある．非自然主義的実在論・認知主義は，内在主義の立場をとることにより，道徳判断の規範性を説明することができる．しかし，その説明は特異で神秘的なものとならざるをえない．他方で，自然主義的実在論・認知主義は，外在主義をとることにより，道徳判断の規範性を説明するか，そうでなければ説明するという希望を放棄しなければならない．実在論・認知主義にとっては，いずれも困難な道である．だとすれば，われわれは，実在論・認知主義の立場そのものを放棄して，反実在論・非認知主義の立場へとシフトしたほうがよいのだろうか．

参考文献

- Miller, A, 2003, *An Introduction to Contemporary Metaethics*, Cambridge: Polity.
- Pigden, CR, 1991, "Naturalism", Singer, P ed., *A Companion to Ethics*, Oxford: Blackwell, pp. 421-31.
- ノーマン，R，2001，塚崎智・石崎嘉彦・樫則章監訳『道徳の哲学者たち　第2版』ナカニシヤ出版．
- 塩野谷祐一，1984，『価値理念の構造——効用対権利』東洋経済新報社．
- Smith, M, 1994, *Moral Problems*, Oxford: Blackwell.（スミス，M，2006，樫則章

監訳『道徳の中心問題』ナカニシヤ出版.）
・佐藤岳詩, 2017, 『メタ倫理学入門――道徳のそもそもを考える』勁草書房.

第 9 章

反実在論・非認知主義

児玉　聡

本章の目的と概要

　日常の道徳的営みを観察すると，客観性と規範性という二つの特徴が見出される．だが，人間心理に関するヒューム的な理解に基づけば，道徳の議論が客観的かつ規範的であるということは不可能なのではないか．これがメタ倫理学の基本的な問題設定であった．本章では，われわれの道徳判断は，世界のあり方についての信念の記述ではなく，世界がどうあってほしいかについての欲求の表明であるという立場が検討される．この立場では，第 8 章で検討された，世界の側に道徳的事実が存在するという実在論と，道徳的信念はそのような道徳的事実を認知することによって形成されるとする認知主義は否定される（反実在論，非認知主義）．この立場の大きな課題は，(1) 道徳の根拠が世界の側にないとすると，道徳は主観的・相対的なものになってしまうのではないか，(2) 日常の道徳的な営みが少なくとも一見すると客観的に見えるのはなぜか，の二点にどう答えるかである．

　本章では，最初に，反実在論・非認知主義の展開を説明し，次に，反実在論・非認知主義の問題点を検討する．

I．反実在論・非認知主義の展開

　第8章で説明されたように，ムアは自然主義的な実在論・認知主義を批判した．彼はそのさい，「Aは善い」という道徳判断は，Aが持つ「善さ」という非自然主義的な道徳的性質を，ある種の直観によって知覚することを通じてなされるという風に説明した．しかし，善さのような道徳的性質には独特の存在の仕方（非自然主義的実在論）と，独特な認識の仕方（直観主義的認知主義）があるというこのような立場は，論理実証主義の流れを汲むエアや，スティーブンソンを代表とする情動説によって根本的に退けられることになった．

1．エアの情動説

　エアが支持する論理実証主義（logical positivism）の考え方によると，有意味な判断（命題）は，分析判断と，検証可能な総合判断のいずれかである．分析判断とは，言葉の意味のみによって真偽が決まる判断のことであり，主に言葉の定義がこれに当たる．たとえば，「独身者とは，結婚をしていない人のことである」という判断は，実際に独身者がいるかどうかという事実とは無関係に真であるから，分析判断である．それに対して，総合判断とは，事実に照らして初めて真偽が決まる判断のことである．たとえば，「日本の今日の平均初婚年齢は，10年前よりも高くなっている」は，実際の事実に照らして真偽が決まるため，総合判断である．さらに，エアによると，「神は存在する」のような，経験的な検証が不可能な総合判断は，無意味な判断だとされる．ある判断が無意味であるとは，その判断が偽である（誤っている）ということではなく，そもそも真偽の問える種類のものではないということである．

　エアはこのような論理実証主義の立場から，道徳における自然主義と非自然主義の立場を批判した．まず，自然主義に関しては，エアはムアの「開かれた問い論法」によく似たテストを用いてこれを退けた．エアによると，自然主義の立場は，行為の正しさや目的の善さを，(1) それが生み出す快や幸福によって定義する功利主義，(2) 特定の個人や集団がそれに対して抱く是認の感情に

よって定義する主観主義の二つに大別される．これらは，「善さ」や「正しさ」を人々の快楽や是認の感情という経験的事実を用いて定義するものである．エアはこれらの定義はすべて成功していないとした．まず，功利主義者による「善いとは快いということである」などの定義について言えば，「いくつかの快をもたらすものは悪い」という主張や，「最大多数の最大幸福をもたらす行為をすることは不正な場合もある」という主張は十分に理解可能であるため，適切な定義とは言えない．同様に，主観主義による「善いとは人々（自分）が是認しているということである」などの定義についても，「人々が是認している行為は正しくない」という主張や，「自分が是認していることは，本当は悪いことである」という告白は十分に理解可能であるため，これらの定義も不十分だとした．

次に，エアは，非自然主義（直観主義）の見解は道徳判断の真偽を判定するために検証不可能な基準を用いているため支持できないとした．たとえば，非自然主義によると，「ヒト胚の研究は人間の尊厳に反する」という判断の真偽は，通常の知覚ではなく神秘的な「知性的直観」によって知ることができるとされる．しかし，ヒト胚の研究は人間の尊厳に反するかどうかについて人々の間で意見の不一致が生じた場合に，それぞれの人が自分の立場の正しさを主張するために「知性的直覚」に訴えたとすると，いずれの立場が正しいかは経験的な検証が不可能になるだろう．論理実証主義の立場では，経験的に検証不可能な基準によって判断の真偽が問えるとする見解は支持できないため，エアは非自然主義の立場も認められないとした．

エアによれば，自然主義と非自然主義の両方を含む認知主義者の根本的な誤りは，「A は正しい」「A は善い」などの道徳判断が，「A は大きい」「A は赤い」などの事実判断と同様に，A について真偽の問える何ごとかを記述していると考えた点にある．彼によれば，そうした道徳判断は，真偽の問える何ごとかを述べているのではなく，A についての自分の感情（情動 emotion）や，賛成や反対の態度を表明しているにすぎない[1]．たとえば，「脳死臓器移植は

---

1) Ayer, AJ, 1936, *Language Truth & Logic*, 2nd ed., London: Gollancz.〔エイヤー，AJ，1955，吉田夏彦訳『言語・真理・論理』岩波現代叢書．〕「単に道徳的な判断を表現（express）している

倫理的に不正である（間違っている）」という発言を考えてみよう．これは一見すると真偽の問える判断に見える．だが，エアによれば実はそうではなく，「脳死臓器移植なんて！」と言ったり，顔をしかめたりするのと同じような反対の態度の表明であると理解される．同様に，「脳死臓器移植は正しい」という発言は，「脳死臓器移植，万歳！」と言ったり，大きくうなずいたりするのと同じ，賛成の態度の表明だと理解される．のちに情動説（emotivism）[2] と呼ばれることになったエアのこの立場は，道徳判断は真偽が問える判断ではないとしている点で，非認知主義の一種である[3]．

このようにエアは，論理実証主義の立場から，道徳判断（価値判断）と事実判断をまったく異なる性質のものと理解した．このことがエアの情動説のような非認知主義に長所と同時に短所をももたらしている．エアの立場の長所は，道徳の規範性をうまく説明できることにある．仮に認知主義者が言うように，「代理出産は倫理的に不正である」という発言が，代理出産が持つ「不正さ」という性質を話者が認知したことを意味しているとすると，その認知がどのようにして行為の理由となるのか，十分な説明をすることは困難である（第8章参照）．しかし，非認知主義のように，そのような発言が「代理出産なんて！」という態度表明に他ならないのであれば，当然，この道徳判断は代理出産を行ったり手伝ったりしないことを支持する理由になると考えられる．

にすぎない文章は，なにごともいってはいないことをみてきたのである．それは純粋に感情の表現（expression）であり，……苦痛の叫びや命令の言葉が検証不可能であるのと同じ理由で検証不可能である．何故なら，それらはほんものの命題を表現していないからである」Ayer, op. cit., pp. 108-9〔132頁〕．
2) 情動説は，賛成・反対理論（boo-hurrah theory）としても知られている．
3) 情動説は自分の感情を表明しているという点で主観主義的であるが，先にエアが批判した自然主義の一種である主観主義とは異なる点に注意する必要がある．自然主義的な主観主義によれば，道徳判断（「Aは善い」）は自分の感情を記述した判断（「わたしはAについて是認の感情を持つ」）であるため，道徳判断は真偽の問える（検証可能な）判断である．それに対して，エアの情動説によれば，道徳判断は，顔をしかめたりうなずいたりするのと同様，自分の感情を表明する手段の一つにすぎず，真偽の問える判断ではない．感情の記述と表明という区別が一見して困難なのは，涙を流しながら「わたしは悲しい」という発言がなされる場合のように，自分の感情の記述と表明が同時になされる場合がしばしばあるためであるが，悲しさという感情は「わたしは悲しい」という発言によらなくても他の手段によって表明できることを考えると，両者の区別がよりよく理解されるだろう．

他方，エアの立場の短所は，日常の道徳的営みに観察される客観性を説明できないことにある．われわれは通常，「ヒト胚研究は人間の尊厳に反するかどうか」という道徳的な問いの真偽をめぐって合理的な議論ができると考えている．しかし，エアによると，事実についての問いと異なり，価値についての問いについては合理的な議論ができない．というのは，情動説によれば，「ヒト胚研究は人間の尊厳に反する」という道徳的主張は，そもそも真偽の問える主張ではなく，単にヒト胚研究に関する話者の感情の表明にすぎない．そのため，通常「道徳的議論」と呼ばれているものは，ちょうど「がんばれタイガース！」「負けるなジャイアンツ！」のようにスポーツで声援を送っているのと同じで，合理的な対話を通じていずれかの立場が正しいことを示せる性質のものではないことになるからである．エア自身は自らの立場の「根本的に主観主義的」な性格を認めたうえで，道徳についてこれ以上に適切な説明はありえないと考えた．しかし，われわれの日常の道徳的営みに照らして考えるかぎり，道徳に関して合理的議論はできないとするエアの説明はもっともらしくない．つまり，エアの情動説は「日常の道徳的な営みが少なくとも一見すると客観的に見えるのはなぜか」という，本章冒頭で述べた問いにまったく答えていないのである．これ以降の非認知主義[4]の主要な展開は，日常の道徳的営みに見出される道徳の客観性をどのように説明するか，という点に関する洗練と見ることができる．

2. スティーブンソンの情動説

　スティーブンソンは，エアの情動説を洗練させ，われわれの日常の道徳的営みにより合致する理論を構築した[5]．

　スティーブンソンによれば，言葉には大きく分けて二つの用法がある．ひとつは信念を記述したり伝えたりする記述的用法（descriptive use）であり，もうひとつは，自分の感情を表明したり，（雄弁術のように）人の態度や行動に

---

[4] 現在は表明説または表出説（expressivism）と呼ばれることが多い．
[5] Stevenson, CL, 1944, *Ethics and Language*, New York: Yale University Press.〔スティーブンソン，CL，1990，島田四郎訳『倫理と言語（増訂版）』内田老鶴圃．〕

変更を迫ったりする動態的用法(dynamic use)である．さらに，彼は，言葉が持つ意味として，記述的意味(descriptive meaning)と情動的意味(emotive meaning)を区別した．たとえば，「防犯カメラ」という語と「監視カメラ」という語はそれぞれ同一の対象を指しているという意味で同一の記述的意味を持つが，「監視カメラ」という語には暗に非難の感情が込められている．スティーブンソンはこのような話者の是認や否認の感情が表明されており，聴き手にも同様な感情を引き起こしやすいと通常理解されている語は，記述的意味だけでなく情動的意味も持つとした[6]．

　スティーブンソンは言葉の意味と用法に関する上記の二つの区別を下敷きにして，道徳判断の本質はその記述的意味ではなく情動的意味にあり，また，「安楽死は不正である」といった道徳判断を行う主要な目的は，何かを記述するためではなく，話者の感情を表明することにより，聴き手の態度に影響を与えることであると主張した．このように，スティーブンソンは，道徳判断や道徳的議論の目的を明確にすることにより，道徳判断は話者の感情の表明であるというエアの見解を一歩進めたということができる．

　また，エアが道徳判断は感情の表明であるため厳密には意見の不一致は存在せず，そのため合理的な議論もできないと考えたのに対し，スティーブンソンは，われわれが経験する意見の不一致について，信念における意見の不一致(disagreement in belief)と態度における意見の不一致(disagreement in attitude)という二つのレベルに区別した．信念における意見の不一致とは，科学の場合と同様，ある事実をめぐって意見が一致しないことである．それに対して，態度における意見の不一致が生じるのは，たとえば一郎は「一緒に野球の試合を見に行こう」と主張するが，次郎は「いや，それよりもサッカーの試合を見に行こう」と主張して，互いに相手を説得しようとしているような場合である．二人の主張は真偽の問える種類のものではないため，信念における不一致があるわけではない．だが，お互いが相手の態度に影響を与えて変更させようとしているという意味では意見の不一致があると言える．スティーブンソンはこのように区別したうえで，信念における意見の不一致は原則的に合理的

---

[6] この点は本書第1章も参照せよ．

な議論によって解決可能であるが,態度における意見の不一致は,それが信念における意見の不一致に原因があるかぎりにおいてのみ合理的に解決可能であり,そうでない場合は,説得などの非合理的な手段に訴えなければ解決できないとした.

このようにしてスティーブンソンは,エアと同様に,道徳判断と態度を明快に結びつけることによって道徳が持つ規範性を説明した[7].それと同時に,意見の不一致を二つのレベルに区別することにより,道徳的議論における意見の不一致という現象や,その合理的解決の可能性について,エアよりも洗練された説明を行ったと言える.

スティーブンソンの理論に対する批判はさまざまあるが,道徳の客観性という観点からすると,スティーブンソン(やエア)のように,道徳判断を感情の表明と結びつけるならば,感情が合理的議論を受けつけない主観的なものと考えられるかぎりにおいて,道徳判断も主観的であらざるをえなくなってしまう.また,スティーブンソンの説明は信念と態度の関係について十分に明確ではない.日常の道徳的営みにおいてわれわれは,合理的な議論を行えば,信念の不一致だけでなく,態度の不一致も解決できると期待している.だが,スティーブンソンの情動説では,態度の不一致と信念の不一致の関係が明確ではなく,信念がどこまで一致すれば,態度の不一致が解決されるのかが明らかでない.

これは,本章冒頭で述べた,「道徳の根拠が世界の側にないとすると,道徳は主観的・相対的なものになってしまうのではないか」という問題に他ならない.一般にわれわれは,ある種の事実は,非難(あるいは賞賛)に値すると考えている.たとえば,「民間機を乗っ取りビルに突っ込む」という事実は,(他にいかなる事実があるにせよ)非難に値すると考えられ,逆にその事実を信じていながら非難という態度をまったく持たないのは不適切だと考えられる.この意味で,事実(信念)と態度の間には「適切さ」という客観的な関係が成立している.しかし,スティーブンソンの説明では,ある事柄に関してどのよう

---

[7] スティーブンソンは,この規範性について,「善さ」などの道徳語は,その語を用いる行為者がそれを生み出す行為へと引き寄せられるという意味で,磁力(magnetism)を持つと比喩的に説明している.

な信念を抱いた場合にどのような態度を持つのが適切なのかが明らかでないため，一見するとどのような事柄や行為にどのような態度を抱こうと自由であるかのように思われる．こうした問題に関してより洗練した答えを提示したのが，次に説明するヘアの理論である．

3. ヘアの普遍的指令説

ヘアは，道徳語の分析を通じてスティーブンソンの議論をさらに洗練させ，道徳判断は普遍化可能性という独自の論理を持つ指令だと説明した（普遍的指令説 universal prescriptivism）[8]．

ヘアは，スティーブンソンと同様に，道徳語は記述的意味だけでなく，別の意味を持つと論じた．ただし，スティーブンソンはそれを人々の感情に影響を与えるような情動的意味だと述べたのに対して，ヘアは指令的意味だとした．ヘアによると，指令的意味（prescriptive meaning）とは，道徳判断に暗に含まれる命令のことを指す．たとえば，もし一郎が「人の物を盗むべきでない」と言い，次郎がその発言を受け入れたならば，次郎は同時に「人の物を盗むな」という一郎の命令をも受け入れたことになる．命令を受け入れるということは，その命令に従って行為する動機づけを持つということである．このように，ヘアによれば道徳の持つ規範性は道徳語が持つ指令性という特徴によって説明される（BOX1）．

> **BOX1：オースティンの言語行為論と非認知主義**
>
> オースティンは二十世紀半ばのオックスフォード大学における日常言語学派（通常用いられている言葉遣いを分析することによって概念を明晰化する手法）を代表する哲学者の一人である．言語行為論として知られる彼の理論を踏まえると，メタ倫理学における非認知主義の主張や，スティーブンソンとヘアの立場の違いが理解しやすいだろう[9]．

---

[8] Hare, RM, 1952, *The Language of Morals*, Oxford: Oxford University Press.〔ヘア，RM, 1982, 小泉仰・大久保正健訳『道徳の言語』勁草書房．〕
[9] 以下の記述は Warnock, GJ, 1967, *Contemporary Moral Philosophy*, New York: Macmillan

オースティンは言語の行為的側面に着目し，発話行為（speech act）という概念を生み出した．たとえば船の進水式のときに「わたしはこの船をクイーン・メアリーと命名する」と言う場合，この発言は真であったり偽であったりする言明（statement）ではなく，言葉によって船の命名という行為を遂行していると考えられる．より卑近な例で言えば，「お前の母ちゃんでべそ」という悪口は，あっかんべーというジェスチャーと同様に，相手を馬鹿にするという行為をしているのであり，本当に相手の母親がでべそであるかどうかは問題ではない．スティーブンソン流に言えば，「お前の母ちゃんでべそ」というのは，言語の記述的使用ではなく，動態的使用だと言える．

また，オースティンは発話内行為と発話媒介行為という区別も行っている．発話内行為（illocutionary act）とは，発話において行為が遂行される場合を指す．たとえば，さきの進水式の命名行為のように，発話それ自体が行為になっている場合がそうである．それに対して，発話媒介行為（perlocutionary act）とは，ある発話を通じて行為が遂行される場合を指す．たとえば，司令官の「撃て！」という命令を通じて兵士が銃を撃つ場合，司令官は「撃て！」という発話において「命令する」という発話内行為をしており，またその命令によって「兵士に銃を撃たせる」という発話媒介行為をしている．道徳判断は（話者の態度の表明を通じて）相手に影響を与えるという行為をしているとするスティーブンソンの情動説は発話媒介行為であり，道徳判断は指令という行為をしているとするヘアの指令説は発話内行為という違いがある．

ヘアによると，「～すべきだ」という道徳判断はこのように「～せよ」という命令を含んでいる点で命令文と共通している．道徳判断は，それに加えて普遍化可能性という道徳語に特有の特徴を持つとされる．これは，道徳判断に関して，等しい状況においては等しい判断を下すことが要求されるということである．たとえば，ある状況Aにおいて一郎が次郎に「人の物を盗むべきではない」と言うならば，状況Aと重要な点でよく似た状況Bにおいて，一郎が次郎に「人の物を盗むべきだ」と言うと，一郎は矛盾を犯すことになる[10]．ヘアによれば，この特徴は「ドアを閉めろ」のような普通の命令にはないとされ，普通の命令文と道徳判断とを区別するメルクマール（指標）になる．

を参考にした．
10) この点は本書第1章も参照せよ．なお，ヘアの普遍化可能性の議論はカントの定言命法（本書第6章参照）と類似性を持っている．

ヘアはこの道徳判断が持つ普遍化可能性という特徴に関連して，事実判断と価値判断の間に成り立つ付随性（依存生起，supervenience）という関係について論じている．ここでいう付随性とは，ある状況においてなされる道徳判断が，その状況が持つ一定の記述可能な特徴に付随していることを意味する[11]．たとえば，わたしが「一郎は善い人だ」と述べ，あなたが「なぜそう思うのか」と尋ねたとすると，わたしは一郎の義理堅さや気前の良さといった特徴を挙げることができる．これは，「一郎は善い人だ」という道徳判断が，一郎が持つ一定の特徴に付随していること（付随性）を示すと同時に，もし次郎も同様の特徴を持つとすれば，わたしは次郎についても善い人だと判断することが論理的に要求されるということである（普遍化可能性）．スティーブンソンは記述的意味と情動的意味の関係を十分に説明しなかったが，ヘアは記述的意味と指令的意味の間に一定の付随関係があることを指摘することによって，非認知主義の立場から道徳の客観性をよりうまく説明したと言える[12]．

II. 反実在論・非認知主義の問題点

第I節で見てきたように，エアに始まりヘアへと至る非認知主義の立場では，道徳の規範性だけでなく，道徳の客観性も確保しようとする試みがなされてきた．だが，洗練されたヘアの説明によって，われわれの日常の道徳的営みが持つ客観性が十分に説明されたと言えるだろうか．以下で問題点を二つ挙げる．

1. 相対主義の問題

第一に，ヘアの立場では道徳が相対的になってしまう可能性がある．上で見

---

11) なお，実在論者も付随性という言葉を用いるが（本書第8章参照），ヘアのような非認知主義者が付随性という言葉を使う場合は，道徳判断は自然的性質に一定の仕方で付随するということを意味するだけであり，自然的性質に付随して生じるような道徳的性質の存在を主張しているわけではない．
12) ヘアは後年，メタ倫理学における普遍的指令説の立場から，規範倫理学における功利主義を支持するに至っている．彼の功利主義については本書第5章を参照せよ．

たように、ヘアは道徳語の分析を通じて、道徳判断は普遍化可能性と指令性という特徴を持つと指摘した。確かにこれによってわれわれは、道徳についてある程度までは合理的に議論できるようになったと言える。しかし、道徳について合理的に議論できるといっても、議論になるのはあくまでその立場で一貫して行為できるかどうかという問題に留まり、「何が正しくて何が不正であるかは一義的に決まる」という意味での客観性までは保証されない点に注意する必要がある[13]。というのは、ある状況において、普遍化可能でありそれに基づいて行為することができる判断は一つとは限らないかもしれないからである。たとえば、「脳死臓器移植は禁止すべきだ」と主張する人も、「脳死臓器移植は禁止すべきでない」と主張する人も、どちらも自分の主張は普遍化可能であってそれに基づいて行為することができる——すなわち、自分がドナー、レシピエント、家族、移植医などのいずれの立場にあったとしても、同じ状況であればその判断に従って行為することができる——と主張するかもしれない。この場合、ヘアの言う普遍化可能性と指令性という制約だけでは、両者の意見の不一致を解決することはできず、むしろ、さまざまな規範的立場が等しく正当化されてしまうという意味で相対主義に陥る可能性がある（BOX2）。われわれの規範倫理学的な探求にとって相対主義が望ましくないとするなら、やはり認知主義・実在論者が考えるように、道徳的事実や性質がわれわれの是認や否認（道徳判断）とは独立に存在し、それがわれわれの是認や否認の合理的な根拠となるという立場を取る必要があるように思われる[14]。

BOX2：相対主義の分類[15]

倫理学における相対主義（ethical relativism）とは、一般に、ある倫理問題に関する道徳判断の正しさは、その判断がなされる視点に相対的に定まるという見解である。たとえば、「人工妊娠中絶は不正である」という道徳判断は、ある宗教に

---

13) この批判については、Warnock, *op. cit.* を参考にした。
14) 道徳の合理性と客観性に関して、ヘアは以下の著書でより詳しく議論を展開している。Hare, RM, 1981, *Moral Thinking*, Oxford: Oxford University Press.〔ヘア、RM、1994、内井惣七・山内友三郎監訳『道徳的に考えること』勁草書房。〕
15) 主に Darwall, 1998；Rachels, 2015 の記述を参考にした。

コミットした視点からすれば正しく，逆に，「人工妊娠中絶は不正ではない」という道徳判断は，ある政治的立場にコミットした視点からすれば正しいものである．相対主義においては，対立するいずれの立場も等しく正しいことになる．

より詳しく見ると，相対主義は，83頁で見た記述倫理学，規範倫理学，メタ倫理学の三つの領域のそれぞれにおける相対主義に分けることができる．

記述倫理学的相対主義：事実として，異なる国々や社会集団では，人々は異なる倫理規範に従って行動しているという社会学的・文化人類学的な主張．
規範倫理学的相対主義：われわれは，異なる価値観を持っている人々に対して，彼らの価値観が誤っていると判断すべきではないとする主張．
メタ倫理学的相対主義：すべての時代を通じてすべての人々に当てはまる普遍的な道徳の真理は存在せず，道徳判断の正しさはその判断を行う人の視点と相対的に決まるとする主張．

記述倫理学的相対主義が正しいかどうかは実証的研究によって明らかにされるべき事実の問題である．ただし，たとえこれが正しいとしても，ただちにメタ倫理学的および規範倫理学的な相対主義が論理的に導かれるわけではない．それは次のことを考えてみればわかる．自然科学においては，たとえば地球は平らなのか丸いのかに関して，ある集団と別の集団が対立する見解を持っていたとしても，われわれは科学には普遍的な真理は存在しないとか，自分と異なる見解を間違っていると判断すべきでないとか結論するわけではない．同様に，記述倫理学的相対主義が正しいからといって，倫理には普遍的な真理は存在しないとか，自分と異なる価値観を誤っていると判断すべきでないという結論は出てこない．

規範倫理学的相対主義は，寛容や相互不干渉につながる考え方であり，一見して多くの人の支持が得られそうな主張である．だが，この種の相対主義を真剣に受け入れるならば，「他人の価値観を大いに批判すべきである」という価値観を持つ人を，相対主義者は批判することができなくなるというパラドクスが生じる．

メタ倫理学的相対主義は，倫理における普遍的真理の存在を否定するものであるため，道徳判断は真偽を問えないとする非認知主義や道徳的性質の実在性を認めない反実在論の立場に対する批判の一つとしてしばしば問題になる．たとえば，ヘアは道徳判断の普遍化可能性という特徴を指摘したが，自然法や基本的人権（第3章，第4章参照）のようにすべての人間に当てはまる普遍的な規範があるのかどうかについては述べていないため，相対主義の立場にコミットすることになるのではないかという具合である．反実在論・非認知主義がメタ倫理学的相対主義にコミットするためにわれわれの道徳実践に悪影響を及ぼすのではないかという懸念については，次章のブラックバーンの議論を参照せよ．

2. われわれの日常的な道徳経験とのギャップ

　もう一つの問題は，非認知主義の立場はわれわれの日常的な道徳経験と大きく乖離しているということである．すでに見たように，われわれの日常の道徳的営みにおいては，道徳的性質は世界の側にあり，われわれはそれを認知していると考えられる．また，道徳に関するわれわれの言葉遣いも，少なくとも一見したかぎりでは，道徳的性質の実在を前提しているように思われる．道徳判断は発話者の情動や指令を表明したものであるという非認知主義の立場は，このような道徳についてのわれわれの日常的な感覚や言葉遣いと大きなギャップがある．だとすると，非認知主義者は，なぜこのようなギャップがあるのかを説明しなければならないだろう．

　それに対する非認知主義者の典型的な答えは，道徳的性質が世界の側にあるというわれわれの素朴な信念は錯覚であり，道徳的性質はいわば影法師のようなもので，単にわれわれが自分の欲求や感情を世界の側に投影したものにすぎないというものである．このような立場は投影説（projectivism）と呼ばれ，マッキー（BOX3）やブラックバーン（次章参照）といったヘア以降の反実在論・非認知主義の流れの中でより洗練された議論が展開されている．

BOX3：マッキーの理論とメタ倫理学の新たな展開

　マッキーの理論は，三つに分けて説明することができる．すなわち，第一に，道徳的価値が客観的に存在することを否定する道徳的懐疑主義（反実在論），第二に，それにもかかわらずわれわれは認知主義を取っている点で誤りを犯しているという錯誤理論，第三に，われわれがなぜこのような誤りを犯すのかについての説明である投影説である．

1. 道徳的懐疑主義（反実在論）
　マッキーによれば，プラトンやカントを始め，西洋哲学における多くの思想家が考えていたような客観的な価値は存在しない．ここでいう客観的な価値とは，普通の事物とは異なり，それを認識することによって何が善いか（何をなすべきか）を知るだけでなく，それを求めて行為する動機づけをも与えるような——つまり客観

的かつ指令的な——存在物のことである．彼は自らの立場を道徳的懐疑主義（moral scepticism）と呼び，この立場を裏付ける根拠として，次の二つの議論を提示している．

　相対性に基づく議論（argument from relativity）：たとえば，A国では一夫一妻制が倫理的に正しいと考えられているが，B国では一夫多妻制が倫理的に正しいと考えられているとする．しかし，この倫理観の違いを説明するために「客観的に存在する道徳的価値」を持ち出してきて，「A国とB国の倫理観が異なるのは，両国の人々が同一の道徳的価値を異なる仕方で——おそらくはどちらか一方が誤った仕方で——認識しているからだ」と説明するのはもっともらしくない．それよりもむしろ，「両国の倫理観が異なるのは，一般に，ある社会の倫理観は当該社会の生活様式を反映するものだからだ．つまり，A国で一夫一妻制が是認されているのは，A国で一夫一妻制が実際に行われているからであり，B国の場合も同様である」と説明した方がもっともらしい．それゆえ，われわれの道徳的営みを説明するために道徳的価値の存在を仮定する必要はない（これについては次章のハーマンの議論も参照せよ）．

　特異性に基づく議論（argument from queerness）：また，このような客観的価値は，世界に存在する他の事物とまったく異なる特異（queer）なもので，しかもこれを認識する特別な器官（道徳感覚）が必要とされると考えられるため，そのような存在を想定することはもっともらしくない（詳しくは第8章参照）．

2. 錯誤理論

　錯誤理論（error theory）とは，われわれは価値が客観的に実在するかのように語ったり行為したりしているが，現実にはそのような価値は実在しないがゆえに，われわれは常に錯誤（エラー）を犯しているという理論である．これをより詳しく述べると以下のようになる．

　マッキーによれば，エアやスティーブンソンら非認知主義者のようにわれわれの日常言語の分析を行うだけなら，日常の道徳的営みにおいて人々はあたかも価値が客観的に実在しているかのように語っているため，むしろ道徳判断は世界のあり方について語っているとする認知主義の方が正しいと結論せざるを得ない．ところが，上で見たように客観的価値は実在しないと考えられる．そこで，マッキーは，道徳判断は真偽が問えないという意味で無意味な判断だとするエアの検証理論を取らず，道徳判断は真偽の問える有意味な判断ではあるが，道徳的性質は実在しないがゆえに道徳判断は常に偽であるとした．つまり，われわれは本当は実在しないものについて，あたかもそれが実在しているかのように語るという過ち（エラー）を犯しているのである．

3. 投影説

　投影説とは，道徳的性質は実在せず，単にわれわれが自分の欲求や感情を世界の側に投影したものにすぎないとする理論である．マッキーによると，社会における人間関係を規制するために存在する道徳は，しばしば個々人の欲求に反した命令を行うため，一定の権威がなければならない．道徳的性質が客観的に存在するという考え方は，道徳に権威を与える一つの方法となる．そこで，われわれは主観的であるはずの価値を客観化（objectify）して語るようになったのだとマッキーは説明する．

　たとえば，道徳的命令は仮言命法ではなく定言命法であるというカントの主張がある（第2章，第6章参照）．仮言命法というのは「誰それがそれを欲しているならば，それをせよ」というように，条件付きの命令であり，それに対して定言命法は，誰かがそれを欲しているかどうかにかかわらず，端的に「それをせよ」と命じる無条件の命令である．マッキーによれば，もともと道徳規則は人々の欲求（要求）に基づくという意味で仮言的であったが，権威付けを行うために，人々がそれを実際に欲求しているかどうかという偶然的な要素を切り捨てて，人々が欲求しているかどうかにかかわらず客観的に命令する定言命法の形式をとるようになったとされる．

　マッキーはこのような説明を行うことにより，客観的価値が実在しないにもかかわらずわれわれはそれが存在するという錯覚を抱いているという事実を説明しようとした．

　エアから始まる非認知主義の流れにおいては，言語分析（意味論）が論争の場となっており，道徳的性質が実在するかどうかという実在論やその認識の仕方についての認識論は影を潜めていた．すなわち，非認知主義者は，道徳判断は世界のあり方に照らして真偽を問えるものではなく，話者の態度の表明であるという言語理解を支持することにより，道徳的性質の実在を暗に否定していたと言える．それに対して，マッキーは言語分析だけでは不十分であると考え，道徳実在論を強力に批判して反実在論を擁護することにより，実在論や認識論の問題に正面から取り組んだ．マッキーや次章で見るハーマンの仕事は，その後の道徳的性質や事実の実在性をめぐる論争の口火を切ることになったと言える．

　しかし，われわれの実感とは異なるこのような説明が本当に支持できるのかについては疑問の余地がある．また，仮に支持できるとしても，その場合，われわれがなぜ客観的な道徳的実在を信じているかについての説明理論である投影説そのものによって，道徳の客観性に対するわれわれの信念が失われてしま

うのではないかという不安も生じる．

　このように，反実在論・非認知主義の立場は，一方で道徳における意見の不一致という現象を説明したり道徳語の持つ論理的特徴を指摘したりすることによって道徳の合理性を確保することに努めてきたが，他方では日常の道徳的営みにおいてわれわれが感じている客観性は部分的には錯覚であると主張することにより，理論と現実の乖離を縮めてきたと言える．しかし，このいずれの試みにおいても，十分な成功を収めているとは言いがたく，次章で見るようにさらなる洗練を必要としていると思われる．

まとめ

　本章では，反実在論・非認知主義の展開を解説し，その問題点を指摘した．その流れを要約するならば，反実在論・非認知主義は，その出発点において，道徳判断を主観主義的に——すなわち事実の記述ではなく態度の表明であると——理解することによって規範性を確保したのちに，いかにして規範性は保持しつつ最初に手放した客観性をなるべく多く取り戻すことができるかという形で展開されてきたと言える．上で見たように，反実在論・非認知主義の立場がわれわれの受け入れられるようなものとなるにはいくつかの課題が残されているが，こうした問題を解決しようとする試みは現在に至るまで続いており，次章で見るように反実在論・非認知主義はメタ倫理学における主要な立場の一つであり続けている．

参考文献

- Darwall, S, 1998, *Philosophical Ethics*, Boulder: Westview Press.
- Miller, A, 2013, *An Introduction to Contemporary Metaethics*, 2nd ed., Cambridge: Polity.
- Rachels, J, 2015, *Elements of Moral Philosophy*, 8th ed., Boston: McGraw-Hill Higher Education.（レイチェルズ，J／レイチェルズ，S, 2017, 次田憲和訳『新版 現実をみつめる道徳哲学』晃洋書房．）
- Singer, P（ed.), 1991, *A Companion to Ethics*, Oxford : Blackwell.

・Smith, M, 1994, *Moral Problems*, Oxford : Blackwell.（スミス，M，2006，樫則章監訳『道徳の中心問題』ナカニシヤ出版.）
・佐藤岳詩，2017，『メタ倫理学入門――道徳のそもそもを考える』勁草書房.

第10章

メタ倫理学の現在

林　芳紀

本章の目的と概要

　これまでの二章で概観したように，現代のメタ倫理学上の立場は，大きく分けて実在論（認知主義）と反実在論（非認知主義）に分類することができる．そして，そのいずれの立場でも，日常の道徳的営みが持つ三つの側面——(1) 道徳判断の客観性，(2) 道徳判断の規範性，(3) 行為の動機づけに関するヒューム主義の立場——を同時に調和させるのは非常に困難であることがわかった．この困難を確認しておこう．まず，道徳判断の客観性を主張するには，道徳判断は真偽判断の可能（truth-apt）な信念とみなされなければならない．他方，もしその客観性を保持しつつ，同時に道徳判断の規範性を主張するのであれば，道徳判断の表す信念は何らかの仕方で動機づけと必然的に結びついていると考えなければならない．ところが，行為の動機づけに関するヒューム主義の立場からすれば，われわれを行為へと動機づける力を持つのはあくまでも欲求であり，また信念と欲求はそれぞれ別個の存在のはずであるから，信念と動機づけの間に何らかの必然的なつながりがあるとは考えられない．このようにして，上の三つの事柄を調和させようとすると矛盾が生じてしまうのである．これら三つの要素を整合的に調和させることは可能なのか否かという問題が，現代のメタ倫理学の中心課題だと言える．
　現代の哲学者たちは，これら三つの要素の調和を図るよりもむしろいずれかひとつの要素を否定・改変することで，問題そのものを解消してしまうという

戦略を採ることが多い[1]．具体的には，現代のメタ倫理学上の立場は，そのいずれを否定するかに応じて，反実在論，自然主義的実在論，非自然主義的実在論の三つに大別することができる．そこで，以下ではこの分類に即して，現代の哲学者たちが上記の困難に対してどのように立ち向かっているのかを見ることにより，ムアに始まった現代のメタ倫理学が今現在どのような状況へと行き着いているのかを明らかにする．

I．反実在論の現在

　前章で確認したように，道徳判断は発話者の情動や指令の表明であるという非認知主義（表出説）の立場には，われわれの日常的な経験やコミュニケーションの中に見出される道徳の客観性や実在性の現象をうまく説明することができないという問題点がある．そのため，こうしたわれわれの日常の道徳的営みをどのようなものとして取り扱うかという問題が，現在の反実在論にとっての大きな課題のひとつとなる．

　この問題に対して反実在論の立場からひとつの回答を与えていたのが，前章の終わりで紹介されたマッキーの錯誤理論であった．だが，それに対して，現在の代表的な反実在論者のひとりであるブラックバーンは，この錯誤理論よりも洗練された準実在論（quasi-realism）と呼ばれる立場を提唱し，われわれの日常の道徳的営みは反実在論と完全に調和しうると主張する．そこで，以下では，まずこのブラックバーンの見解を取りあげることにより，上記の課題に対する現在の反実在論者からの取り組みの様子を眺める．次に，このブラックバーンやマッキーのように投影説を基礎とする反実在論に対して向けられた代表的な批判として，マクダウェルやウィギンズらによって提唱された，感受性理論（sensibility theory）と呼ばれる立場を紹介する．

---

[1] 一見して矛盾するこれら三つの要素が実はきちんと調和しうることを示そうと試みている哲学者もいる．その一例として，Smith, 1994 が挙げられる．

1. ブラックバーンの準実在論

　まず，前章の終わりで紹介されたマッキーの議論を再度振り返るところから始めよう．〈世界には客観的な価値が存在する〉という考えは，われわれの道徳的な思考やその言葉遣いの一部となっているくらいわれわれの日常的な道徳経験の中に深く浸透しており，道徳に関するわれわれの日常的な言葉遣いや思考は，明らかに認知主義的である．だが，マッキーは，そうした客観的な価値が実際に存在するとは考えがたいことから，あたかもそれが存在するかのようにして語られるわれわれの道徳判断は常に偽であると主張した（錯誤理論）．そして，マッキーによれば，われわれが道徳のことをあたかも客観的であるかのように語ったり考えたりするのは，実際にそのような価値が世界の側に存在しているからではない．それはむしろ，われわれが世界の事物に対して抱く態度をあたかもその事物に備わる客観的な性質であるかのように捉え，われわれ人間の側の態度を世界の事物へと投影した結果にすぎない，ということであった（投影説）．

　ブラックバーンも基本的にはマッキーと同様に投影説の立場を受け入れ，反実在論的な存在論を支持する．だが，ブラックバーンの考えでは，マッキーの錯誤理論には深刻な問題がある．それは，もしこの認知主義的な錯誤理論が本当に正しくて，日常的に用いられているわれわれの道徳の言葉や思考様式が常に偽となるのであれば，そのことを理解しているわれわれは，もはやその誤った道徳の言葉や思考様式を放棄すべきではないか，ということである．このような問いかけを通じて，ブラックバーンは，マッキーの錯誤理論のようにわれわれの日常の道徳的営みを認知主義的に考える必要はなく，われわれの日常の道徳的営みに見出される道徳の客観性や実在性は，反実在論・非認知主義の立場からでも十分に説明や正当化の可能な現象であると主張した．つまり，ブラックバーンは，われわれの日常の道徳的営みの説明という問題に関しては認知主義的な錯誤理論を否定し，代わりに準実在論（quasi-realism）と呼ばれる非認知主義的な立場を提唱したのである（表1）．

　準実在論とは，一見したところ実在論風に見えるわれわれの日常の道徳的営みの多くは，反実在論・非認知主義の見方でも十分に説明・正当化可能である

表1：マッキーとブラックバーンの間の共通点・相違点

	存在論的主張	認識論的主張	理論としての安定性
マッキー	反実在論（投影説）	認知主義（錯誤理論）	日常の営みを否定
ブラックバーン	反実在論（投影説）	非認知主義（準実在論）	日常の営みを保持

とする見解である．もしこの準実在論が本当に成功しているのであれば，われわれは投影説という反実在論的な立場を支持しつつも，自分たちのこれまで用いてきた道徳の言葉や思考様式をそのままの形で受け入れ続ける道が開けてくるだろう．だが，この準実在論が錯誤理論を乗り越える首尾よい成果を収めるためには，少なくとも以下の二つの問題に答えなければならない．第一に，道徳に関するわれわれの日常的な語りの中に見出される実在論風の思考や表現は，本当に非認知主義によって適切に説明されるのか．第二に，たとえわれわれがこの準実在論のような反実在論的な立場を支持したとしても，はたしてわれわれはこれまでの日常の道徳的営みをそのままの形で受け入れ続けることができるのか．言い換えれば，この準実在論が現行の道徳の営みに対する脅威となることは本当にありえないのか[2]．以下では，これら二つの問題に対するブラックバーンの回答を順に確認する．

（1）非認知主義は実在論風の思考や表現を十分に説明できるか

ブラックバーンによれば，一見したところあたかも道徳の客観性や実在性を前提としているかのようにして語られるわれわれの日常的な道徳の思考や表現は，実際にはわれわれの態度やニーズを表す思考や表現として非認知主義的に理解可能である[3]．例えば，「たとえ，われわれがそれを是認していたり，わ

---

[2] 反実在論者がこの脅威の問題を深刻に受け止める背景には，マッキーやブラックバーンのような反実在論の立場（及び，次節に取り上げるハーマンの見解など）が道徳そのものに対する懐疑主義や一種のニヒリズムとして理解される風潮が強かったという事実が挙げられる．なお，ブラックバーンは，とある著作の中で，倫理（学）に対する七つの脅威として，神の死，相対主義，利己主義，進化論，（遺伝子）決定論，理論と実践の相違という発想，虚偽意識を挙げ，逐一検討を加えている．cf. Blackburn, S, 2001, *Being Good: A Short Introduction to Ethics*, New York: Oxford University Press.（ブラックバーン，S, 坂本知宏・村上毅訳，『ビーイング・グッド――倫理学入門』晃洋書房，2003年．なお，原著は後に *Ethics: A Very Short Introduction*（New York: Oxford University Press, 2003）と改題されている．）

れわれがそれに快楽を見出していたり，われわれがそうすることを望んでいたりしても，それでもやはりいじめは不正であるはずだ」といった表現は，一見したところ，われわれの是認や快楽といった心の状態とは独立に成立する道徳的事実の存在を前提とした場合に初めて成り立つような表現であるように思われる．だが，ブラックバーンによれば，これは，「いじめが不正であるかどうかを発見する際にあなたが注意しなければならないのは，われわれの快楽や是認ではない（むしろ，いじめられる人が被る影響である）」という趣旨の態度表明として，完全に非認知主義的に理解可能である．

また，ブラックバーンの考えでは，この非認知主義的な投影説は，情動説などの非認知主義的な立場に対して従来向けられてきた，ひとつの大きな批判をかわすこともできる．前章で見たように，非認知主義（表出説）に従えば，ある人がある事物を・不・正であると述べるとき，そこではその事物に関する事実が記述されているのではなく，感情や態度といった話者の心の状態が表出されている．ところが，このような非認知主義の説明に対しては，「～は正しい／不正だ」といった形をとる単純な道徳判断の説明としてはよくても，「もし・収・賄・が・不・正・で・あ・る・な・ら・ば贈賄もそうだ」といった，一層複雑な文法構造の中に組み込まれた道徳判断を適切に説明することができないという難点が指摘されてきた（・ギ・ー・チ＝・フ・レ・ー・ゲ問題）．これに対してブラックバーンは，こうした複雑な文法構造の中に埋め込まれた道徳判断の存在も，非認知主義的な意味論によって十分に説明されると主張する．例えば，「もし嘘をつくことが不正であるならば，他人に嘘をつかせることもそうだ」という表現の中に埋め込まれている「（もし）嘘をつくことが不正である（ならば）」という部分は，一見したところ真偽の問える事柄を述べており，単なる話者の感情や態度の表出として理解することは困難であるように思われる．だが，ブラックバーンによれば，この文は全体として，「嘘をつくことを非難する一方で他人に嘘をつかせることは許す」といった道徳的感受性に対する否認を表明しているのであり，非認知主義的な仕方で十分に理解可能である．

---

3) Blackburn, 1984, ch. 6 参照．

(2) 準実在論はわれわれの道徳の営みに対する脅威となるか

　以上のように，ブラックバーンによれば，われわれの日常の道徳的営みの多くは準実在論によって非認知主義的に説明可能である．だが，この準実在論が投影説という反実在論的な発想を基礎としているかぎり，やはりそれは道徳が持つ客観的な感̇じ̇（feeling）に対する脅威であり，しかもそれは道徳の核心を揺るがすほどの脅威であるとは考えられないだろうか．例えば，通常われわれは義務のことを，有無を言わせぬ絶対的なもの，われわれの感情や欲求に対する制約としてわれわれの外側から働きかけてくるもの，などとして知覚されなければならないと考えている．だが，準実在論は，それが投影説に基づくかぎり，義務が持つこの種の絶対的で外的な感̇じ̇を支持できないばかりか，それをわれわれ人間の反応の投影に由来する現象上の歪みとして，無に帰してしまうのではなかろうか．

　このような準実在論批判に対して，ブラックバーンは，投影説に伴うこの種の危惧については二通りの解釈が可能であるとし，いずれの解釈でも準実在論はそうした危惧を追い払うことができると主張する[4]．まず，第一の解釈として，この危惧は，どういう経緯でわれわれが義務に対して絶対的で外的な感̇じ̇を抱くに至ったのかを投影説では説明できないという，道徳心理の説明に関する問題として理解することができる．それに対するブラックバーンの答えはこうである．われわれは，ある特定の生活様式を教え込まれたりしつけられたりした結果として，ある種の行いを見聞きするとおぞましさを感じるような性向を身につけるようになる．そして，その生活様式に忠実でなければ自分の自尊心や誠実さを保つことができないとわれわれが感じるくらいにまで，教育やしつけの成果が内面化されると，われわれはその生活様式に反した行いに対して目下の自分の欲求に十分対抗できるほど強力否定的反応を示すようになる．したがって，われわれが道徳に対して絶対的で外的な感̇じ̇を抱くのは，教育やしつけによって植えつけられ内面化されたわれわれの側の強力な否定的反応が，「不正だ」という言語表現を獲得したことによる（前章で見たように，定言命法的な道徳理解についてマッキーも同様な説明を行っている）．

---

[4] Blackburn, 1993, ("Errors and Phenomenology of Value") pp. 153-8 〔151-61頁〕.

第二の解釈として，上の危惧は，なぜわれわれは義務に対して絶対的で外的な感じを持ち続けるべきなのかを投影説では説明できないという，道徳心理の正当化に関する問題として理解することができる．いったんわれわれが道徳心理の起源に関する投影説の説明を受け入れれば，もはやわれわれは自分の欲求に反してまで義務に従う理由はないとか，自分の欲求を抑えて義務に従うことは不合理だなどと考えるようにならないか，という危惧である．

　このような危惧に対して，ブラックバーンは，たとえわれわれが自らの義務の感覚の起源に関する投影説的な説明を受け入れるからといって，それだけでは，自らの義務の感覚を捨て去ることが合理的であることにはならないと反論する．ブラックバーンによれば，この点はユーモアのセンスと類比的に考えることでよりよく理解される[5]．例えば，わたしはものまねを見てそれを滑稽だ（humorous）と思うことがある．そこで，誰かがわたしに，ものまねの滑稽さの起源に関する投影説的な説明——わたしがものまねに対して抱く滑稽さとは，ものまねを見て引き起こされたわたしの反応の投影にすぎない，といった説明——をするとしよう．だが，たとえわたしがユーモア（滑稽さ）の正体をこのようなものだと信じたからといって，ものまねを滑稽だと思う自分のユーモアのセンスを無くそうとすることが合理的な選択になるわけではない．この事例とまったく同様に，たとえわれわれが義務の感覚の起源に関する投影説的な説明を受け入れるとしても，われわれがこれまでと同じくらい強力な義務の感覚を保ち続けることは十分可能であり，われわれがそのような感覚を保ち続けることも決して不合理とは言えない．

　以上のようにして，ブラックバーンは，準実在論はわれわれの日常の道徳的営みを投影説という反実在論的・非認知主義的な立場から十分に説明することができるとともに，たとえわれわれがこの準実在論を受け入れたとしても，われわれがこれまでコミットしてきた道徳の営みがそのために脅かされることはないと主張する．

---

[5] ただし，以下に挙げる「ものまね」という例示は筆者によるオリジナルであり，ブラックバーンのものではない．

> **BOX1：階層の違い**
>
> 　ブラックバーンによれば，準実在論はわれわれの道徳の営みに対する脅威であるという誤った危惧が生まれるのは，われわれが日常的にコミットしている道徳の営みの内部の視点と，そのわれわれの日常の道徳的営みを説明するためにいったんそのコミットメントを離れたときの視点との間に横たわる，階層（order）の違いを混同しているからにほかならない．
>
> 　この階層の違いという事柄を理解するための好例となるのが，われわれの欲求である．われわれは，「タバコを吸いたい」とか「酒を飲みたい」のように，何らかの行為の遂行を欲したり何らかの事態の実現を望んだりするが，このようにある特定の行為や事態を対象とする欲求のことを一階の欲求（first-order desire）と呼ぶ．だが，同時にわれわれは，「タバコを吸いたいという欲求を持ちたくない」とか「酒を飲みたいと思ってしまう自分が嫌だ」といった具合に，特定の行為や事態ではなく一階の欲求それ自体を欲求の対象にすることがある．このような，一階の欲求を対象とするメタレベルの欲求のことを二階の欲求（second-order desire）と呼ぶ[6]．ユーモアに関するブラックバーンの説明も，このような階層の違いを念頭に入れて理解すべきである．

2. マクダウェルによる投影説批判と感受性理論

　これまで見てきたように，ブラックバーンは，マッキーの錯誤理論を乗り越える準実在論と呼ばれる立場を提唱し，われわれの日常の道徳的営みは反実在論的な投影説のもとでもそのままの形で救い出すことができると主張した．もっとも，マッキーとブラックバーンはともに投影説に依拠した議論を展開しており，少なくとも道徳的価値が実際に存在するかという存在論的な問題に関してこの両者の間に不一致は存在しない．それに対して，このマッキーとブラックバーンが共有する投影説そのものに対して批判の矢を差し向けているのが，感受性理論（sensibility theory）と呼ばれる認知主義の立場である．以下で

---

[6]　本書で取り扱うことはできないが，この一階の欲求と二階の欲求の区別という話題は，現代の倫理学の議論の中でも，とりわけ自由や責任といった問題を考察する際の重要な論点となっている．この問題について関心のある向きには，さしあたり以下の著作が参考になろう．成田和信『責任と自由』勁草書房，2005年．

は，この感受性理論からの投影説批判の代表例としてマクダウェルの議論を紹介し，投影説という立場にどのような難点が見受けられるのかを確認する．

(1) 二次性質としての道徳的価値の客観性

マクダウェルによれば，マッキーやブラックバーンのような投影説論者の背後には道徳的価値の実在の仕方についての一種の先入見が潜んでおり，そのために，道徳的価値は二次性質（secondary quality）として実在しうるという可能性が不当に排除されている[7]．二次性質とは，大まかに言えば，事物に備わる物理的性質がわれわれの知覚に対して何らかの作用を及ぼすことで，はじめてその事物に備わっているとみなされるような性質のことであり，その代表例が色である．例えば，熟したトマトの赤さは，トマトに備わる特定の物理的性質（例えば，その事物の表面の微細な分子構造など）が適切な状況下にあるわれわれ人間の視覚に作用することで，はじめてわれわれが経験しうるような性質である．そして，仮にわれわれが視覚という知覚能力をまったく持っていなかったとしてもトマトそのものには赤さが備わっていたはずだ，などとは考えられない．つまり，哲学上伝統的に受け入れられてきた見方に従えば，自然的な世界の中に本当に存在しているのはわれわれに対して「赤い」という知覚経験を生み出す能力を持つその物理的性質（これを一次性質と言う）だけであり，われわれの知覚に依存する赤さという色の性質そのものが世界の中に実在すると考えることはできない．

マッキーやブラックバーンが支持する投影説も，基本的にはこのような二次性質に関する伝統的な見方の上に成立している．すなわち，投影説では，道徳的性質はわれわれの主観に依存する二次性質であるにもかかわらず，われわれはそれを世界の側に投影し，客観的に実在する一次性質と考える傾向にある，と説明される．だが，それに対してマクダウェルは，二次性質は客観的ではないというこの伝統的な見方そのものが誤りであるとして，投影説を批判する．確かに，二次性質は，われわれの知覚や経験なしには存在しえないという意味では主観的であると言えよう．だが，他方で二次性質がわれわれによって適切

---

[7] McDowell, 1998 ("Values and Secondary Qualities"), pp. 132-41 〔104-16頁〕．

に経験されるのは，われわれがある一定の適切な状況下で，ある一定の適切な知覚能力を持つとともに，何らかの事物やその事物に備わる物理的性質が自然的な世界の中に実在するからこそである．つまり，その経験は，われわれ人間の側で自由に作り上げることができるような創作物ではありえないのであり，その意味では，二次性質は客観的であるとも言える．例えば，高速道路のトンネルの中のようなオレンジ色の照明のもとでは，われわれは熟したトマトの赤さを適切に経験できない．だが，われわれが適切な状況下に置かれているかぎり，われわれは等しくトマトの赤さを経験するのであり，われわれがその赤さを勝手に青さとして経験することはできない．このように，適切な状況下では適切に経験されるという意味では，色の経験のことを客観的と考えることができる．われわれはこの色の事例と類比的な仕方で道徳的な価値や規範を客観的に経験しうるのではないか，とマクダウェルは問う．

(2) 道徳判断の説明における「当該の反応を妥当とするような性質」の必要性

以上のマクダウェルによる議論は，トマトの赤さ（二次性質の知覚）は適切な状況下では誤りなく経験されるという意味で客観的だ，ということを示しているにすぎず，「トマトは赤く見える」というわれわれの経験が，まさに「トマトは赤い」という事実（＝客観的なトマトの赤さ）の反映であることまでもが示されたわけではない．ところが，前章で見たように，マッキーは相対性に基づく議論において，わざわざ特異な道徳的事実の存在を仮定しなくてもわれわれの道徳経験を説明できると述べていたのである．

この問題に対して，マクダウェルは次の二つの論点を提示する[8]．第一に，確かに投影説のように考えれば，「トマトは赤く見える」という経験をわれわれが獲得するのは，トマトの表面の分子構造などがわれわれの視覚に作用した結果であり，「トマトは赤い」という事実（＝客観的なトマトの赤さ）がわれわれの視覚に作用した結果ではない．つまり，この投影説に依拠するかぎり，「トマトは赤く見える」というわれわれの経験が生じた経緯を説明するに際して，「トマトは赤い」という事実（＝客観的なトマトの赤さ）は取り立てて必

---

8) McDowell, 1998, pp. 141-6 〔116-21 頁〕．

要とされない．だが，単に説明のために必要とされないというだけでは，「トマトは赤い」という事実そのものが否定されることにはならない．

　第二に，仮に色の事例では上のような投影説による説明が成り立つとしても，道徳的な価値や規範の事例でも同じような説明が成り立つとは考えにくい．確かに，「トマトは赤い」のような色の判断の場合，その判断が生じた経緯は，事物の表面構造がわれわれの感受性（われわれの知覚能力）に作用した結果として生じた知覚経験として，因果的に説明されるかもしれない．だが，たとえば「幼児虐待は不正である」という道徳的判断の場合，その判断が生じた経緯は，単に事物や状況がわれわれの感受性に作用して特定の態度を引き起こした（幼児虐待という事態がわれわれの否認という態度を引き起こした）という風に，単に因果的に説明するだけでは済まされない．なぜならば，われわれが道徳的な価値や規範に関する判断を下す場合，われわれは，当該の事物や状況（＝幼児虐待）のことを，われわれの特定の態度（＝否認）を引き起こす単なる原因としてではなく，むしろ，そうした態度を引き起こすに値する（merit）ものとして理解しているはずだからである．つまり，われわれが道徳的な判断を下すとき，われわれは世界からの刺激に対する単なる反応としてある特定の態度を表出しているのではなく，当該の事物や状況がわれわれの特定の態度に値するものである（あるいは，われわれの態度が当該の事物や状況においては適切である）という，認知的な判断を下しているのである．

　マクダウェルは，この点をさらに次のような例を用いて説明する[9]．投影説では，「ある事物（例えば，ものまね）が滑稽である」というわれわれの判断が生じた経緯は，われわれ人間の心の中の態度や反応（ものまねを滑稽だと感じるわれわれの性向）が事物（ものまね）へと投影された結果として説明される．たしかに，こうしたユーモアに関する事例では，実在論的な説明——その判断は世界の側（ものまね）に実在する客観的な性質（滑稽さ）がわれわれの感受性（ユーモアのセンス）に作用した結果であるといった説明——は，一見したところ不適切であるように思われる．だが，マクダウェルによれば，人々

---

[9] マクダウェルが実際に用いている例は「恐怖」であるが，ここでは先のブラックバーンの例に合わせてユーモアの例に改変した．

のユーモアのセンスの説明として不適切なのは，むしろ投影説のほうである．ユーモアとはまさに感受性（センス）の問題であり，判断者当人の観点から眺められなければならない問題であることが投影説の説明では看過されているために，「当該の（ものまねを見て滑稽に感じるという）反応を妥当とするような性質」が世界の事物（ものまね）の側に備わっているという可能性は，もとより除外されている．だが，そもそも，あるものまねを滑稽だと感じた人物のユーモアのセンスを適切に理解するためには，そのものまねが滑稽だと感じるに値するものであるかどうかが，判断者当人の観点から評価できる必要があるはずである．ところが，マクダウェルによれば，投影説の説明では「当該の反応を妥当とするような性質」の実在がはじめから否定されているため，日常生活におけるわれわれの様々な種類の判断を理解不可能なものにしてしまう．

　投影説論者にせよマクダウェルにせよ，われわれが道徳判断を下す際にはわれわれ人間の側の感受性が一定の役割を果たすと考えられている点では特に変わりはない．だが，投影説論者は，その人間の感受性が果たす役割を，世界の事物に性質を投影するとかわれわれの心の中の感情や態度を表出するといった働きへと限定しており，その結果として，道徳判断とはわれわれ人間の側が世界の事物に対して施す一種の色づけ（coloring）にほかならないという発想が生じてくる．それに対して，マクダウェルの感受性理論のもとでは，われわれの感受性が果たす役割の中には「当該の反応を妥当とするような性質」についての認知も含まれると考えられており，ここでは道徳判断とは，事物や状況がわれわれの特定の反応や態度に値するものであるかどうかを問う認知的な判断として理解されている．そして，つまるところこの両者の相違は，われわれの日常の道徳的営みを説明する・理解するとはどういう営みかという問題についての見解の相違に由来していると言えるだろう．投影説論者は，われわれの日常の道徳的営みを適切に説明するには，われわれの感受性の働きを世界の中に生じる現象のひとつとして，その感受性を発揮している当人の観点の外側から眺めなければならないと考えている．それに対して，マクダウェルは，われわれの感受性の働きは，あくまでもその感受性を発揮している当人の観点の内側から説明されなければならないのであり，またそうすることではじめて，われわれの日常的な道徳的営みは適切に理解されると考えているのである．

II. 自然主義的実在論の現在

自然主義的実在論の立場にとってとりわけ大きな困難となるのは,ムアによって提起された(1)自然主義的誤謬の問題と,(2)道徳の規範性の問題である(第8章).だが,それに対して現在の自然主義者たちは,非還元主義(non-reductionism)や外在主義(externalism)と呼ばれる発想を導入することにより,上の困難を回避する新たな自然主義を確立する方途を模索している[10].そこで,以下ではまず,ブリンクの提唱する認知主義的自然主義の立場を中心に取りあげ,現在の自然主義者がどのような仕方で上記の困難に対処しているのかを見る.次に,道徳的実在論をめぐってハーマンとスタージョンの間で繰り広げられた論争を概観することにより,非還元主義的な方向で自然主義の再興を模索するこの立場がいかなる困難に直面するのかを確認する.

1. ブリンクの認知主義的自然主義

(1) 非還元主義的自然主義

現在の自然主義的実在論が何よりまず乗り越えなければならないのは,従来の自然主義的な倫理理論に対してムアが差し向けた自然主義的誤謬と呼ばれる批判である.前々章で見たとおり,ムアは,道徳的性質を自然的性質によって定義することは本来的に不可能であるにもかかわらず,従来の倫理理論のほとんどはそのような誤った基盤の上に構築されているとして,自然主義を批判した.だが,ムアがこの自然主義的誤謬ということで問題にしていたのはもっぱら道徳的価値の定義の問題にすぎず,道徳的価値が定義以外の何らかの関係によって自然的性質と結びつけられるという可能性を,ムアはほとんど考慮して

---

10) なお,このような非還元主義的な自然主義の立場は,とりわけアメリカのコーネル大学に所属する哲学者たちによって強力に推進されたため,コーネル実在論(Cornell Realism)と呼ばれることが多い.このコーネル実在論の代表的な論文が収録されている論文集として,Sayre-McCord, ed., 1988 を挙げることができる.

いない[11]．そこで，現在の自然主義者たちは，道徳的性質と自然的性質との定義的な関係という意味論的な考察に限定されたムアの思考の枠組みを突破するところから，自然主義の再興の道を切り開こうとする．

　このような試みを遂行するに際して現在の自然主義者たちが頼りとするのは，すでに前々章で示唆された，付随性（supervenience）という関係である．例えば，ブリンクはこの点に関して次のように述べている．「自然主義者が主張しているのは，道徳的性質は自然的性質によって構成されているがゆえに，道徳的性質は自然的性質に付随するということである」[12]．つまり，ブリンクに従えば，道徳的価値がこの自然的な世界の中に実在するという自然主義者の主張を確立するためには，道徳的性質がある特定の自然的性質の出現に依存する形で生じる（付随する）ことが示されればよいのであり，ムアが想定する自然主義のような，道徳的性質が自然的な性質や事実に還元可能であるという発想をとるには及ばない．もし本当に道徳的性質が自然的な事実や性質に付随することが示されるのであれば，たとえ前者は後者に還元不可能であるとしてもなお両者はある種の必然的な関係によって結びつけられる，と主張することができるので，道徳的性質の実在を自然的な世界の状態と結びつけて説明する可能性が開かれるのである．

　しかし，マッキーの特異性に基づく議論の中では，道徳的性質と自然的な事実や性質との間に成立すると言われるこの付随性という関係にも疑惑の目が向けられていた．つまり，マッキーは，仮に自然的な性質や事実に付随するような道徳的性質が実在するとすれば，それは存在論的にも認識論的にも特異で神秘的な性質にちがいないとして，道徳的実在論を攻撃していたのであった（第8章）．このマッキーの批判は，非還元主義的な仕方で自然主義を確立するために付随性の概念を用いるブリンクの議論にもそのまま該当する．このマッキーの批判に対して，ブリンクはどのように答えることができるだろうか．

---

11) 厳密に言えば，ムアもまた，道徳的価値が非道徳的な性質に依存することを認めている．だが，善は非道徳的な性質によっては分析不可能な単純かつ独特の性質であるというムアの基本的主張からすれば，道徳的性質が非道徳的性質によって構成されるといった発想は受け入れがたいものと予想される．

12) Brink, 1989, p. 160（ただし強調は引用者による）．

ブリンクの考えでは，たとえ道徳的性質が自然的な事実や性質に付随するとしても，それが特異であるとか神秘的であるなどと非難される理由はない．そもそも，付随性とは，たとえ二つの性質（群）の間に同一性の関係が成り立たなくとも両者の間に成り立つとされる，因果的な構成・依存関係のことである．もう少し詳しく言えば，性質Ａと性質Ｂは決して同一の性質ではないものの，性質Ｂにある種の変化が生じるときには必ず性質Ａにもある種の変化が生じ，性質Ｂに変化が生じなければ性質Ａにも変化は生じないという因果的な関係が成り立っている場合，性質Ａは性質Ｂに付随すると言われる．ブリンクによれば，このような付随性の関係が見出されるのは決して道徳的価値だけではない．例えば，酸，触媒，遺伝子，有機体といった様々な化学上・生物学上の概念も，倫理学上の概念と同様に，物理学上の概念へと還元することが困難な概念である．だが，それにもかかわらずこれらの概念は，一般に「科学的」とみなされる（化学上・生物学上の）説明や理論の中で，一定の役割を果たしている．したがって，〈この世界に実在するすべての事実や性質は，物理学上の事実や性質と関係づけられる形で説明されなければならない〉という物理主義（physicalism）と呼ばれる立場がもし正しいとすれば，これらの化学上・生物学上の事実や性質も，究極的には物理的性質に付随するという形で説明されなければならないはずである．しかし，だからといってわれわれは，物理的性質に付随するこうした化学上・生物学上の事実や性質のことを，特異であるとか神秘的であるなどとは考えないだろう．だとすれば，たとえ倫理的自然主義者が道徳的性質と物理的性質との関係を説明するためにこの付随性という概念を用いたとしても，物理的性質に付随する道徳的性質だけが例外的に特異であるとか神秘的であるなどと非難されるいわれはない．つまり，道徳的性質と物理的性質の関係は，様々な化学的・生物学的性質と物理的性質の関係と類比的に考えられるのであり，またこの類比が成り立つかぎり，道徳的性質は自然科学的な世界観とも完全に調和しうるというのが，ここでのブリンクの主張である（その詳細については，BOX2参照）．

> **BOX2：道徳的事実の機能主義的説明**
>
> 　ブリンクによれば，道徳的性質と自然的性質の間に成り立つ付随性の関係は，化学や生物学上の性質や事実にも該当する付随性の関係と類比的に捉えることが可能であり，したがってそれは後者の関係と同様，経験的な手法で確定することができる関係である．具体的には，ブリンクはこの道徳的性質と自然的性質の間に成り立つとされる付随性の関係を次のように説明している．
> 　ブリンクが一案として提示するのは，ある事物が道徳的性質を持つかどうかは，それが人間という有機体の維持や繁栄に役立つかどうかという機能的側面に照らして説明されるという，道徳的事実の機能主義的説明である．ブリンクによれば，そもそも人間の維持・繁栄には，生存や幸福の実現のために必要とされる諸々のニーズの充足や諸々の欲求・能力の陶冶などさまざまな要因が関連しているが，ある事物が道徳的性質を持つということは，人間の維持や繁栄に関連するこれらの要因に影響を及ぼすということにほかならない．つまり，人々，行動，政策，事態などが「善」と呼ばれる道徳的性質を持つのは，それらが上記のさまざまな要因に対して正の影響を及ぼす場合に限られる．反対に，人々，行動，政策，事態などが「悪」と呼ばれる道徳的性質を持つのは，それらが上記の様々な要因に対して負の影響を持つ場合に限られる．したがって，この機能主義的説明に従えば，人間の維持や繁栄に関連する様々な要因に影響を及ぼすような諸々の物理的状態こそが，道徳的性質が究極的に付随する自然的性質である．なお，ブリンクはこの自然主義的な実在論の立場から，帰結主義的な規範倫理学上の立場を展開している．

(2) 理由と動機づけに関する外在主義

　次に，道徳の規範性の問題に関する現在の自然主義的実在論の回答を見る．先にも見たマッキーの特異性に基づく議論は，倫理的自然主義も含む実在論全般に対してこの問題を突きつけることにより，実在論に対する強力な批判を築き上げていた．だが，ブリンクによれば，そもそもこのマッキーの議論の中で実際に攻撃されているのは，道徳的事実や道徳的性質が実在するという道徳的実在論の根本原則そのものではなく，われわれは道徳的事実を認識するだけでその道徳の要求に従って行為するよう必然的に動機づけられる（あるいは，そのように行為する理由が必然的に与えられる）というテーゼを伴ったひとつのタイプの道徳的実在論，すなわち，内在主義的な道徳的実在論にすぎない．

　このマッキーの批判に対してブリンクは，道徳的実在論者が必ず内在主義を

支持しなければならないとするその根拠をマッキーは十分に提示していないと反論し，倫理的自然主義者は外在主義の見解を受け入れることができると主張する．第8章で見たように，外在主義の見解に従えば，われわれがある道徳判断を受け入れているからといって，必ずしもその判断の要求に従って行為する動機づけや理由を持つことになるとはかぎらない．つまり，たとえわれわれがある道徳判断を真であると受け入れているとしても，われわれがその判断の要求に従って行為する理由や動機づけを持つかどうかは，その要求の具体的内容やわれわれの心理状態（その要求どおりに行為する欲求を持っているかどうか）等によって左右される．逆に言えば，もしわれわれが道徳のことを特に気に懸けてはおらず，道徳の要求に従って行為したいという欲求を持っていなければ，われわれはその要求に従って行為する動機づけや理由を持たないことになる．

このような含みを持つ外在主義の見解は，一見したところ，われわれの日常の道徳的営みの中に認められる道徳の規範性をうまく説明できないように思われる．だが，ブリンクによれば，道徳的性質と自然的性質の付随性の関係は機能主義的に説明されるという倫理的自然主義の立場（BOX2参照）のもとでは，道徳的事実は，必然的にではないにせよ一般的には，人々にその道徳の要求に従って行為する理由を与えると言える．というのは，まずすべての人は自分自身の幸福の実現を促進する理由を持つと言えるが，ある人物の幸福の実現は他の人々の幸福の実現にその大部分を依存しているといった人間の維持・繁栄に関する経験的事実が存在するかぎり，すべての人が少なくともその程度には他人の幸福の実現を促進する理由を持つと言えるからである．

例えば，ある人物の幸福の実現には，他の人々が自分に友情や愛情を示してくれるか，他の人々が共感や仁愛や社交性をもって自分に接してくれるかといった要因が関連している一方で，他の人々がそうした態度を自分に示してくれるためには，他人にそうした態度を示す性向を自分自身も発達・維持させておく必要があると考えられる．もし人々の幸福の実現に関する以上のような相互依存関係が，人間の維持・繁栄に関する経験的事実の一部として成立するのであれば，たとえ自分の利益の促進に直接にはつながらない場合でも，人々は概して他人の利益の促進を助ける理由を持つことになる．もちろん，以上の説明

が，われわれの日常の道徳的営みの中に見出される道徳の規範性を適切に説明しているかどうかは，上記の経験的事実が本当に成立しているかどうかに左右される．だが，このような説明の可能性が倫理的自然主義に対して開かれているかぎり，倫理的自然主義は外在主義の見解を受け入れることができるのである．

2. 世界に道徳的事実は必要とされているか
―― ハーマン＝スタージョン論争

これまでブリンクを例として見てきたように，現在の倫理的自然主義は，従来この見解に突きつけられてきた存在論的・認識論的問題に巧妙な回答を与えることで，非常に洗練された道徳的実在論を築き上げている．だが，この洗練された現在の倫理的自然主義ですら未だ十分には答えきれていないひとつの大きな問題がある．それは，道徳的性質や道徳的事実はわれわれの道徳的な経験や道徳判断が生じた経緯の説明の中には現れてこないので，道徳的な性質や事実の実在についての仮定はわれわれの世界にとって不必要なのではないか，という批判である．

(1) ハーマンによる実在論批判と最善の説明テスト

通常の哲学的見解に従えば，一般に，あるタイプの事実が存在すると考える最善の理由となるのは，ある範囲の現象や経験を適切に説明するためにはその事実が必要とされるという点である．そのため，もしある種の事実が説明においていかなる本質的な役割も果たさないのであれば，われわれはそれらの事実が世界の一部であると考える理由を持たない．これは，必要以上に存在物を増やすべきではないとする，オッカムの剃刀として古くから知られる原則に基づく考え方だと言える．

われわれは，トマトや惑星や陽子に関する事実が存在すると信じる十分な理由を持つのに対して，龍や河童や悪魔に関する事実が存在すると信じる十分な理由を持っていない．例えば，統合失調症の患者が悪魔にそそのかされて自傷行為をはかるという現象を説明する際に，われわれは患者をそそのかす悪魔が

（患者の頭の中においてだけではなく）実際に存在するという仮定を設ける必要はない（そのような説明も可能であるが，われわれはそれを最善の説明とは考えない）．他方，形質遺伝という現象がどのような経緯で生じたのかを説明するためには，その最善の説明の一部として，われわれは遺伝子に関する事実の存在にコミットする必要がある．ならば，われわれは，われわれの道徳的な行為や判断がどのような経緯で生じたのかを説明するためには，その最善の説明の一部として，何らかの道徳的事実の存在にコミットする必要があるのだろうか．例えば，子供たちがふざけて猫に火をつけている場面を目の当たりにした人が，「あの子たちは不正なことをしている」という道徳判断を下したとしよう．そのとき，この人物がどのような経緯でそうした道徳判断を下すに至ったのかを説明するためには，その最善の説明の一部として，何らかの道徳的事実の存在にコミットする必要があるのだろうか．

　ハーマンによれば，道徳判断や道徳的観察の説明に際しては，道徳的な性質や事実の実在を仮定する必要はない[13]．すなわち，道徳判断や道徳的観察が生じたその経緯を説明するためには，判断者の心理に関する事実と，世界に関する道徳外的な事実があればそれで十分であり，その最善の説明の中に道徳的事実はまったく必要とされない．このハーマンの議論は，エアの検証主義やマッキーの相対性に基づく議論・特異性に基づく議論などの，これまで道徳的実在論を批判するために一般に用いられてきた議論よりも一層強力な批判を提示している．すなわち，ここでのハーマンの主張は，道徳的実在論は存在論的・認識論的に見て無意味な主張を行っているとか，客観的に指令的な道徳的事実という特異かつ神秘的な存在を仮定せざるをえないなどといった従来の道徳的実在論批判とは異なり，道徳的な性質や道徳的な事実の存在は端的にこの世界の中で必要とされておらず，完全に無関係であるという理由から，道徳的実在論を拒絶しているのである[14]．

---

13) Harman, 1977, ch. 1.
14) ただし，ここでハーマンが否定しているのはマッキーと同様，あくまでも存在論的にも認識論的にも自然的性質とはまったく異なる独特さを持つような，道徳的価値の実在である．ハーマン自身の立場は，道徳的な性質や事実が自然的な性質や事実へと還元可能であるという還元主義的な倫理的自然主義であり，たとえハーマンが独特な道徳的価値の存在を否定しているからといって，それを非認知主義と誤解してはならない．このハーマンの見解の詳細については，Harman, 1977 を

(2) スタージョンからの反論と仮定法テスト

次に，このハーマンの主張に対するスタージョンの反論を見る[15]．スタージョンの議論の骨子はこうである．われわれが道徳判断の生じた経緯を説明する際には道徳的事実に訴えるのが常である．例えば，われわれが「ヒトラーは人間のクズだ」という道徳判断を下すとき，なぜわれわれがこのような判断を下すに至ったのかは，実際にヒトラーが人間のクズであるという事実によって適切に説明することができる．したがって，道徳的事実の実在についての仮定が道徳的観察や道徳的信念の説明に対して完全に無関係であるというハーマンの主張には説得力が欠けている．

この主張の正しさを示すために，スタージョンは，次のようなテストを導入する．もし，ヒトラーは人間のクズであるという事実の実在に関する仮定が，われわれの判断が生じた理由の説明にとって完全に無関係なのであれば，仮にその仮定が誤りであったとしても相変わらずわれわれは「ヒトラーは人間のクズだ」という道徳判断を下すことになるであろうし，またなぜわれわれがそのような判断を下したのかを完全に説明することもできるはずである．だが，われわれは，仮にヒトラーは人間のクズではないというのが事実であったとしても，それでもなおわれわれがヒトラーは人間のクズだという判断を下していたにちがいないと考えるのは困難である．それどころか，もし仮にヒトラーは人間のクズではないというのが事実であったとすれば，われわれは，ヒトラーがホロコーストへと突き進んだ経緯をうまく説明することすら不可能になる．

このスタージョンの議論がどうしてハーマンへの反論になっているのかを理解するためには，ハーマンが何を主張していたのかを思い出してみるとよい．ハーマンの主張は，あくまでも，道徳的観察や道徳的信念（が生じた経緯）の説明のためには道徳的事実は必要でない，という見解であった．それに対してスタージョンは，もしハーマンの言うとおり道徳的観察や道徳的信念の説明のためには道徳的事実がまったく必要でないということになれば，そこからさら

参照のこと．

[15] Sturgeon, N, 1985, "Moral Explanations," in Copp, D and Zimmerman, D, *Morality, Reason, and Truth*, Totowa, N. J.: Rowman and Littlefield, pp. 49–78.

に，道徳的に不正だと判断される行為（上の例で言えば，ヒトラーのホロコースト）が生じた経緯の説明のためにも道徳的事実は必要とされないという，おかしな結論を導き出すことになってしまうと主張しているのである．

　先にも述べたように，ハーマンの主張の要点は，もし道徳的観察や道徳的信念の説明に際して道徳的事実に言及する必要がなければ，道徳的な事実や性質は本当に実在するか，もし実在するとすればそれはどのような存在かといった形而上学的・認識論的問題は，もはや無視してもかまわない問題になるという点にある．それに対して，スタージョンやブリンクのような道徳的実在論者は，メタ倫理学の議論において形而上学的・認識論的問題を棚上げすることは不可能であるだけでなく，道徳的事実以外の事実（道徳外的事実）を理解するためにもある種の道徳的事実を仮定する必要があると主張しているのである．例えば，ある人物が実際に有徳であるという事実は，なぜ彼が尊敬されているか，なぜ彼が責任ある地位や権威ある地位を任されているかといった道徳外的事実についての説明の一部を形作っていると言える．また，社会制度・経済制度が実際に正義にかなっているという事実は，なぜその制度が安定的であるか，なぜ人々がそれを維持しようという関心を持つかといった道徳外的事実に関する説明の一部を形作っているとも言える．このように，道徳的事実に対する言及がなければ様々な道徳外的現象が満足のいく形では説明できなくなるのであり，道徳的事実は不必要で完全に無関係であるどころか，むしろわれわれの世界理解の本質的な部分を構成しているのである．つまり，ここで問題となっているのは，道徳的事実は本当に何らかの特異な性質を持っているかどうかではなく，道徳的現象と道徳外的現象の一切合切をその中に包み込むわれわれの世界を最もよく説明・理解するためには，道徳的事実に対する言及が本当に必要とされるのかどうかという問題である．

III．非自然主義的実在論の現在

　これまで見てきたように，現在の自然主義的実在論は，内在主義を否定することによって実在論（認知主義）の立場を保持しようとする．それに対して，

現在の非自然主義的実在論は，実在論（認知主義）と内在主義を両方ともに確保する道を模索する．だが，この両者を同時に保持しようとする試みは，ひとつの困難に直面せざるをえない．というのも，そうした試みは，純粋に認知的な心理状態であるはずの信念が欲求を介在させることなくそれだけで行為の動機づけの力を持つことはありえないという，動機づけに関するヒューム主義の見解に抵触するからである．したがって，現在の非自然主義的実在論者にとって大きな課題となるのは，この動機づけに関するヒューム主義という牙城をいかにして攻略することができるかという問題である．

以下では，まずこのような試みの一例として，先述のマクダウェルによる議論を紹介する．次に，このマクダウェルの見解から大きな影響を受けつつも，マクダウェルよりも徹底的にヒューム主義を換骨奪胎することでパティキュラリズム（particularism）と呼ばれる新たな立場を提唱するに至った，ダンシーの見解を取り上げる．

1. マクダウェルの混成理論

現在のメタ倫理学の議論の中でこの認知主義と内在主義の両立の可能性を切り開いたのは，投影説批判者として本章（第Ⅰ節）の中でもすでに登場した，マクダウェルである．先に確認したように，マクダウェルによれば，道徳的な価値や規範に関する判断は，人間の感受性の作用と切り離すことのできない二次性質に関する判断と類似性を持つ．また，道徳判断とは，関連する事物や状況がわれわれの特定の態度に値することを指す認知的な判断にほかならない．ならば，このような認知的判断としての道徳的信念は，行為者がその要求に従って行為する欲求を持っている場合にしか，行為者に対してそのように行為する理由や動機づけを与えないのか（外在主義）．それとも，道徳的信念は，欲求を介在することなくそれだけで行為の理由や動機づけを行為者に与えうるのか（内在主義）．

この問題を考えるにあたり，マクダウェルは，まずわれわれの日常的な道徳経験への着目を促す．例えば，ある人がわたしに対して「あなたはXせねばならない」と告げ，それに対してわたしは「なぜわたしはXせねばならない

のか」と尋ねたとしよう．このとき，もしその人が「とにかくあなたはXせねばならない．ただそれだけだ」と答えたとすれば，おそらくわたしはあなたのこの回答に納得せず，「その回答はわたしがXせねばならない理由をまったく明らかにしていない」と反論するだろう．他方，もしその人が，わたしの置かれている状況や，その状況でわたしがXすることからもたらされる事態の変化などをわたしに指摘すれば，それによってわたしは自分がXせねばならない理由を納得するかもしれない．

そして，マクダウェルによれば，上のようなわたしの反応は，道徳的信念によって表現される道徳の要求と，その要求に従って行為する理由や動機づけとの関係にまつわる，重要な事実を示唆している．つまり，確かにわれわれの日常の道徳的営みは内在主義的であり，わたしが「Xせねばならない」ことを受け入れる場合，同時にわたしは自分がXする理由を持つということも受け入れているように思われる．だが，その理由を理解するためには，わたしの置かれている状況や，その状況でわたしがXすることからもたらされる事態の変化など，わたしが当該の状況でXすることの背景にある具体的考慮が明らかにされなければならない．このように，ある道徳的信念（道徳判断）を受け入れている行為者が当該の道徳の要求に従って行為する理由や動機づけを持つかどうかを考えるうえで重要な鍵となるのは，そのように行為する欲求を持っているかどうかという点よりもむしろ，当該の行為が遂行されるべき状況に関連する事柄が行為者本人によって十分に理解されているかどうかだと考えられるのである．

(1) 内在主義的な認知主義と「まったく帰結的な仕方で帰属される欲求」

だが，単なる認知的判断として表現された道徳の要求が，本当に欲求の助けを借りることなく，それだけで行為の理由や動機づけを与えることができるのだろうか．マクダウェルは，まずいったん道徳の話から離れて，いわゆる自愛の思慮（prudence）に基づく行為の場合にも，信念が欲求を介在させることなく行為の十分な理由になりうることを指摘する．自愛の思慮に基づく行為とは，例えば国家試験に合格するために目先の享楽に捕われることなく勉強する場合のように，そうすることが自分の本当の利益の促進につながるという合理

的な判断に基づいて遂行される行為のことである．マクダウェルによれば，このような自愛の思慮に基づく行為の理由を理解・説明するためには，行為者本人が自分の置かれた状況をどのような状況として眺めているかを明らかにしたうえで，確かにその行為は行為者本人の観点からすれば好ましいものだということさえ示されればよい[16]．つまり，先の例を用いて言えば，なぜある人物がいま様々な誘惑を振り払って一心不乱に勉強する理由があるのかを理解・説明するためには，例えば国家試験の日程が間近に迫っているとか，しっかり勉強しなければ合格はおぼつかないといった本人の置かれている状況を明らかにし，そうした現状からすれば確かにいま一心不乱に勉強することは本人にとって好ましいことであると示せればよい．

　もちろんこの場合でも，われわれは，彼は自分自身の将来の幸福に対する欲求（上の例で言えば，国家試験に通って専門職に就きたいという欲求）など当該の行為にふさわしい欲求を持っているからこそ，その行為に動機づけられているのだと考えることはできる．だが，敢えてそのような欲求の存在を想定しなくとも，当人がそのように行為する理由は十分に特定可能である．つまり，「国家試験が明日に迫っている」といった理由がどのようにして行為を動機づけているのかを厳密な形で理解・説明するためには，確かにそうした欲求の存在を想定する必要があると言える．だが，行為者当人にとっての行為の理由をその行為者当人の観点から理解・説明するという点が問題とされているかぎりでは，そうした欲求の想定は基本的には省略可能である．したがって，それは，行為者当人にとっての行為の理由が十分に理解・説明された後で「まったく帰結的な仕方で帰属される欲求」(desire ascribed in purely consequential way) であるにすぎず，そうした理由の構成要素のひとつとなるべき「独立に理解できる欲求」(independently intelligible desire) ではない[17]．

---

16) McDowell, 1998 ("Are Moral Requirements Hypothetical Imperativese?"), pp. 79-86〔46-59頁〕.
17) この「それ自体で理解可能な欲求」とそうでない欲求との区別については，McDowell, 1998, pp. 83-4〔54-6頁〕参照．なお，元来この区別は，ネーゲルによる「動機づける欲求」(motivating desire) と「動機づけられた欲求」(motivated desire) の区別に由来する．このネーゲルの見解の詳細については，Nagel, T, 1970, *The Possibility of Altruism*, Princeton: Princeton University Press（Darwall et al., 1997, pp. 323-40 にも関連箇所のみ再録）参照．ただし，「独立に

マクダウェルによれば，人々を有徳な行為へと突き動かす理由もこの自愛の思慮の場合と同様の構造を持つと考えられる．つまり，われわれが有徳であると考えるような行為の理由を説明・理解するためには，当該の行為者の置かれている状況をその行為者本人の観点から特徴づけたうえで，確かにそうした状況に置かれた行為者本人の観点からすれば有徳であるとされる行為を行うのが好ましい，ということを示すだけで十分である．たとえわれわれがそこに欲求の存在を想定するとしても，それはあくまでも，上記のような理由のために当人はそのように行為しているのだとわれわれが考えた帰結にすぎない．ここでもまた，欲求それ自体が行為者当人にとっての行為の理由の構成要素として機能する必要はなく，それはただ単に，行為者当人の観点に基づいて特定された行為の理由がどのようにして当該の行為を動機づけているのかを厳密な形で理解・説明するために必要とされているにすぎないのである．

このようにしてマクダウェルは，自愛の思慮に基づく行為の場合に信念だけで行為の理由が構成されるのであれば，道徳的な考慮に基づく行為の場合にもまた，信念だけで行為の理由が構成されうると主張する．ここでも，第1節と同様，マクダウェルが問題にしているのはあくまでも，行為者当人の観点から眺めたときに何が行為の理由となるのかという点であることに注意しなければならない．つまり，マクダウェルの考えでは，行為者本人の観点からすれば「まったく帰結的な仕方で帰属される欲求」は行為の理由の構成要素にはならず，道徳的信念は欲求を介在とすることなくそれだけで行為の理由を与えうるのである．

(2) 内在主義的な認知主義と「有徳な人物」

自愛の思慮に基づく行為と道徳的な考慮に基づく行為は類比的に捉えることが可能であるが，われわれの日常的な道徳経験からすれば，道徳的理由は，自愛の思慮に基づく理由やその他の道徳外の理由よりも強力で優先されるべきものであるように思われる．そこで，次にマクダウェルは，有徳な人物（virtu-

---

理解できる欲求」は「動機づける欲求」に対応すると考えられる一方で，「まったく帰結的な仕方で帰属される欲求」が「動機づけられた欲求」に対応するかどうかについては，多少の解釈の余地が残されていると言えるかもしれない．この点については Dancy, 1993, pp. 7-9 を参照のこと．

ous person) という徳倫理学的な発想を導入し，有徳な人物とそうでない人物の間で道徳的な動機づけのあり方がどのように異なるかを対照的に描き出すことで，われわれが本当に道徳の要求を適切に理解しているかぎり，それだけで必然的に道徳的な行為へと動機づけられることを示そうとする[18]．

　まず，有徳な人物にとっては，当人の置かれている状況がどのような状況であるのかをその当人の観点から眺めた結果として，ある特定の行為が当然なされるべき行為として立ち現れてくる．つまり，有徳な人物は，自分が置かれている状況において関連する事柄を適切に感受し，そこで自らがある特定の仕方で行為しなければならない理由をそうした行為の理由として適切に認知することができる（例えば，愛する妻が病気で苦しんでおり，看護を必要としているという状況においては，私は仕事を休んで妻の世話をする理由がある）が，そのときこの有徳な人物は，そうした行為の理由を認知するだけで，欲求を介在させることなく必然的にその行為へと動機づけられる．もちろん，この有徳な人物は，仮にそこで自分がこのような道徳的考慮を必要とする状況に置かれていなければ，道徳的な理由とは異なる別の理由を受け入れていたとも考えられる（例えば，キャリアアップのために仕事に打ち込む，など）．だが，マクダウェルによれば，有徳な人物が道徳的な理由を認知しそれによって動機づけられる場合，「徳の命令とは，それが正しく理解されているならば，そもそも他の［道徳外の］理由と比べることができないし，つねに徳の命令側に傾く天秤の上でさえ他の理由とは比べられないものなのである」[19]．つまり，有徳な人物が道徳的な理由をそれとして適切に認知する場合，当人が道徳の要求に従った行為へと動機づけられるのは，同時に当人が持つ道徳外の別の理由よりも道徳的な理由のほうに大きな重みが認められるからではない．むしろ，道徳的な理由がそれとして認知されているかぎり，同時に存在する道徳外の理由は，道徳の要求によって完全に「沈黙させられてしまう」（silenced）のである．

　他方，有徳な人物にとって当然なされるべき行為は，有徳でない行為者にとっては必ずしも当然なされるべき行為ではない．マクダウェルの考えでは，有

---

18) McDowell, 1998, pp. 86–93〔59–71頁〕．
19) McDowell, 1998, p. 90〔65頁〕．

徳な人物が自分の置かれている状況の中で適切に感受する諸々の関連する事柄を同じように適切に感受しているにもかかわらず，有徳な人物と同様の仕方で行為する理由を見出さない（そのような行為へと動機づけられない）ということはありえず，有徳な人物の観点は，有徳な人物と同様の仕方で行為する理由を見出さない人によっては共有不可能である．つまり，有徳でない人物は，有徳な人物と同じ仕方で行為の理由を正しく認識しながらも何らかの原因によって動機づけられなかったのではなく，そもそも行為の理由を正しく認知できていないのである．

　このようにマクダウェルは，有徳な人物の動機づけとそうでない人物の動機づけを厳格に峻別したうえで，前者のみが純粋に認知的な仕方で動機づけられると主張するが，このマクダウェルの主張の背後には次のような発想がある．すなわち，認知的状態としての信念がそれだけで行為の理由や動機づけを与えるという内在主義的な認知主義の立場を確立するためには，それが適切に認知された場合には必ず行為の理由や動機づけを生み出すような信念が存在するという可能性を，どうにかして確保しなければならない．だからこそ，マクダウェルは，対抗する他の理由を完全に「沈黙させる」ような道徳的理由を適切に認知することができる有徳な人物の動機づけと，そうでない人物の動機づけを峻別し，純粋に認知的な動機づけの可能性を前者にのみ認めることで，動機づけに関するヒューム主義の見解に足許をすくわれることなく内在主義と認知主義を両立させる道筋を立てたのである[20]．

2. ダンシーの純粋理論

　以上のように，マクダウェルは，有徳な人物の動機づけとそうでない人物の動機づけを峻別し，その前者に対してのみ純粋に認知的な動機づけの可能性を付託する一方で，後者についてはヒューム主義的な動機づけの枠組をそのまま踏襲させている．つまり，このマクダウェルの立場は，人間には二つの異なる動機づけの様態が存在するという発想から成り立つ混成理論（hybrid theory）

---

[20] この段落に示されるマクダウェル解釈は，Dancy, 1993, pp. 53-4 に負う．

である．それに対してダンシーは，このような混成理論はいくつかの難点を抱えることになると主張し，有徳であるなしにかかわらず誰もが欲求を介在とすることなく行為に動機づけられるとする，純粋理論（pure theory）と呼ばれる立場を提唱する．以下では，まず，ダンシーによるマクダウェルの見解への批判を説明し，次に彼がそれをどのように乗り越えようとしているのかを見る[21]．

(1) 混成理論から純粋理論へ

　先に確認したように，マクダウェルの見解に従えば，有徳な人物によって適切に認識される道徳的理由は，それ以外の道徳とは無関係な理由を沈黙させるような道徳的要求を生み出す．それに対して，有徳でない人々の動機づけは，ヒューム主義的な枠組の中に留め置かれる．だが，これが意味しているのは，マクダウェルの元来の意図とは裏腹に，自愛の思慮に基づく行為は純粋に認知的には動機づけられないということにほかならない．というのも，もし自愛の思慮に基づく行為が純粋に認知的に動機づけられるとすれば，それは道徳的理由の場合と同様に他の理由を「沈黙させる」はずである．だが，そうだとすれば，自愛の思慮に基づく理由はそれに対抗する道徳的理由をも沈黙させるという不条理に陥ってしまうからである．したがって，道徳に対抗するすべての理由が「沈黙させられてしまう」ような有徳な人物という発想の上に成り立つマクダウェルの混成理論では，道徳的理由と自愛の思慮に基づく理由はともに純粋に認知的な動機づけを生み出すにもかかわらず，前者は強力な要求として行為者のもとに立ち現れてくるのに対して後者はそうでないという意味を，適切に説明することができない．また，ダンシーによれば，われわれは意志の弱さや無気力など，われわれの感受性（有徳さ）とは関係のない要因のために行為へと動機づけられない場合もあると考えられるが，マクダウェルの有徳な人物というモデルのもとでは，このような現象を説明することもまた困難になる．

　ダンシーは，マクダウェルの見解にこのような困難が生じる原因が，ヒューム主義を完全には脱却し切れていない混成理論という理論構成にあると見る．

---

[21] Dancy, 1993, pp. 51-2.

ダンシーによれば，そもそも動機づけに関するヒューム主義の強みは，動機づけに関わる二つの心理状態（信念と欲求）を非対称的なものとみなすことで，逆に全体としては調和的で強固な動機づけの理論を提示することに成功している点にある．つまり，欲求の助けを借りないかぎりそれだけでは行為の動機づけを与えることのできない信念と，信念の助けを借りないかぎりそれだけでは行為に方向づけを与えることのできない欲求が，互いに役割を補い合うことではじめて完全な動機づけの状態になるという局所的な全体論（local holism）を構成しているからこそ，ヒューム主義には動機づけの理論としての大きな説得力がある[22]．それに対して，マクダウェルの混成理論は，ヒューム主義に風穴を開けはしてもそれに取って代わるような説得力のある動機づけの理論にはなりえていない．というのも，この混成理論では，まったく同種の認知的状態であるはずの信念が，ある場面ではそれだけで行為の動機づけを生み出すことが可能なものとして描写され，別の場面では欲求の助けなしには行為の動機づけを生み出すことができないものとして描かれている．しかも，にもかかわらず欲求に関してはヒューム主義的な枠組がそのまま踏襲されているなど，そこで示されている動機づけの構造は全体として統一を欠いているからである．

　以上の考察から，ダンシーは，人間の動機づけの様態を有徳な人物のそれとそうでない人物のそれとに区別する混成理論ではなく，有徳であるなしに関わらず誰もが純粋に認知的に動機づけられるとする純粋理論の可能性を追求することにより，混成理論が陥る困難をうまく回避するとともに全体としても調和の取れた，認知主義的な動機づけの理論の確立へと向かう．

(2) ヒューム主義の解体と組み替えからパティキュラリズムへ

　純粋理論の構築の試みに際して，ダンシーはまず，ヒューム主義の見解の解体と組み替えを行う．このダンシーによる解体と組み替えの作業は，(a) 信念と欲求の役割に関する組み替え，そして (b) 動機づけの様態に関する組み替えという二つの側面からなされている．

　第一の解体作業として，ダンシーは，ヒューム主義の見解が構成されてきた

---

[22] Dancy, 1993, pp. 13, 20-1.

その経緯を次の二段階へと分割する[23]．その第一段階は，完全な動機づけの状態は信念と欲求という二つの心理状態によって構成されるという主張であり，第二段階は，これら二つの心理状態の間には厳格な役割の相違と分担が存在するという主張である．これに対してダンシーは，もし信念にそれだけで行為を生み出す能力が認められるのであれば，たとえ第一段階を受け入れるとしても第二段階をそのままの形で受け入れる必要はないとして，第二段階を認知主義的な観点から捉え直そうとする．

　そこで，ダンシーは，意図的な行為が存在するためにはどのような形式的要件が満たされる必要があるかというレベルにまで議論を掘り下げることにより，動機づけを生み出すのは欲求ではなく信念であることを示そうとする．ダンシーによれば，行為者による何らかの意図的な行為（＝何らかの目標の達成を目指して行われる行為）が遂行されるその背景には，その形式的要件として，(1) 世界のあるがままの状況についての表象（＝信念の内容），(2) 自らの行為が首尾よく遂行された結果として生み出される世界の状況についての表象という，二種類の表象を行為者が持ち合わせている必要がある．というのは，もしこの第一の種類の表象を持たなければ，行為者は自分が行為する状況を理解していないことになり，また第二の表象を持ち合わせていなければ，行為者は自分が行為を通じて何を達成しようとしているかを理解していないことになるが，これらの理解を欠いたままでは，自分の行為がその状況にいかなる変化をもたらしうるのか，そもそもその状況で自分の行為が本当に必要とされているのかを，行為者が推し量ることすらありえなくなるからである．ダンシーの考えでは，「意図的な行為の事例で動機づけを行うのは常に二つの表象のギャップであり，欲求の生起は，行為者がそのギャップによって動機づけられているということにほかならない[24]」．つまり，行為の動機づけを生み出すのは，あくまでも，これら二つの表象の間のギャップを認知する信念にほかならない．そして，この場合の欲求とは，上記のような仕方で行為者が動機づけられているという心理状態のことを指すものと理解されるので，確かに欲求の有無と動

---

23) Dancy, 1993, pp. 13-4.
24) Dancy, 1993, p. 19.

機づけの有無は結果的に符合するとはいえ,そこでの欲求にはもはや動機づけを生み出すというヒューム主義的な役割は認められない.このようにして,信念と欲求の間には厳格な役割の相違と分担が存在し,動機づけを引き起こす力を持つのは欲求のみであるという,ヒューム主義における上記の第二段階に対して,認知主義的な立場からの組み替えが果たされるのである.

　第二の解体作業として,ダンシーは,ヒューム主義の見解の中で暗黙裡に融合されている二種類の動機づけの様態の解体へと着手することで,マクダウェルの混成理論のもとではうまく説明されなかった,適切な信念を持っているにもかかわらず動機づけられない人物という現象を認知主義の立場から救おうとする[25].ダンシーによれば,そもそも動機づけを生み出す心理状態に対しては,(1)「必然的に (essentially) 動機づける状態」と「偶然的に (contingently) 動機づける状態」の区分と,(2)「(動機づけが生じる場合には必ず) それだけで動機づけるような状態」と「それだけでは動機づけない状態」の区分という,別個に論じられるべき二種類の区分法が考えられるが,ヒューム主義はこれら二種類の区分法を巧みに融合することにより,それだけで必然的に動機づける欲求という強力な見解を打ち出すに至っている.つまり,ヒューム主義の見解を分解すれば,そこには「必然的に動機づける状態が存在する」というテーゼと,「(動機づけが生じる場合には必ず) それだけで動機づける状態とはその種の (必然的に動機づける) 状態でなければならない」というテーゼを析出することができるのであるが,ヒューム主義はこれら二つのテーゼを融合することによって強力な動機づけの見解を提示している.だが,それに対してダンシーは,信念がそれだけで動機づけを生み出す能力を持つという認知主義の立場からすれば,先の二種類の区分法は必ずしもヒューム主義のような融合を示す必要はなく,偶然的に動機づけるものの,動機づけが生じる場合には必ずそれだけで動機づける,という状態を考えることができる.ダンシーは,このような偶然的ではあるがそれだけで動機づける状態のことを「本来的に (intrinsically) 動機づける状態」と呼んでいるが,この本来的に動機づける状態の可能性が打ち立てられたことで,ダンシーの純粋理論は,晴れて動機づ

---

25) Dancy, 1993, pp. 23-4.

けに関するヒューム主義からの完全な脱却を果たすことになる．というのも，この本来的に動機づける状態はそれだけで動機づけるような状態であるため，ヒューム主義的な信念とは異なる心理状態であるが，同時にそれは偶然的に動機づけるような状態であるため，ヒューム主義的な欲求とも異なる心理状態であるからである（なお，以上で示された動機づけの様態の組み合わせについては，表2参照）．

表2：動機づけに関わる心理状態の分類 [26]

	必然的に動機づける（必ず行為を動機づける）	偶然的に動機づける（動機づけないこともある）
それだけで動機づける（他の心理状態の助けが不要）	ヒューム主義的欲求	本来的に動機づける状態（ダンシー）
それだけでは動機づけない（他の心理状態の助けが必要）	？	ヒューム主義的信念

　ダンシーは，以上のような「本来的に動機づける状態」による認知的な動機づけの発想を基盤とすることで，さらにパティキュラリズム（particularism, 個別主義）と呼ばれる立場を提唱するに至る．先に確認したように，「本来的に動機づける状態」とは「必然的に動機づける状態」ではなく「偶然的に動機づける状態」であることから，たとえその心理状態が行為者に存在したとしても，行為の動機づけが生み出されないことがある．なぜある状況においてはその心理状態が行為の動機づけを生み出すにもかかわらず，別の状況においては動機づけを生み出さないこともあるかといえば，それ自体動機づけを生み出す能力を持つような信念は，それ自体は動機づけを生み出さないような諸々の背景的状況による影響下のもとで，行為の十分な理由になったりならなかったりするからである．ダンシーは，この点を次のような具体例を挙げて説明している [27]．もしわたしがあなたから本を借りているならば，通常の場合であればこの事実はわたしがその本をあなたに返す適切な理由になる．だが，その本は実はあなたが図書館から黙って拝借したものであると判明した場合，このよう

---

26) Dancy, 1993, p. 23.（ただし，原著記載の図に多少表現を追加・変更している）
27) Dancy, 1993, p. 60.

な背景的状況の相違のために，わたしがあなたから本を借りているという事実は，もはやその本をあなたに返す適切な理由にはならない．しかも，ダンシーによれば，この場合わたしはその本をあなたに返す理由をまったく持たないのであり，あなたに返す理由もいくらかはあるけれども，それよりも図書館に返却する理由のほうが大きいからそうしなければならない，というわけではない．

　以上のように，ダンシーの考えでは，道徳的な行為の動機づけを生み出すのは欲求ではなく信念であり，またその信念はそれだけで動機づけることが可能な状態であるため，これによって道徳判断と動機づけの間に内在主義的な関係が結ばれる．だが，確かにその信念はそれだけで動機づけることが可能であるとはいえ，それはあくまでも偶然的に動機づけるにすぎず，行為者がその信念によって実際に動機づけられるかどうかは，行為者が持つその他の背景的な信念全体に依存している．そして，これが意味しているのは，ある事例において行為の動機づけを生み出すような信念が，他のあらゆる事例でも同じように行為の動機づけを生み出すとはかぎらないということであり，「新しい事例におけるある性質の道徳的重要性は，別の場面におけるその重要性から予測することはできない」[28] ということである．このようにして，ダンシーは，純粋理論という認知主義的な動機づけの理論を下支えに道徳的な理由や性質の状況依存性や偶然性を強調し，その帰結として，道徳的理由の一般性や道徳判断の普遍化可能性を拒絶するパティキュラリズムの立場へと到達するのである．

まとめ

　本章を通じて概観したように，ムアに始まった現代のメタ倫理学の論争は，存在論・認識論・意味論といった哲学一般の領域における議論の展開や深化とも歩調を合わせながら，道徳語の意味や用法の分析という当初の考察の枠組みを超える文字通り哲学的な探究として，現在も新たな進化を遂げつつある．

　本章で概観した反実在論と自然主義的・非自然主義的実在論の対立は，道徳

---

28) Dancy, 1993, p. 57.

的価値は自然的な世界の側にあるのではなく，われわれ人間の態度が世界へと投影されたものにすぎないのか（反実在論），あるいは，道徳的価値は自然的・物理的性質によって構成されるもの・同一視されるものとして，自然的な世界の中にその適切な居場所を見出しうるのか（自然主義的実在論），それとも，道徳的価値はわれわれ人間の側からの投影に尽きるわけでもなければ自然的な世界の中に居場所を見出されるわけでもない，多かれ少なかれ自律的な領域の中へと定位され直すことになるのか（非自然主義的実在論）という対立であり，これはつまるところ，自然・人間・価値をこの世界の中でどのように位置づけられるのかという問題へと帰着すると言えるだろう．そして，さらにこの問題を突き詰めれば，それは，精神（意志）と世界は根本的に独立しており，前者は本質的に活動的であるのに対して後者は本質的に不活性であるという，哲学の中で近世から今日に至るまで脈々と受け継がれてきたデカルト主義的形而上学・世界観への再考を促しているとも言えるだろう[29]．

　このような大仰な話題は，一見したところ，現実の倫理的問題とはまったく無関係であるように思われるかもしれない．だが，これまで三章にわたって解説されたメタ倫理学の議論は，本書第5章から7章にわたって論じられた規範倫理学の議論にとっても大きな含みを持っており，さらにそれは今後の応用倫理学上の議論に対しても多かれ少なかれ影響を及ぼすことが予測される．例えば，前章で紹介されたヘアは，普遍的指令説というメタ倫理学的な立場から，選好充足説型の功利主義（本書第5章参照）という規範倫理学上の立場が基礎づけられると主張しており[30]，投影説に基づく準実在論というメタ倫理学的見

---

[29] 例えば，ダンシーは，動機づけに関するヒューム主義の魅力の淵源をたどれば，それはこの立場がデカルト主義的な形而上学に依拠しているという点に行き着くと考えている．また，マクダウェルも，世界（信念）は動機づけの面では不活性であるという発想はそれ自体独立のハード・データなどではなく，意志という心理状態と認知的な心理状態は別個の存在であるというテーゼから帰結する一種の形而上学的な発想であるとしている．cf. Dancy, 1993, pp. 30-2 ; McDowell, 1998, p. 83〔53-4頁〕．

[30] 普遍的指令説と選好充足説型の功利主義（選好功利主義）の関係については，以下のヘアの著作を参照のこと．Hare, RM, 1981, *Moral Thinking*, New York: Oxford University Press（ヘア, RM, 内井惣七・山内友三郎監訳『道徳的に考えること——レベル・方法・要点』勁草書房，1994年）．なお，さらにヘアは，この選好功利主義と二層理論を武器に，医療倫理を含む応用倫理学上の数多くの問題に関して積極的な発言を行っており，メタ倫理学・規範倫理学・応用倫理学が有機

解を支持するブラックバーンも，その反実在論的な見解が動機帰結主義という動機功利主義（本書第5章参照）に近い規範倫理学上の立場と親和的であると考えている．また，ブリンクの自然主義的実在論の立場も，人間の維持や繁栄に関連するニーズや欲求や能力の充足や実現に貢献したり妨げとなったりする物理的状態こそが道徳的価値を構成するという機能主義的説明に依拠している点で，功利主義のような帰結主義的な規範理論上の立場とよく調和する．

他方，有徳な人物という発想に依拠するマクダウェルの議論が，アリストテレス流の徳倫理学（本書第7章参照）の考え方に多くを負っていることは明白である．また，ここで詳しく論じる紙幅は残されていないが，ダンシーはそのパティキュラリズムの立場からマクダウェルの徳倫理学的な発想を捉え返すとともに，ロスの一応の義務論や行為者相対性といった義務論（本書第6章参照）的な発想にも新たな照明を当てており，義務論と徳倫理学という一見したところ互いに相容れないように思われる二つの倫理理論が，パティキュラリズムという立場のもとで絶妙な融合を示す可能性を示唆している[31]．さらに，やはり詳しく論じることはできないのだが，このパティキュラリズムの立場は，特に医療倫理の領域で権勢を誇る決疑論（casuistry）の立場とも親和性を有している[32]．そもそも，原則中心主義的な立場と決疑論の対立という従来の医療倫理の方法論をめぐる対立は，道徳原理・原則の役割を重視する功利主義や義務論のような立場とそれをさほど重視しないパティキュラリズムとの対立とも類比的に理解することが可能であり，後者の対立をめぐる現在進行中の議論が進捗するにつれ，前者の対立にも新たな局面が訪れるものと思われる[33]．

さらに，もう一点だけ付言すれば，自然・人間・価値の関係をめぐって展開されているメタ倫理学の議論は，事実と価値，あるいは，実証的な研究と規範

的に結びついた倫理学者のひとつの理想像を体現しているとも言えるだろう．（とりわけ医療倫理に関する論文を集めたヘアの著作として，以下のものがある．Hare, RM, 1993, *Essays on Bioethics*, New York: Oxford University Press.）

31) その詳細については，Dancy, 1993 の5章以降（最後まで）を参照のこと．
32) 決疑論・原則中心主義については，『入門・医療倫理 I〔改訂版〕』，第3・4章参照．
33) その兆候のひとつとして，近年ひとつの著名な医療倫理学雑誌の中で，この原則中心主義とパティキュラリズムとの対立をめぐる特集記事が組まれた事実を指摘することができる．cf. *Hastings Center Report*, 31 (4), 2001, pp. 15-40.

的な研究との関係という問題とも深い関係を有している．このようなメタ倫理学の知見は，自然科学・社会科学・倫理学が交差する学際的な研究として発展してきた医療倫理，環境倫理その他の応用倫理学という学問それ自体のあり方を考えるうえでも，重要な示唆を与えてくれるだろう．

先にも述べたように，現在のメタ倫理学における反実在論・自然主義的実在論・非自然主義的実在論の対立は，哲学一般の領域において繰り広げられている存在論・認識論・意味論上の議論の展開の中から新たな知見を吸収し，それぞれに新たな支持者を獲得しながら新たな論争状況を生み出している．また，功利主義や義務論のような道徳原理の役割を非常に重視する立場とパティキュラリズムとの対立は，現在の倫理学の中でも盛んに議論されているトピックのひとつである．メタ倫理学と規範倫理学，さらには哲学一般の領域を横断しながら進行するこれらの議論の行く末が，ある特定の立場への収束を迎えるのか，それとも現在とはまったく異なる様相を呈することになるのかを，簡単に予測することはできない．だが，いずれにせよ，メタ倫理学・規範倫理学における議論の潮流は，医療倫理・環境倫理その他の応用倫理学にも遅かれ早かれ流れ込み，新たな展開や対立構図を描き出すに至ることは間違いないと思われる．このように，倫理学・応用倫理学という学問は，一見したところそうは思われないかもしれないが，規範倫理学，メタ倫理学，さらには哲学一般の問題へと至る学問上の深みと，自然・人間・価値をその中に包み込む世界のあり方とその認識という幅広い問題圏の上に構築されているのであり，またそれだけに決して容易に解消することのできない問題を背後に抱えつつ展開されているのだということが，本書全体を通じて理解されるであろう．

参考文献

- Blackburn, S, 1984, *Spreading the Word: Grounding in the Philosophy of Language*, New York: Oxford University Press.
- ——, 1993, *Essays in Quasi-Realism*, New York: Oxford University Press.（ブラックバーン，S，2017，大庭健監訳『倫理的反実在論——ブラックバーン倫理学論文集』勁草書房．）
- Brink, DO, 1989, *Moral Realism and the Foundations of Ethics*, New York: Cambridge University Press.

- Dancy, J, 1993, *Moral Reasons*, Oxford: Basil Blackwell.
- Darwall, S, Gibbard, A and Railton, P eds., 1997, *Moral Discourse & Practice: Some Philosophical Approaches*, New York: Oxford University Press.
- Harman, G, 1977, *Nature of Morality: An Introduction to Ethics*, New York: Oxford University Press.（ハーマン，G，1988，大庭健・宇佐美公生訳『哲学的倫理学叙説——道徳の本性の自然主義的解明』産業図書.）
- McDowell, J, 1998, *Mind, Value, & Reality*, Cambridge, Mass.: Harvard University Press.（マクダウェル，J，2016，大庭健監訳『徳と理性——マクダウェル倫理学論文集』勁草書房.）
- Sayre-McCord, G ed., 1988, *Essays on Moral Realism*, Ithaca: Cornell University Press,
- Smith, M, 1994, *Moral Problem*, Oxford: Basil Blackwell.（スミス，M，2006，樫則章訳『道徳の中心問題』ナカニシヤ出版.）
- （研究報告）「メタ倫理学における価値の実在問題について——準実在論と感受性理論」，『実践哲学研究』（京都大学文学部倫理学研究室実践哲学研究会），第26号，2003年11月，65-99頁所収.
- （特集）「倫理学と自然主義」『思想』，第961号，2004年5月，1-88頁所収.
- 佐藤岳詩，2017，『メタ倫理学入門——道徳のそもそもを考える』勁草書房.

IV　政治哲学

IV 政治哲学

児玉　聡

　第IV部では，政治哲学の諸理論が詳しく説明される．ここではその準備として，政治哲学とは何かについて基本的な解説を行う．最初に，政治哲学の意味，および関連する用語について説明をする．次に，現代の政治的・倫理的諸課題を考えるうえで政治哲学が重要である理由について述べる．最後に，政治哲学における中心的課題について概説する．

I．政治哲学とは

　政治哲学は，哲学の一分野であり，政治権力の正統性や国家の正当な役割を主題とする．倫理学は「道徳哲学」とも呼ばれるように，政治哲学と極めて近い学問分野である．倫理学も政治哲学も，人々の生き方を問題にするという点で共通しており，広義の倫理学は，政治哲学を含むとも言える．ただし，狭義の倫理学が個人と個人の関係を主題とするのに対して，政治哲学は国家と個人の関係を問題にするという違いを指摘することができる．倫理学においても政治哲学においても，自由や正義や義務といった事柄が問題になるが，政治哲学においてはそれに加えて，国家や共同体（コミュニティ）や民主主義といった概念が重要になる．

　政治哲学と名称が似た学問分野として，政治理論や政治思想などがある．政治理論や政治思想は政治学の一部門であり，ポリティカル・サイエンス（政治科学）と対比して用いられる．ポリティカル・サイエンスが現実の政治制度や人々の政治行動を実証的に研究する経験科学（記述理論）であるのに対して，政治理論や政治思想は「政治あるいは国家がどうあるべきか」という問い（および，その問いをこれまでの思想家がどう考えてきたか）を主題にする規範理

論である．その意味で，政治理論と政治思想は政治哲学とほぼ同じ領域の研究である．こうした名称の違いは，どの学科（政治学科，哲学科など）で研究が行われているかの違いによるところが大きい．

II．政治哲学の意義

次に，現代の政治的・倫理的諸課題を考えるうえで政治哲学を学ぶことが重要であることを示すために，最初にいくつかの例を挙げよう．

①今日A国では，政府による健康増進政策の一環として，職場や飲食店などにおける禁煙・分煙対策が強化されつつある．公衆衛生の専門家は，喫煙や副流煙が喫煙者やその周囲の者に対して有害であることは明らかだとして，国や地方自治体に，より厳しい禁煙や分煙対策を策定することを主張している．しかし，市民の一部は，こうした公衆衛生対策は，喫煙をしたい個人の基本的人権の侵害であり，倫理的にも法的にも問題があると主張している．別の市民の一部は，副流煙から守られていること（嫌煙権）こそが基本的人権であり，喫煙権は制限されるべきだと主張している．A国政府はどのような対策を取ることが正当化されるだろうか．

②近年，社会経済的格差と健康格差の間に連関があり，社会的・経済的地位が高いほど，健康状態がよく寿命も長く，逆に低いほど健康状態が悪く寿命も短くなることが，社会疫学の研究によって明らかになりつつある．B国の公衆衛生の専門家は，社会がより平等になれば，人々の健康状態もより良くなるだろうという考えに基づき，社会をより平等にするための政策を政府に提言している．しかし，一部の市民団体は，政府の役割は個人の自由を保障することであり，社会をより平等にすることは，たとえそれが公衆衛生上望ましいとしても，政府が行うべきことではないと主張している．B国政府はどのような政策を取るべきだろうか．

これらの事例に見られるように，人々の健康や安全を守るための対策を始めとする公共政策は，しばしば国家の強制力を伴うため，個人の自由を制限する．たしかに人々の健康や安全という価値は重要であるが，個人の自由もそれと同じかそれ以上に重要な価値である．そのため，人々の健康や安全のために国家

が個人の自由を制限することは，しばしば倫理的な問題を生み出す．そこで，そもそも国家の正当な役割とは何か，個人の自由の制限はどのような場合なら正当と言えるか，などについて考察することが重要となる．政治哲学の理論は，まさにこのような問題を取り扱っているため，政治哲学に関して一定の知識を備えていることが，現代の政治的・倫理的諸課題を考えるうえで不可欠と言える．

Ⅲ．政治哲学における中心的課題

以下の章で見るように，政治哲学における最も大きな問題の一つは，国家が個人の自由を制限することがどこまで許されるかというものである．この問題を考えるうえで，基本となるのは，J. S. ミルの他者危害原則である．

ミルは，『自由論』（1859年）において他者危害原則と呼ばれる原則を定式化した．「文明社会の成員に対し，彼の意志に反して，正当に権力を行使し得る唯一の目的は，他人に対する危害の防止である．彼自身の物質的あるいは道徳的な善は，十分な理由にはならない．そうする方が彼のためによいだろうとか，彼をもっと幸せにするだろうとか，他の人々の意見によれば，そうすることが賢明であり正しくさえあるからといって，彼になんらかの行動や抑制を強制することは，正当ではあり得ない」[1]．ミルの考えでは，不道徳とされる行為や，（雪山の登山のように）本人の利益に反すると思われる行為は，それが他人に危害を与えるものではないかぎり，法や世論の力によって禁止すべきではない．社会による個人の自由の制限が許されるのは，殺人や窃盗など，他人に対する危害を防ぐという目的に限られる．今日，この原則は，個人の自由を最大限尊重するものとして，リベラリズム（自由主義）の大原則と見なされている（本書第4章も参照）．

ミルの他者危害原則を厳格に用いるならば，政府が個人の自由を制限できるのは，誰かが他の誰かに対して危害を与えていることが明確な場合だけである．たとえば，副流煙が喫煙者の周囲の者に対して危害となっていることが示せれ

---

[1] ミル，JS, 1967,『世界の名著38 ベンサム，J・S・ミル』中央公論社，224頁．

ば，個人の喫煙は制限されうる．しかし，この原則では，喫煙者当人に対する危害を理由に喫煙の自由を制限することはできない．また，副流煙に影響を受ける者（たとえば飲食店の店員）が合意の上でそうしているのであれば，ミルの他者危害原則からは，これを制限することはできない可能性がある．こうした人々に対して最大限できることは，「彼をいさめたり，彼と議論して納得させたり，彼を説得したり，彼に嘆願したりする」[2]ことぐらいであり，何らかの強制力や罰則をもって臨むことは許されない．

喫煙の規制に伴うのと同じ問題が，シートベルトやヘルメット着用の義務化，予防接種の義務化など，多くの国家による規制に伴う．そこで，政治哲学における一つの大きな課題は，ミルの他者危害原則に対してどのような立場をとるかということになる．また，より一般的には，他者危害原則を中核とするリベラリズムをどのように解釈し，受容するのか（あるいはしないのか），が問題になる．そこで第Ⅳ部では，第11章でリベラリズムの多様性が論じられ，第12章ではリベラリズムに対する批判が紹介される．

まとめ

以上，政治哲学とは何かについて概説を行った．以下の2章では，功利主義，ロールズの正義論，共同体主義といった政治哲学の諸理論とその問題点が詳説される．そこでは必ずしも具体的な現代の政治的・倫理的諸課題に直接結びつく仕方で理論が説明されているわけではない．これらの政治哲学の諸理論がそうした諸課題に対してどのような意義をもつかについては，読者自らが検討することが求められる．

---

[2] ミル，同上，225頁．

第11章

現代リベラリズムの諸理論

島内明文

本章の目的と概要

　現代政治哲学の領域では，リベラリズム内部の論争や，リベラリズムとその対抗理論の論争という形で，活発な議論が繰り広げられている．本章では，リベラリズムについて概説を行ったあと，現代リベラリズムの諸理論として功利主義，リベラル平等主義，リバタリアニズムをとりあげる．なお，次章では現代リベラリズムの対抗理論をとりあげる．

I. リベラリズムとは

1. 古典的自由主義から社会的自由主義まで

　本章では，中立的正義を基礎とする政治哲学を現代リベラリズムと総称するが，一般的にリベラリズムまたは自由主義という場合，もう少し緩やかな特徴づけがなされる．たとえばジョン・グレイは四つの特徴を指摘する[1]．すなわち，(1) 国家やコミュニティなどの集団の要求に対して個人が道徳的に優先す

---

1) Gray, J, 1986, *Liberalism*, Mylton Keynes, Eng.: Open University Press（グレイ, J, 1991, 藤原保信・輪島達郎訳『自由主義』昭和堂）．

る個人主義，(2) 各個人を道徳的に等しく処遇する平等主義，(3) 各コミュニティに固有の価値や文化に副次的意義しか認めない普遍主義，(4) あらゆる社会・政治制度が修正・改善の可能性に開かれているとみなす改良主義である．とはいえリベラリズムの内実は時代や地域によって大きく変化しており，この緩やかな特徴づけでもリベラリズム全体をカバーすることは難しい．そのため，「古典的自由主義」と「現代リベラリズム」を区別した上で，前者から後者への歴史的変遷をたどっておこう．

　古典的自由主義は，個人の自由や権利の尊重，他者への寛容，議会制の確立，権力分立などの価値を基礎とする一群の政治思想であり，16～17世紀にかけての市場経済の興隆や宗教戦争という時代背景のもとに成立した．そして，それぞれの時代や社会が直面する現実に応じて，古典的自由主義が焦点を合わせる自由や権利も変化してきた．17～18世紀には，経済的自由（所有権）の擁護が古典的自由主義の課題であり，保護貿易を支持する重商主義を批判し，政府による市場介入の抑制を主張した．ロックやスミスによって代表される古典的自由主義は，小さな政府を志向し，「レッセフェール（自由放任）」を標語とする経済的自由主義の特徴を持つ．19世紀には，政治的自由（参政権）に焦点が合わされ，古典的自由主義は各国の普通選挙権運動を先導する理念の一つになる．なお，ベンサムやミルも，経済的自由や政治的自由を擁護した点で古典的自由主義と言えるが，その主張は功利主義の立場に基づくものである．

　19世紀後半から20世紀前半にかけては，大恐慌に見られる市場の失敗，労働運動や社会主義の台頭を背景にして，古典的自由主義から経済的自由主義の色彩が薄れていく．市民の社会的自由を実現するには，国家が積極的に市場に介入する必要があるとの認識に基づき，社会的公正や連帯の観点が古典的自由主義に取り込まれる．この思想潮流は社会的自由主義（新自由主義，修正自由主義）と呼ばれ，合衆国のニューディール政策（世界恐慌への対応策として打ち出された一連の経済政策）もこの思想に基づく．代表的な理論家として，ホブハウス，デューイ，グリーンなどが挙げられる．現代リベラリズムには，小さな政府論を古典的自由主義から継承した潮流と，大きな政府論を社会的自由主義から継承した潮流の双方が含まれる[2]．

2. 現代リベラリズムとその諸理論

　現代社会では，善き生をめぐる価値観，つまり善の構想が多元化していると言われる．善の構想の多元化とは，「よい人生とは何か？」という問いに対する答えが人によって様々だということであり，また，個人の価値観やライフスタイルが多様化しているということである．各人が善の構想を自由に形成し追求するには，国家は各人の善の構想に対して中立を保ち，特定の善の構想を優遇しないことが不可欠である（国家の中立性）．この中立的正義を基礎とする理論が現代リベラリズムである．

　現代リベラリズムの特徴は，正義という公共的規範を分析する際に，国家やコミュニティなどの個人の集合体ではなく，それを構成する個人に着目する方法論的個人主義を採用し，この個人が自由・権利・利益を享受する自律的な行為主体と想定されることである．

　現代リベラリズムに分類される理論は，功利主義（utilitarianism），リベラル平等主義（liberal egalitarianism），リバタリアニズム（libertarianism）である[3]．現代リベラリズム内部の対立軸の一つは権利概念の位置づけであり，権利がより上位の規範である功利性の原理から派生するとみなし権利の内在的価値を否定する功利主義と，権利を最上位の規範とするリベラル平等主義やリバタリアニズムが対立する．もう一つの対立軸は，福祉国家的な所得再分配政策の是非であり，再分配を通じて「社会・経済的平等」を志向するリベラル平等主義と，「所有権」の不可侵性を強調し再分配を否定するリバタリアニズムが対立する．以下，現代リベラリズムに分類される理論を概観する．

---

2) 英米圏の現代政治哲学の見取り図としては，Kymlicka, 2002; Mulhall and Swift, 1996 が優れている．また，古典的自由主義から現代リベラリズムまで関連する理論を通覧できる研究書として，藤原保信・飯島昇藏編，1995-96，『西洋政治思想史 I・II』新評論；仲正昌樹編，2013，『政治思想の知恵——マキャベリからサンデルまで』法律文化社が挙げられる．

3) キムリッカも，リベラル・デモクラシーを支持する主流派の政治哲学として，「功利主義，リベラルな平等（liberal equality），リバタリアニズム」を一括している（Kymlicka, 2002）．また，これらの現代リベラリズムがいずれも中立的正義を基礎とする理論である点については，井上，1999を参照．

II. 功利主義

1. 功利主義の特徴

　功利主義とは最大幸福原理を掲げて関係者の幸福の増進を目指す規範理論（倫理学，政治哲学）である[4]．功利主義と一口に言っても様々なタイプの理論があるが，それらの一般的な特徴は，次のとおりである（功利主義のより詳細な説明は，本書第2章および第5章参照）．

　①行為や政策等を評価する際に，評価対象の特性やその背景にある動機等ではなく，それらの結果として生じる事態のみに着目する点で，帰結主義の立場をとる．帰結主義の立場からすると，たとえばある行為や政策が「嘘を付く」という特性を持っていたり，悪意からなされたものであったりしたとしても，その事実のみによって不正な行為となるわけではなく，帰結によって評価しなければならない．

　②行為や政策等の引き起こす事態の中でも，当事者の「効用」に関係する事態だけに焦点を合わせる点で，厚生主義（幸福主義）の立場をとる．たとえば古典的功利主義では，当事者の幸福を「本人が経験する快楽から苦痛を差し引いたもの」と定義し，幸福を増進する傾向性が功利性と呼ばれる．幸福の構成要因としては快苦の代わりに，厚生，福利，選好，利益，便益などの概念が用いられることもある．

　③複数の行為や政策等の中で，実現するであろう関係者の効用を集計したときに，総量が多ければ多いほど，当該の行為や政策等はよりよいとみなされる，総和順位づけである．効用の集計に際しては，各人の効用を単純に足し合わせる「単純加算」の手法が採用される．したがって，行為や政策等を評価するにあたり，当事者の効用に関連する事態のみ考慮し，効用を単純集計して「最大化」せよというのが，功利原理である．

---

[4] 功利主義に関する優れた解説書として，伊勢田・樫編，2006；安藤，2007；児玉，2010；若松編，2017を参照．

このような特徴を持つ功利主義には次のような前提や含意がある．(1) 個人Aの効用が2単位で個人Bの効用が1単位というように表現できること，つまり効用の可測性や基数的効用という前提．(2) 個人Aにとって選択肢Xから得られる効用＞選択肢Yから得られる効用という形で，一個人の内部で複数の効用を比較できるという前提．(3) 個人Aの効用＞個人Bの効用というように，効用の個人間比較も可能であるという前提．(4) 一つの社会の中で特定の政策に関する効用判断を行うとき，社会全体の効用は各個人の効用の総和であり，この点で功利主義は方法論的個人主義を採用するという前提．(5) その結果として功利主義の立場では，いかなる個人の効用にも関わりない，社会にとっての効用の存在は否定されるから，公共的価値が究極的には私的価値に還元される．(6) 単純加算は各人の効用に優劣を設けず平等に考慮する不偏性の観点を含み，功利主義はこの不偏性の形で，各人の善の構想を等しく尊重するという現代リベラリズムの基本理念を体現している[5]．

2. 功利主義に対する批判

　功利主義に対しては様々な批判が寄せられるが，その代表例として，バーナード・ウィリアムズの批判を見ておこう[6]．化学者のジョージは就職が見つからず困っている．知人が化学兵器産業への就職を斡旋してくれるが，ジョージは化学兵器の開発に反対しており就職に気乗りがしない．もし仮に化学兵器開発をためらわない人物が就職すれば，開発が迅速に進む可能性があり，ジョージが就職すれば，開発を意図的に遅らせることができるかもしれない．功利主義の立場からすると，ジョージは意に反してでも就職すべきだという結論になる．しかし，この結論は，各人各様の人生計画へのコミットメントの意義や，人格の統一性（統合性，インテグリティ）を無視している．

　上記の批判を典型とする功利主義批判は，結局のところ，われわれの直観と

---

5) 功利主義が現代リベラリズムの構想の一つと位置づけられることについて明確にした研究書として，安藤，2007を参照．
6) Williams, B, 1973, "A Critique of Utilitarianism", in Smart, JJC and Williams, B, eds., *Utilitarianism: For and Against*, Cambridge: Cambridge University Press.

様々な形で衝突するがゆえに功利主義は不適切であるということに尽きる．具体的には，総和最大化の問題点として，(1) 個別の状況における個別の行為に際してつねに関係者の幸福を最大化せよということは，行為者にとって「過剰な要求」であり，これでは義務と義務を超える善行の区別がなくなる．また，(2) たとえば警察がテロ計画の情報を入手するためにテロ組織の関係者に拷問を加えることなど，直観に反した行為さえ許容する．(3) 誰にとっての効用であるかに関わりなく集計することは，人格の別個性を無視している．(4) 各人の効用が等しく扱われる結果として，行為者相対的な義務（たとえば，われわれが家族などの身近な人に対して負う特別な義務）を説明できない．(5) 効用が社会の構成員の間にどのように割り振られるかという分配的正義への配慮が欠落しており，最大幸福の実現を名目にして少数者を犠牲にする恐れがある．

ヘアの二層理論型功利主義は，こうした批判に応じる試みである[7]．それによると，われわれの道徳的思考は，「直観レベル」と「批判レベル」に分けられ，通常は直観レベルで既存の道徳に従う．そして既存の道徳で対処しきれない場合は批判レベルに移行し，功利原理に従って意思決定する．このように直観との整合性を保とうとする戦略もありうるが，実際問題として直観レベルと批判レベルの使い分けは容易ではない．そのため，二層理論型功利主義の立場からすると，エリートが功利主義的思考に基づいて教育プログラムを作成し，一般市民はそれに従う方が合理的である．この功利主義に含まれるエリート主義の要素を，ウィリアムズは植民地総督邸功利主義と名付けて批判した．

3. 統治理論としての功利主義

規範理論としての功利主義には，個人に行為指針を提供する個人道徳の側面と，社会制度や公共政策の指針を提供する統治理論または公共哲学の側面がある．先に挙げた功利主義に対する批判はいずれも，功利主義が個人道徳の理論として不適切であることを追及している．そのため，個人道徳の領域から撤退

[7) Hare, RM, 1981, *Moral Thinking: Its Levels, Methods, and Point*, Oxford: Oxford University Press.〔ヘア，RM，1994，内井惣七・山内友三郎監訳『道徳的に考えること——レベル，方法，要点』勁草書房．〕

し統治理論に守備範囲を限定すれば，功利主義の長所を生かせる可能性がある．

ロバート・グッディンは，功利主義を個人道徳ではなく公共政策に関わる統治理論と位置づける[8]．すなわち功利主義は，社会制度と公共政策の設計・運用基準や，それに関与する政治家を含む公務員の順守する規範である．功利主義が統治理論に徹するメリットについて，18世紀の功利主義者ゴドウィンの挙げた次の事例をもとに考えよう[9]．燃えさかる家の中に自分の母親と大司教が取り残されており，救出できるのは一人だけである．不偏性の観点から社会的功利性を考慮すると，あなたは大司教を助けるべきである．自分の母親だからという理由だけで優先することを不偏性は許さないが，これは個人道徳の領域では直観に反する．

しかし，この事例を改変して，あなたが消防士であるとすれば事情は一変する．救出できる可能性が等しいとして，自分の母親だからという理由だけで優先的に救助すれば，心情は理解できるにせよ，消防士という公務員として適切な行為であったかについては議論の余地がある．個人道徳の領域では功利主義の弱点とされる不偏性が，統治理論の領域ではむしろ長所となる．社会制度や公共政策とそれらに関わる公務員には，特定の個人を優遇せず，関係者に等しく配慮する不偏性が強く要求される．われわれの社会が背負っている，資源の稀少性や予算の制約などの条件を考慮すれば，統治理論に不可欠であるのは，優先順位をつける際に依拠する不偏性の観点である．

個人道徳の理論としての功利主義の不備を指摘する様々な批判は，統治理論としての功利主義には無関係である．功利主義は不偏性や総和順位づけといった特徴を備えているがゆえに，資源や予算の制約という条件も踏まえつつ，われわれの直面する課題に一応の解答を提示することができる．実行可能性や長期的な帰結の如何を問わずに常に弱者や少数者を最優先に配慮すべしという極端な立場をとらないのであれば，功利主義の魅力は否定できない．不偏的観点

---

[8] Goodin, R, 1995, *Utilitarianism as a Public Philosophy*, Cambridge: Cambridge University Press. なお，グッディンと同様，安藤，2007も「個人道徳的功利主義」と「統治功利主義」を区別し，後者を擁護する．

[9] Godwin, W, 1793, *Enquiry Concerning Political Justice*.〔ゴドウィン，W，1973，白井厚訳『政治的正義（財産論）』，陽樹社.〕

から各人の効用を等しく考慮する功利主義は，他者危害原則に抵触しない限り，各人が自らの善の構想を自由に形成し追求することを許容する．このように統治理論としての功利主義は，中立的正義を基礎とする現代リベラリズムの一類型である．

BOX1：社会改革の旗手としての古典的功利主義

少数の特権階級と多数の中下層階級が対立する19世紀イギリスで，古典的功利主義が社会改革の旗手として活躍したことを確認しておこう．

- ベンサム：パノプティコン（一望監視装置）という刑務所構想は，囚人からは看守が見えず，実際には看守がいなくても監視されている可能性の意識だけで囚人の行動パターンを変容させる点で，現代の環境管理型（アーキテクチャ）権力の先駆である．同時に，パノプティコンは刑務所を民営化し可視化する「公開性」の理念や，囚人の劣悪な環境の改善，刑務所の合理的運営をも意図したものであった．
- ミル：『女性の解放』は次章で取り上げるフェミニズムの先駆となる著作である[10]．また，『経済学原理』では，現代の環境問題を考える上で示唆に富む「定常状態」論を提唱した[11]．

以上に見られる古典的功利主義の改革への情熱と合理的な社会設計の精神は，フェビアン協会のイギリス社会主義にも継承された．

Ⅲ．リベラル平等主義

1．ロールズ

(1) 公正としての正義

20世紀初頭から1960年代末にいたるまで，政治学の領域では実証的なポリ

---

[10] Mill, JS, 1869, *The Subjection of Women.*〔ミル，JS，1957，大内兵衛・大内節子訳『女性の解放』岩波文庫．〕
[11] Mill, JS, 1848, *Principles of Political Economy.*〔ミル，JS，1959–1963，末永茂喜訳『経済学原理』岩波文庫．〕

ティカル・サイエンスの台頭,哲学・倫理学の領域では論理実証主義の優位という情勢を受けて,規範理論の研究は全般的に不振であった[12].ジョン・ロールズ『正義論』の刊行は,この状況を一変させ,政治哲学が復権するきっかけを作った[13].同書で提示されたリベラル平等主義は,賛否両論があるものの,その後の政治哲学の議論の出発点となった[14].

『正義論』でロールズは,社会を人々の協同の企てと捉え,社会制度は効率ではなく正義という徳性を備えるべきだとする.社会の基本構造に適用される正義の原理により,成員に権利と義務が割り当てられ,社会的協同から得られる利益の分配が規制される.各人による善の追求に先行する制度枠組としての正義の位置づけをロールズは,善に対する正の優先性と呼ぶが,これは中立的正義という現代リベラリズムの基本理念を表明したものに他ならない.

ロールズは,善の最大化として正を定義する功利主義の代替案として,公正としての正義という構想を提示する.この構想は,自由かつ平等で合理的な諸個人が,公正な手続に従って採択する正義の二原理から成り立っている.ロールズは,功利主義が効用などの主観的指標に依拠する点を批判し,正義原理による分配の対象として基本財に着目する.基本財とは,合理的な個人が善の構想を追求する際に必要となる汎用財であり,社会的な基本財(自由や権利,機会,所得や富,自尊心の基盤など)と自然的な基本財(才能,能力など)に分けられる.このうちの社会的な基本財を平等に分配するという観点を打ち出すことでロールズは,分配的正義に無関心である功利主義を乗り越えようとした.

正義原理の導出プロセスで活用される方法論は,ロック,ルソー,カントなどの社会契約論を再構成したものであり,原初状態における契約当事者の合理的選択の結果として正義原理が導出される.社会契約論における自然状態に相当する原初状態には,二つの想定がある.第一に,無知のヴェールという情報制約であり,当事者は社会に関する一般的知識を有するが,自らの生得的能力

---

12) 論理実証主義については本書 178 頁を参照.
13) Rawls, J, 1971, *A Theory of Justice*, Cambridge, Mass.: Harvard University Press.〔ロールズ, J, 2010, 川本隆史ほか訳『正義論』紀伊國屋書店.〕
14) ロールズについては優れた研究書が数多くあるが,さしあたり,川本隆史,1997『ロールズ——正義の原理』講談社;渡辺幹雄,2012『ロールズ正義論の行方——その全体系の批判的考察』春秋社,を参照.

やその社会で自分が占める地位について知らない．第二に，・相・互・無・関・心という動機づけの設定であり，当事者は正義原理の選択に当たって，お互いの境遇をねたまず，自らの社会的基本財の獲得量にもっぱら関心を寄せる．以上の想定の下で合理的に選択すれば，人々は現実の社会で自らの占める可能性のある最悪の状況を最大限改善する・マ・キ・シ・ミ・ン戦略に従うことになり，その結果次の正義原理が採択される．

（1）・平・等・な・自・由・原・理：各人は，他者の同様な自由の体系と両立する限り，できるだけ多くの基本的自由に対して平等な権利を持つ．

（2）社会・経済的不平等は，次の二条件を満たす場合のみ正当化される．

（2a）・公・正・な・機・会・均・等・原・理：機会の公正な均等という条件の下，万人に開かれた職務や地位に付随する不平等であること．

（2b）・格・差・原・理：もっとも恵まれない人々の境遇の改善に最大限，資する不平等であること．

平等な自由原理は，各人に最大限の基本的自由（人身の自由，思想信条の自由，結社の自由，経済的自由など）を等しく保障する．公正な機会均等原理と格差原理は不平等の正当化条件を示しているが，その背景には能力や環境についての独自の見方がある．たとえば，生まれつき才能に恵まれないことや，貧しい家庭に生まれ育つことは，当人の選択によるものではないため，それらの結果について当人に責任を負わせることはできない．当人の選択によらない要因に由来する社会経済的格差は，道徳的観点から見て恣意的であり是正されねばならない．ロールズは，個人の能力を社会の「共通の資産」と見なし，その成果を成員間で分かち合う「才能のプーリング」を提唱した．

正義の二原理の中には，平等な自由原理＞公正な機会均等原理＞格差原理という辞書的序列が設定されており，その限りでは基本的自由の保障が社会経済的格差の是正に絶対的に優先する．つまり，社会経済的格差の是正のために人々の基本的自由を侵害するといったことは決して許されない．とはいえ，社会経済的格差の道徳的な恣意性に関する上記の洞察は，市場における格差を事後的にのみ是正しようとする福祉国家の発想とは根本的に異なる．リベラル平等主義は現実の政治的選択に際して福祉国家を支持する傾向にあるが，その創始者ロールズ自身は，既存の福祉国家よりラディカルな平等の構想を提起して

いたのである．

(2) 政治的リベラリズム——ロールズの転向

　ロールズ『正義論』はそのインパクトの大きさゆえに，方法面でも内容面でも様々な批判にさらされた．これを踏まえてロールズは，正義原理の正当化の方法を修正した．『政治的リベラリズム』というタイトルに見られるように，ロールズは正義原理の置かれた政治的な文脈や背景に議論の重心をシフトした[15]．すなわち，善の構想が多様化しただけでなく，個人に生き方の指針を提供する包括的教説（宗教・哲学・道徳など）も理に適ったものが併存する穏当な多元性が，現代社会の特徴である．この状況下で公正としての正義というロールズのリベラル平等主義は，もはや唯一正しい包括的教説であろうとすることを断念し，複数の包括的教説それぞれの支持者の間で共有できる政治的な統合原理，つまり重なり合う合意と位置づけざるを得ない．こうしてロールズは，公正としての正義という自らの正義の構想が，自由かつ平等な個人からなる社会という西洋の立憲民主政の文化・伝統・価値を概念化した，正義の政治的構想＝政治的リベラリズムであることを強調する．

　上述の「思想的転向」に対しては，正義論の脱哲学化（哲学なしの政治理論，哲学的正当化の放棄）という批判から，価値多元主義的現実への対応という肯定的な評価まで，様々な評価がある．『正義論』以降の展開をどのように評価するにせよ，次の三点はロールズの功績である．第一に，善に対する正の優先性を提唱することにより，リベラル平等主義が中立的正義に立脚することを明確にした点である．第二に，自由の実質的保障という観点から，平等（分配的正義）の問題を中心にしてリベラル平等主義を展開したことである．第三に，『万民の法』で正義原理の国際関係への適用を試みることにより，グローバル・ジャスティス（国際間正義）をめぐる議論を活性化させたことである[16]．以上のように，現代政治哲学が取り組むべき課題を設定した点で，ロールズの功績はきわめて大きい．

---

15) Rawls, J, 1993, *Political Liberalism*, New York: Columbia University Press.
16) Rawls, J, 1999, *The Law of Peoples*, Cambridge, Mass.: Harvard University Press.〔ロールズ，J，2006，中山竜一訳『万民の法』岩波書店．〕

2. ドゥウォーキン

(1) リベラル平等主義の哲学的基礎

リベラル平等主義の哲学的基礎を明確にしたのは，ロナルド・ドゥウォーキン『平等とは何か』である[17]．まず，ドゥウォーキンによれば，リベラル平等主義の基礎にあるのは，各人は平等な尊重と配慮を受ける資格があるという平等の理念である．この理念から派生する中立的正義に関して，ドゥウォーキンはロールズとは異なる見解を提示する．善に対する正の優先性というロールズ流の中立的正義の考え方では，公権力は個人の善き生の内実については立ち入らないものとされる．しかしこれだと，政治（善の構想の自由な形成と追求の背景となる公的領域）と倫理（各人の善の構想に関わる私的領域）を峻別する公私二元論に陥る．これは，各人の善の構想に中立的な現代リベラリズムを正当化する際に政治と倫理を切断する非連続性戦略である．これに対してドゥウォーキンは，政治と倫理を統一的に捉える連続性戦略を採用し，リベラル平等主義の立場から善き生についての一般理論を展開する．

連続性戦略の要となるのは，二つの原則からなる倫理的個人主義である．第一に，平等な重要性原則によれば，各人の生は客観的に見て等しく重要であり，それが失敗に終わるより成功を収める方が望ましい．第二に，特別責任原則によれば，各人は自己の生に対して特別な責任を負っており，それを引き受けなければならない．この原則を踏まえてドゥウォーキンは善き生に関する影響モデルと挑戦モデルを対比し，後者を採用する．影響モデルでは，生の価値はそれが世界にもたらした帰結に基づくのに対して，挑戦モデルでは，生の価値は課題への挑戦に基づくのであり，善き生とは人生の中で直面する様々な課題を的確に遂行した生のことに他ならない．また，ドゥウォーキンによれば，個人

---

17) Dworkin, R, 2000, *Sovereign Virtue: The Theory and Practice of Equality*, Cambridge, Mass.: Harvard University Press.〔ドゥウォーキン，R，2002，小林公ほか訳『平等とは何か』木鐸社．〕なお，ドゥウォーキンに関する優れた研究書としては，小泉良幸，2002『リベラルな共同体――ドゥオーキンの政治・道徳理論』勁草書房；宇佐美誠・濱真一郎編，2011『ドゥオーキン――法哲学と政治哲学』勁草書房，を参照．

を取り巻く環境の中で，善き生を妨げる制約と，善き生を定義づける媒介変数が区別されねばならず，正義は善き生の媒介変数と位置づけられる．

(2) 資源の平等論

では，挑戦モデルに基づいて善の構想を追求する個人からなる政治的共同体においては，何を平等にすることが正義に適った分配とみなされるのか．ドゥウォーキンは，功利主義的な厚生の平等やロールズ流の基本財の平等の代替案として，資源の平等を提案する．彼はロールズの原初状態における決定の代わりに無人島でのオークションという概念を持ちだし，無人島に流れ着いた人々が島の資源を平等に分けるにはどうすればよいかという問いを立てる．そして彼は，善の構想を追求する際に必要な財は，各人が他人の財の所有量を羨ましがらず，これ以上の財を必要としないという羨望テストを満たすまで，同じ購買力を持った人々がオークション（取引）を通じて分配することを提案する．

そして，善の構想の追求を妨げる要因はできる限り除去しなければならず，除去できずに社会経済的格差が生じた場合には補償の必要がある．善き生の実現を左右する運について，ドゥウォーキンは，自然的運（たとえば空から落下してきた隕石にぶつかり障碍を負うこと）と選択的運（たとえば株式に投資することを選んだ者が株式市場の暴落によって損をすること）を区別し，前者に由来する格差のみが補償の対象になるとした．個人の選択によらない不運やリスクに対処するシステムは，仮想的保険市場である．このシステムでは，合理的な個人が障碍等により不利益を受けるリスクを考慮したとすれば，それに対処するためにあらかじめ支払うであろう保険料によって，自然的運による不平等を補償することになる．

オークションにおける資源の分配と仮想的保険市場からなる資源の平等論の利点は，次のように説明することができる．まず，功利主義的な厚生の平等では，個人の感じる主観的な満足を等しくすることになる．そのため，たとえば貧しい家庭に育ったので少しの食料しか必要としない人と，裕福な家庭に育ったのでシャンパンを必要とする人がいるとすれば，両者が同じレベルの満足を得るためには後者により多くの財を分配すべきであるという結論が導かれる（高価な嗜好をめぐる問題）．これに対して，資源の平等論では，自然的運と選

択的運の区別が前提にあるから，高価な嗜好は個人が選択したものであり，それに由来する不平等は補償の対象とならない．

　つぎに，ロールズ流の基本財の平等では，格差原理の適用にあたってもっとも恵まれない人を特定する際に恣意性の入り込む余地がある．また，障碍者のように善き生を追求するには通常より多くの基本財を必要とする人をどうするかという問題については，ロールズ自身が困難な事例とみなし，分配的正義論の適用対象外にしているという難点がある．これに対して，資源の平等論では，たしかに自然的運と選択的運の区別はさほど自明ではないという問題点はあるものの，自然的運に由来する不平等の補償という形で，障碍者の問題にも対応することができる．

3. セン

(1) 功利主義とロールズを超えて

　経済学の知見と倫理学・政治哲学の議論とを結びつけながら，リベラル平等主義の可能性をさらに探求している理論家が，アマルティア・センである[18]．センが議論の出発点とするのは，何の平等かという分配的正義の対象にまつわる問いである[19]．この問いを考察する中でセンは，功利主義やロールズを批判しつつ，自らの平等論を展開する．

　センによれば，平等の対象についての第一の考え方は，選好の充足などの個人の主観的な満足度に焦点を合わせる，厚生の平等である．厚生の平等という考え方をとる理論の一つが，功利主義である．ところが，厚生の平等というアプローチには，次のような欠点がある．たとえば，障碍を抱えていたり，社会的な抑圧を受けていたりするせいで劣悪な生活状態を余儀なくされつづけてい

---

[18]　経済学（厚生経済学，社会的選択理論）から倫理学・政治哲学までの多彩な分野に広がるセンの研究全体を視野に入れた解説書としては，鈴村興太郎・後藤玲子，2001，『アマルティア・セン』実教出版；後藤玲子，2002，『正義の経済哲学――ロールズとセン』東洋経済新報社，が挙げられる．

[19]　Sen, A, 1982, "Equality of What?" in *Choice, Welfare and Measurement*, Cambridge, Mass.: Harvard University Press.〔セン，A，1989，大庭健・川本隆史訳「何の平等か？」，『合理的な愚か者――経済学＝倫理学的探究』勁草書房，所収．〕

る人の中には，そのような境遇に不満を感じず，それを諦めて受け入れてしまう人もいるだろう．これは，イソップ寓話「酸っぱい葡萄」が示唆しているように，個人の選好は当人の置かれている環境に適合するものとして形成されやすいという，適応的選好形成と呼ばれる事態である．この適応的選好形成の問題を考慮するなら，個人の主観的な満足度に着目する厚生の平等では，平等の達成度について実態に則した評価は困難になる．

　第二の考え方は，個人の保有する財の量に焦点を合わせる，資源の平等である．センは，ロールズが社会的基本財の平等な分配を説いたことを評価しつつも，財と個人との関係，言い換えると，ある財がそれを保有する個人にとってどのような意味を持つかという問題意識が欠落している点を批判する．同一量の社会的基本財を割り当てられた二人の個人がいるとして，一方は健康だが，他方は障碍を抱えているとしよう．この場合，後者は前者と比べて，社会的基本財を十分に活用することができず，恵まれない状態にあるということが考えられる．しかし，ロールズの正義論は，社会的基本財の量のみに議論を限定しているため，疾患や障碍の有無などの個人の多様な属性が平等の達成度に関連するということを見落としている．その結果として，ロールズはもっとも恵まれない人々の生活状態に着目する格差原理を導入してはいるものの，この原理は社会的・経済的不平等の正当化条件の一つであり，疾病や障碍を抱えている人々に対する特別な配慮を導き出すことはできない．

(2) ケイパビリティ・アプローチ

　センは，厚生の平等や資源の平等に対する代替案として，ケイパビリティ・アプローチを提案する[20]．まず，ある個人の実現しうる状態や活動は，機能と呼ばれるが，個人の充足しうる機能は多様である．そこで，特定の機能ではなく，機能という選択肢の集合，いわば生き方の幅に注目し，その中でも人間的な生活に必須であるもの，すなわち基本的ケイパビリティについて，その平等化を達成しようとするのが，センの立場である．具体的には，適切な栄養を

---

20) Sen, A, 1992, *Inequality Reexamined*, Oxford: Clarendon Press.〔セン，A, 1999, 池本幸生・野上裕生・佐藤仁訳『不平等の再検討――潜在能力と自由』岩波書店.〕

摂取すること，疾病に罹患していないこと，移動の自由が保障されていること，社会的活動に参加できることなど，最低限の社会生活にとって不可欠のニーズを，誰もが平等に充足できるようにすることである．

さらに，ケイパビリティ・アプローチに基づいて，発展途上国における経済発展や貧困の問題をも視野に入れつつ，センは，人間開発や人間の安全保障という考え方も提示する[21]．そして，それは，単なる経済学・政治哲学の理論にとどまることなく，現実の社会に一定の影響を及ぼしている．たとえば，国際連合開発計画『人間開発報告書』の採用している人間開発指数は，一人あたりのGDP，平均寿命，就学率をベースにして，人間らしい生活がどの程度まで実現しているか測定するものであるが，この背景にある考え方の一つは，ケイパビリティ・アプローチである．

たしかに，ケイパビリティ・アプローチにも，いくつかの問題が残されている．もっとも大きな問題は，どのような機能が充足されている状態が人間らしい生活かということは各コミュニティの文化に依存する面があるにもかかわらず，いったいどのようにして基本的ケイパビリティにあたるものを特定するのかということである．とはいえ，ケイパビリティ・アプローチは，個人の主観的な満足度や財の保有量に焦点を合わせるアプローチと比べると，個人の福祉や社会的・経済的平等の達成度について，より客観的に，かつ，生活の実態に即した形できめ細かく評価することができる方法の一つであろう．

以上に見たように，ロールズ，ドゥウォーキン，センに代表されるリベラル平等主義は，中立的正義を基礎にしている．それに加えて，現実の社会の中ではややもすると形骸化しがちな機会の平等という理念を実質的に達成するために，基本財の平等か資源の平等か基本的ケイパビリティの平等かという方向性の違いはあるにせよ，分配的正義を重視する点がリベラル平等主義の特徴である．

---

[21] Sen, A, 1999, *Development as Freedom*, Oxford: Oxford University Press.〔セン，A，2000，石塚雅彦訳『自由と経済開発』日本経済新聞社．〕

BOX2：自由を制限する根拠

リベラリズムに関連して，個人の自由を制限する根拠として，代表的なものを三つ挙げておく．

他者危害原則：ある行為が他人に危害を与える場合，それを防止するために個人の自由を制限してよい．J・S・ミルが定式化した古典的自由主義の基本原則である．とはいえ，法的規制の対象になる危害とその対象にならない迷惑との区別など，実際の適用の際には様々な問題に直面する．

パターナリズム：ある行為が行為者自身に危害を与える場合，当人の利益を保護するために個人の自由を制限してよい．シートベルトやヘルメット着用の義務化，賭け事の禁止，保険への強制加入などがパターナリズムの事例である．リベラリズムの観点からすると，一時的または恒常的に判断能力を欠いている行為者に対する弱いパターナリズムは比較的正当化しやすいが，判断能力を有する行為者に対する強いパターナリズムは正当化が難しい．

リーガル・モラリズム：ある行為が道徳的に不正であるという理由で，個人の自由を制限してよい．法によって道徳を強制できるという考え方であり，多数者による専制を招く恐れがあるため，リベラリズムや法実証主義と真っ向から対立する．成人男性間の同性愛行為を法律で禁止できるかということについての英国の「ウォルフェンデン報告書」をめぐる，デブリン（リーガル・モラリズム擁護）とハート（リーガル・モラリズム批判）の論争は有名である（パターナリズムやリーガル・モラリズムについては，本書第4章参照）．

IV. リバタリアニズム

1. リバタリアニズムとは

リバタリアニズム（完全自由主義，自由尊重主義，自由至上主義）は，広義に理解すれば，個人の自由を最大限尊重するために公権力による介入をできるだけなくそうとする立場である[22]．この立場では，私的所有権を持つ個人からなる市場における財の自発的な交換を通じて自生的に形成される秩序のみが

---

[22] 広義のリバタリアニズムの基本概念や古典的著作については，森村編，2005を参照．

容認され，所得再分配を目的とする課税など公権力による介入を縮小または撤廃することが目指される．このような小さな政府論は古くからある考え方だが，それを現代政治哲学の領域でリベラル平等主義に対する批判として展開するのが，リバタリアニズムである[23]．まずは，リバタリアニズムを広義に理解した上で，その正当化根拠と類型を確認しよう．

リバタリアニズムの正当化根拠は，三つに整理される．第一に，自然状態から新たに政治的秩序を形成する場合に，自己利益を追求する個人ならばこの立場に同意するという契約論または合理的選択理論である．第二に，公権力による介入を減らせば，市場における自発的交換が促される結果として，社会全体の富や幸福を増大させるという帰結主義または経済学的な根拠である．第三に，この立場は私的所有権という個人にとって不可侵の自由と両立する唯一の政治的秩序であるという自然権論である．

つぎに，国家の機能をどこまで容認するかという観点からリバタリアニズムを分類すると次のとおりである．(1) 無政府主義または無政府資本主義：治安・司法・国防も民間市場で提供可能なサービスであるため，国家は不要・不正であり廃止すべきである．(2) 最小国家論：国家の機能を治安・司法・国防のみに限定する．(3) 小さな政府論：治安・司法・国防に加えて，貨幣・金融政策や一部の公共事業（公共財の供給）まで容認する．(4) 左派リバタリアニズム：自己の身体に対する所有権は認めるが，外的資源（身体以外の財物）には所有権を認めずに平等主義的な再分配の対象とする．この立場からすると，(1) から (3) は右派リバタリアニズムということになる．

上記のうち，(1) は公権力そのものを否定する点で，(3) は古典的自由主義の現代版と言える点で，いずれも現代リベラリズムに該当しない．また，(4) はリバタリアニズムを標榜しているが，理論的にはリベラル平等主義と重なる部分もある．そのため，以降でリバタリアニズムという場合，(2) の最小国家論を指す．

---

[23] 古典的自由主義とリバタリアニズムの関係については，Barry, N, 1986, *On Classical Liberalism and Libertarianism*, Basingstoke: Macmillan（バリー，N, 1990, 足立幸男訳『自由の正当性——古典的自由主義とリバタリアニズム』木鐸社）を参照．

2. ノージック

(1) 自己所有権

ロバート・ノージックは主著『アナーキー・国家・ユートピア』で，ロールズ流のリベラル平等主義を批判し最小国家を擁護した，リバタリアニズムを代表する理論家である[24]．その理論は自然権を正当化根拠としており，自然権論的リバタリアニズムと特徴づけられる[25]．

ノージックの議論の出発点は自己所有権テーゼである[26]．このテーゼによれば，われわれは自らの身体とそこに属する能力の唯一正当な所有者であり，それらに対する排他的な支配権として自己所有権を有する．ここでいう排他的な支配権とは，自己の身体や能力を利用したり，その利用から生じた収益を手に入れたりする権利である．

ノージックによれば，権利とは，われわれの行為を規制する付随的制約であり，仮に当人の利益や社会全体の利益が促進されるとしても，われわれは他者の権利を制限してはならない．権利の制限を正当化する根拠は他者危害の防止だけであり，このことは自己所有権にも当てはまる．自己所有権は生命・身体・基本的自由に対する不可侵の権利であり，われわれは自衛や刑罰の場合を除いて，自らの同意なしに他者から自己所有権を侵害されることはない．

(2) 正義の権原理論

財の所有や再分配を規制する正義の原理は，ノージックによれば，その焦点の違いによって次のように分類できる．すなわち，(1) 効用の最大化などの特定の観点から現時点での財の分配状態のみに焦点を合わせる結果状態原理，現

---

24) Nozick, R, 1974, *Anarchy, State, and Utopia*, New York: Basic Books.〔ノージック，R，1995，嶋津格訳『アナーキー・国家・ユートピア――国家の正当性とその限界』木鐸社．〕
25) ただしノージック自身は，のちの著作でリバタリアニズムを撤回する．Nozick, R, 1989, *The Examined Life: Philosophical Meditations*, New York: Simon and Schuster（ノージック，R，1993，井上章子訳『生の中の螺旋――自己と人生のダイアローグ』青土社）を参照．
26) なお，ノージック自身は自己所有権テーゼという用語を使用しておらず，これは分析的マルクス主義の代表的な理論家ジェラルド・コーエンがリバタリアニズムの中心的な主張を特徴づけるために名づけたものである．

時点での分配状態にいたる経緯にも焦点を合わせる歴史的原理のうち（2）特定の基準を満たす分配（功績に応じた分配や必要に応じた分配など）のみ容認するパターン付きの歴史的原理，（3）財の取得プロセスのみに着目するパターンなしの歴史的原理である．（1）は分配的正義の判断に際して過去の事情も考慮すべきという道徳的直観と対立する点で不適切であり，（2）は分配的正義を実現しようとすれば既存の福祉国家のように人々の財産に対して恒常的に介入せざるを得ず，これは自由の侵害に他ならない．

さて，上記の分類によれば，ロールズのリベラル平等主義における格差原理は，もっとも恵まれない人の境遇を改善しようとする点で，（1）の結果状態原理に該当する．これに対してノージックは（3）の一種として正義の権原理論を提唱することで，ロールズ批判を展開する．それによると，個人が適正な手続に従って財を保有している場合のみ，その財に対する権原が発生し，所有権が正当化される．この適切な手続を規定する原理が，獲得における正義と移転における正義であり，手続の違反から生じた不利益を補償するよう命じるのが不正義の是正である．

獲得における正義とは，無主物（所有者のいない事物）に対する占有という形式の所有権の正当化原理であり，これについてノージックはロックの労働所有論を継承する．すなわち，個人は自己の身体に属する労働力を所有しており，自らの労働を無主物に付加しその価値を向上させた場合，無主物に対する占有権と労働の成果に対する所有権が認められる．とはいえ，ある人の占有によって他者の生存が脅かされてはならないため，同様な無主物が他者にも十分に残されている限りというロック的但し書きを満たすときに，占有は正当化される．これは但し書き付きではあるが，自己所有権から私的所有権を導き出す議論である．

つぎに，移転における正義とは，いったん誰かが正当な手続に従って獲得した財を他者に譲渡する正当な手続を規定する原理である．それによると，個人Aが正当に獲得した財を別の個人Bに自発的に譲渡した場合，Bはその財に対して権原を有する．これは，市場における交換・契約の正当性を当事者の自発性に見出す議論である．

ノージックによれば，われわれが財に対する権原を得るのは上記の二原理を

満たす場合のみであり，もし仮に獲得や移転の際に暴力・脅迫・詐欺などの不正行為があれば権原は発生しない．これらの不正行為で損害を被った個人への補償を命じるのが，不正義の是正という原理である．

(3) 最小国家論

上で述べた不正行為の規制は通常，政府の役割である．しかし原理的には，被害者の手による自力救済や，警備会社などの民間市場がこれらのサービスを供給することも可能である．ノージックによれば，正当化できる政府は，個人を暴力・脅迫・詐欺から保護することで所有権を保障する最小国家だけであり，それ以上の役割（たとえば課税による再分配）を果たす拡張国家は正当化できない．この最小国家はいわば自生的秩序として成立し，そのプロセスは見えざる手の説明すなわち個人の相互行為の意図せざる結果として，以下のように説明される．

出発点になるのは，ロックの社会契約論が想定するような自然状態である．それは最低限の道徳は通用するが無政府状態であり，各人は自らの生命・身体・自由・財産に対する権利とともに，これらの権利の侵害を裁く（処罰と賠償を含む）権利をも有する．しかし加害者の力が強ければ権利侵害を裁けないという不都合が生じ，これに対応するために人々はお互いに権利を保障しあう相互保護協会を設立する．つぎに，この権利保障を全員で分担するよりも分業によって特定の誰かが引き受ける方が合理的であるから，権利保障サービスを有料で提供する複数の私的保護協会が競合する状態へ移行する．そして，よりよいサービスを提供する支配的保護協会が特定地域内の権利保障を独占的に担当する段階が超最小国家と呼ばれる．この段階では支配的保護協会から権利保障サービスを購入せず権利侵害に対する自力救済を続ける独立人が存在する．超最小国家が独立人に自力救済を禁止し，これに伴う不利益を賠償するために権利保障サービスを独立人にも提供すれば，特定領域内の全構成員の権利を保障する最小国家が成立する．

では，一種の合理性の観点から無政府主義が斥けられるとして，なぜ最小国家でなければならないのか．自己所有権の観点からすると，もし仮にわれわれが週40時間の労働に従事していれば，それに対する給与はすべて自分のもの

である．にもかかわらず，20% の所得税が課されているとすれば，週 8 時間は他人のために働かされていることになる．勤労所得に対する課税は強制労働に匹敵するものであり，自己所有権の侵害であるがゆえに，拡張国家は正当化されない．これにより，最小国家の正当性が示されるとノージックは考えた．

　以上に見てきたノージックのリバタリアニズムは，リベラル平等主義の批判者としての側面がしばしば強調される．とはいえ，ノージック自身は最小国家を，各人各様の善の構想を自由に追求するための条件，すなわちユートピアの枠とみなしている．それゆえノージックのリバタリアニズムもまた，善の構想の自由な形成と追求を可能にする条件として最小国家という形をとった，中立的正義を基礎とする現代リベラリズムと位置づけられる．

BOX3：福祉国家批判の諸相

　1980 年代以降，福祉国家を支持する理論（政治哲学ではリベラル平等主義，経済理論ではケインズ主義）に対して，いわゆる右派勢力から様々な批判が繰り広げられた．再分配政策の非効率性やそれに伴う財政危機，福祉依存によるモラルハザードなど共通する論点も多いが，福祉国家批判者の中でもいくつかの社会・経済観があることを明確にしておこう．

リバタリアニズム：社会的自由と経済的自由の最大化を目的として，経済政策では小さな政府（規制緩和，民営化）を支持すると同時に，社会政策でも個人の自己決定をできるだけ尊重する．そのため売買春や臓器売買のみならず，自発的でありさえすれば奴隷契約さえ容認する論者もいる．

ネオ・リベラリズム：新自由主義とも呼ばれるが，19 世紀後半から 20 世紀初頭にかけての社会的自由主義（新自由主義）と区別するため，ネオ・リベラリズムと表記する．経済政策と社会政策の両面で自己責任原則を強調する点でリバタリアニズムに近いが，経済学説・思想として提唱されることが多い．代表的な論者は，ルートヴィヒ・フォン・ミーゼス，ミルトン・フリードマンなどである．

新保守主義：経済政策では小さな政府を支持するが，社会政策ではコミュニティとりわけ国家の紐帯を重視して復古的道徳による国民統合を推進し，対外的に強い国家を目指す．政策論ないし時論として現実政治への影響力があり，1980 年代には，新保守主義を標榜する政治指導者（レーガン，サッチャー，中曽根）が先進国に多く登場し，世界政治を席巻した．

まとめ

　以上，現代リベラリズムに分類される理論として，功利主義，リベラル平等主義，リバタリアニズムを概観した．これらの理論は，個人の尊重，自由や平等という近現代社会の基本理念に合致する点で一定の説得力がある．しかし，こうした理念を掲げたリベラル・デモクラシーの社会は，物質的な豊かさを享受する半面，その理念そのものに根本的な反省を迫る現象（平等志向や私生活優先に伴う公共心の減退，発展途上国への援助義務などグローバル・ジャスティスの問題，少子高齢化や環境破壊など世代間正義の問題）に直面している．現代リベラリズムにとって，これらの特殊現代的な問題への対応を試みつつ理論の彫琢を図ることが，今後の課題である．

参考文献

・Kymlicka, W, 2002, *Contemporary Political Philosophy: An Introduction*, Oxford: Oxford University Press, 2nd ed.（キムリッカ，W，2005，千葉眞・岡崎晴輝訳者代表『新版 現代政治理論』日本経済評論社．）
・Mulhall, S, Swift, A, eds., 1996, *Liberals and Communitarians*, Cambridge, Mass.: Blackwell, 2nd ed.（ムルホール，S，スウィフト，A，編，2007，谷澤正嗣・飯島昇藏訳者代表『リベラル・コミュニタリアン論争』勁草書房．）
・安藤馨，2007，『統治と功利――功利主義リベラリズムの擁護』勁草書房．
・伊勢田哲治・樫則章編，2006，『生命倫理学と功利主義』ナカニシヤ出版．
・井上達夫，1999，『他者への自由――公共性の哲学としてのリベラリズム』創文社．
・児玉聡，2010，『功利と直観――英米倫理思想史入門』勁草書房．
・森村進編，2005，『リバタリアニズム読本』勁草書房．
・若松良樹編，2017，『功利主義の逆襲』ナカニシヤ出版．

第 12 章

現代リベラリズムの対抗理論

島内明文

本章の目的と概要

　本章では，現代リベラリズム（功利主義，リベラル平等主義，リバタリアニズム）を批判する対抗理論として，コミュニタリアニズム，共和主義，フェミニズム，多文化主義をとりあげる[1]．これらの理論は，現代リベラリズムを全否定するのではなく，むしろその到達点をふまえつつ，様々な角度から代替案を提示しようとする．その意味で，現代リベラリズムの対抗理論は，現代リベラリズムを深化する契機となっている．

I．コミュニタリアニズム

1．コミュニタリアニズムとは

　コミュニタリアニズム（communitarianism）は，市民の人格形成におけるコミュニティの役割や，コミュニティの全成員にとって有益な共通善を重視す

---

[1] Kymlicka, 2002 では，現代リベラリズムの対抗理論として，マルクス主義（分析的マルクス主義），コミュニタリアニズム，シティズンシップ理論（共和主義），多文化主義，フェミニズムが挙げられている．なお，本章では，紙幅の都合上，マルクス主義については，BOX1 で略述するにとどめる．

る理論である[2]．「共同体主義」や「共同体論」と訳されることもあるが，本章では「コミュニタリアニズム」と表記する．それは，共同体という日本語が，家族・地域社会・国家などの非自発的に形成された集団を想起させるからである．こうした集団の価値を無批判に擁護するタイプの保守主義やナショナリズムとの混同を避けるためにも，コミュニタリアニズムを訳語に採用する．

たしかに，コミュニティという概念は，ゲマインシャフト（血縁・地縁共同体）とゲゼルシャフト（利害関心に基づく組織・集団）の区別（社会学者フェルディナンド・テンニエス）や，コミュニティ（地域共同体）とアソシエーション（自発的結社，中間団体）の区別（政治学者ロバート・マッキーヴァー）に見られるように，血縁・地縁に基づく非自発的な共同体として狭義に解釈されることもある．しかし，コミュニティ概念が多義的であり，非自発的集団に限定できないことも，しばしば指摘される[3]．一般的にコミュニタリアン（に親和的）とみなされる論者の多くは，共通の目的・関心に基づいて自発的に形成される学校・協会・企業・組合などの集団，すなわちアソシエーションも含めて，コミュニティを広義に解釈する傾向がある．本章でもそれを踏襲して議論を進める．

コミュニタリアニズムについて注意が必要なのは，一般的にコミュニタリアンに分類される論者（マイケル・サンデル，チャールズ・テイラー，アラスデア・マッキンタイア，マイケル・ウォルツァー）のいずれもが，自らコミュニタリアンと標榜しているわけではないことである．また，徳や共通善を重視する点では，共和主義と思想的に重なる部分が多く，コミュニタリアニズムと共和主義を明確に区別することは難しい．図式的に整理すれば，それぞれのコミュニティにおける（伝統的な）徳一般を重視するのがコミュニタリアニズムであり，徳の中でも共通善を実現するための政治に参加する公民的徳を重視するのが共和主義である．

---

[2] コミュニタリアニズムに関する優れた研究書として，小林・菊池編，2012；菊池・小林編，2013 が挙げられる．

[3] コミュニティ概念の多義性については，ジェラルド・デランティ，2006，山之内靖・伊藤茂訳『コミュニティ——グローバル化と社会理論の変容』NTT 出版（原著 2003 年）を参照．

BOX1：マルクス主義の復権？

　一般的には，東欧革命（1989）とソヴィエト連邦解体（1991）によって，資本主義のオルタナティヴとしてのマルクス主義（社会主義，共産主義）の影響力は，現実の政治の中では大きく失われたように思われる．とはいえ，マルクス自身は，人間が社会関係を取り結ぶなかで形成される共同的な存在であるというコミュニタリアニズムとも共通する人間観を採用していた．そのうえで，高度に発達した資本主義とデモクラシーを前提にして，自由かつ平等な諸個人からなる連合体（アソシエーション）という形で，未来社会を構想していた．このことからすると，ソ連・東欧の政治体制は，マルクス主義本来の理念とはかけはなれており，むしろ，中央集権的な政府が経済成長を最優先の目的として社会を統制する権威主義的な開発独裁の側面が強かったと言える．
　このような現実の政治の流れからアカデミックな領域に目を転じると，英米圏の政治哲学，とりわけ平等論の領域では，数理経済学や社会的選択理論や分析哲学などの道具立てを活用しつつマルクスの思想を再構成した分析的マルクス主義が，有力な陣営の一角を形成している[4]．分析的マルクス主義の特徴の一つは，搾取や疎外に代表されるような市場における不公正な権力関係の問題と関連づけて，平等や公正という概念を考察する点にある．こうしたアプローチは，平等や公正をもっぱら財の分配の問題として捉える傾向のあるリベラル平等主義とは，好対照をなしている．

2．コミュニタリアニズムの展開

　ここからは，サンデル，テイラー，マッキンタイア，ウォルツァーの議論にそって，コミュニタリアニズムによる現代リベラリズム批判を概観する．サンデルの『リベラリズムと正義の限界』は，ロールズ『正義論』を標的にした現代リベラリズム批判の著作である[5]．同書の刊行がきっかけとなって繰り広げられた論争は，リベラル・コミュニタリアン論争と呼ばれる[6]．この論争の中

---

[4] 分析的マルクス主義全般に関する概説書として，Mayer, T, 1994. *Analytical Marxism*, Thousand Oaks, Calif.: Sage Publications（メイヤー，T，2005，瀬戸岡紘訳『アナリティカル・マルキシズム——平易な解説』桜井書店）；高増明・松井暁編，1999，『アナリティカル・マルキシズム』ナカニシヤ出版，が挙げられる．

[5] Sandel, M, 1998, *Liberalism and the Limits of Justice*, 2nd ed., Cambridge, UK: Cambridge University Press.〔サンデル，M，2009，菊池理夫訳『リベラリズムと正義の限界』勁草書房．〕

で提起された現代リベラリズム批判は，それぞれ関連しあう論点であるが，大まかに言って，人間観に対する批判，中立的正義に対する批判，普遍主義に対する批判，以上の三つにまとめられる．

(1) 人間観に対する批判

現代リベラリズムに対する第一の批判はその人間観に対する批判である．まず，サンデルはロールズの理論を義務論的リベラリズムと規定する[7]．これは，善に対する正の優先性というロールズの用語に見られるように，正義が他の道徳的価値に優先するという立場を指す．そして，正義原理の導出装置である原初状態において契約当事者は，無知のヴェールをかけられているため，社会的地位などの自己の属性を知らない．すなわち，現実の人間ならば追求するであろう価値や目的に先立つ形で，純粋な選択主体としての自己が想定されている．サンデルはこのようなロールズの人間観を負荷なき自己と名づけて批判し，より強固な人間観をベースにするべきだと主張する．その人間観とは，現実の社会の中でそれぞれの人間が追求する価値や目的，自らの属するコミュニティに対する愛着やそこにおける役割などによって構成されている自己，すなわち位置づけられた自己である．ロールズ流の発想では，個人が先にあり，何らかの契機を通じてコミュニティを形成することになるが，サンデルの立場からすると，個人とコミュニティは不可分の構成的な関係とみなされる．このように人間観の相違はコミュニティ観の相違に連動している．

現代リベラリズムの人間観に対する同様の批判をテイラーも展開している[8]．テイラーによれば，人間の自己省察能力には，行為の帰結のみに着目する弱い評価と，動機や欲求を質的に査定する強い評価とがある．そして，このような

---

6) リベラル・コミュニタリアン論争という呼び方は，エイミー・ガットマン（Gutmann, A, 1985, "Communitarian Critics of Liberalism", *Philosophy and Public Affairs*, Vol. 14 (3), pp. 308-22）が，サンデルをはじめとする一連のリベラリズム批判者をコミュニタリアンと総称したことに由来する．なお，同論争の詳細については，Mulhall and Swift, 1996 を参照．

7) サンデルの政治哲学の全体像については，小林，2010 を参照．

8) Taylor, C, 1985, "Atomism", *Philosophical Papers: Philosophy and the Human Sciences*, Cambridge: Cambridge University Press. なお，テイラーに関する包括的で優れた研究書として，中野剛充，2007，『テイラーのコミュニタリアニズム――自己・共同体・近代』勁草書房，を参照．

評価が可能であるのは，そもそも人間が自らを解釈し，その解釈によって構成される自己解釈的存在だからである．これに対して，リベラルの想定する人間は，自分の帰属する社会とは無関係に自己充足的に存在している個人にすぎない．テイラーはこのような人間観をアトミズムと呼んで批判する．

ただし，ここで注意が必要なのは，サンデルやテイラーも自由・権利・自律といったリベラルな価値を否定するわけではないことである．むしろ，サンデルやテイラーの立場からすると，人間がコミュニティの中で規定された存在であるという人間観を採用したうえで，リベラルな価値をコミュニティに共有された価値として位置づける方が，理論的な戦略として適切だということになる．現代リベラリズムの人間観に対するサンデルとテイラーの批判は，たしかに鋭い指摘ではあるものの，正義論の前提に実質的な人間学（人間存在論）が必要だとする立場（サンデル，テイラー）と必要ないとする立場（ロールズ）という政治哲学の方法論のレベルで，議論がすれ違っている可能性がある．

(2) 中立的正義に対する批判

現代リベラリズムに対する第二の批判は，中立的正義に対する批判である．中立的正義とは，ロールズの用語では善に対する正の優先性であり，正義が他の道徳的価値より優位であること，そして正義がいかなる善の構想からも独立にその内容が定式化されねばならないことを指す．この議論は，人々の善の構想が多元的であり，そう簡単には折り合いがつかないために，最小限の合意事項を正義とみなす，という発想である．しかしサンデルは，このようなロールズの立場を権利の政治と批判し，共通善の政治という自らの立場を対置する[9]．

サンデルに言わせると，ロールズ流のリベラル平等主義にかぎらず，功利主義やリバタリアニズムも含めて，現代リベラリズムは，中立的正義という人々が共存するための最低限の枠組みを作るだけであって，それでは問題の解決にならない．実際に，中立的正義の重要性に関しては一致しても，権利の位置づけや所得再分配の是非をめぐって功利主義，リベラル平等主義，リバタリアニ

---

9) Sandel, M, 2005, *Public Philosophy: Essays on Morality in Politics*, Cambridge, Mass.: Harvard University Press.〔サンデル, J, 2011, 鬼澤忍訳『公共哲学——政治における道徳を考える』ちくま学芸文庫.〕

ズムは意見が鋭く対立する．サンデルの批判の要点は，現代リベラリズムは中立的正義を標榜することで実質的な善に関する議論を棚上げにしている，ということである．

同様の批判は，マッキンタイア『美徳なき時代』が情緒主義批判という形で展開している[10]．同書は，現代リベラリズム批判が直接の目的ではなく，西洋の倫理・政治思想の伝統全般に焦点を合わせて，痛烈な近代批判を提起した著作である．マッキンタイアによれば，現代社会は，道徳的・政治的価値判断を個人の賛否の感情または態度の表明とみなす情緒主義（情動説，本書第9章参照）の時代である．そして，このような事態に陥ったのは，道徳を合理的に基礎づけようとする近代の啓蒙主義のプロジェクトが破綻した結果であるというのが，マッキンタイアの現状分析である．

この現状に対する処方箋が，共通の伝統や生活様式によって統合された，ローカルなコミュニティの復権である．さらにマッキンタイアは，それぞれのコミュニティの中で確立された人々の共同的な営みを実践と呼び，その実践に内在する固有の善があると主張する．たとえば，何かの職業につくことには経済的な報酬が伴うだけでなく，仕事の力量が上がるという内在的善があるし，また家庭の中でそれぞれの役割を果たすことで，個人は良い父親／母親とはどのようなものかを会得する．

サンデルとマッキンタイアの立場からすると，ローカルなコミュニティをベースに考えれば，情緒主義によってもたらされる主観主義や相対主義を回避しつつ，善について実質的な議論が可能になるため，善から独立した中立的正義を持ち出す必要はない．この指摘もたしかに一面の真理をついているが，価値観が多様化した現状を克服すべきものと捉える（サンデル，マッキンタイア）か前提にする（ロールズ）かという，政治哲学の理論を構築する際のスタンスの違いに収斂する．

---

[10] MacIntyre, A, 1981, *After Virtue*, Notre Dame, Ind.: University of Notre Dame Press.〔マッキンタイア，A，1993，篠崎栄訳『美徳なき時代』みすず書房．〕

(3) 普遍主義に対する批判

　現代リベラリズムの普遍主義的傾向を明示的に批判したのが，ウォルツァー『正義の領分』である[11]．ここでいう普遍主義とは，現代リベラリズムの正義原理が地域や文化を問わずに適用できるという考え方を指す．これに対してウォルツァーは，正義の多元性という観点から，複合的平等という正義の構想を提案する．

　ウォルツァーによれば，分配の対象となる社会的財は，各コミュニティにおいて固有の意味を持っており，それをふまえた分配がなされねばならない．また，分配の際には，ある財の不平等（たとえば所得格差）が別の財の不平等（たとえば市民的権利に関する差別）をもたらさないように，配慮する必要がある．そうすると，それぞれの社会的財に応じて適切な分配原理を設定することになるため，全ての社会的財に適用可能な単一の分配原理は存在しないことになる．このような単一の分配原理を想定する立場をウォルツァーは単一的平等として批判するが，この批判はロールズにもあてはまる．ロールズの格差原理は，社会的基本財をもっとも恵まれない人から優先的に分配する原理であり，弱者に対する配慮は含むものの，それぞれの社会的基本財に応じて分配原理が変更されるわけではない．

　ウォルツァーに限らずコミュニタリアンの立場からすると，正義の構想はそれぞれのコミュニティに固有の共通善をベースに培われることになるため，自ずと正義の構想はコミュニティごとに異なる点で多元的である．これに対して，現代リベラリズムには，中立的正義がどの社会にでもあてはまるかのように想定している印象がある．ただ，この点については，前章で述べたように，ロールズ自身が『政治的リベラリズム』において，自らの正義の構想が西洋の立憲民主政という特定の社会の伝統をふまえたものであることを認めている．

　なお，これまでに見てきたサンデル，テイラー，マッキンタイア，ウォルツァーが，いわば哲学的コミュニタリアンであるのに対して，現実の社会問題に取り組む政治的コミュニタリアンの代表者として，アミタイ・エチオーニが挙

---

11) Walzer, M, 1983, *Spheres of Justice: A Defence of Pluralism and Equality*, New York: Basic Books.〔ウォルツァー，M，1999，山口晃訳『正義の領分——多元性と平等の擁護』而立書房.〕

げられる[12]．エチオーニがとりまとめたコミュニタリアンの政治綱領「応答するコミュニタリアン宣言」は，トニー・ブレア以降のイギリス労働党（ニュー・レイバー）に代表される中道左派の政治路線第三の道に一定の影響を与えたとされている[13]．

　以上のように，コミュニタリアニズムの中にも，論者によって強調点の違いがあり，様々な思想潮流がある．とはいえ，全般的な傾向として，コミュニタリアンは少なくとも政策レベルではリベラル平等主義とさほど違いはなく，政治哲学の方法論・スタンスにおいて異なるにすぎない．むしろ政策レベルで鋭く対立するのは，再分配を否定するリバタリアニズムであり，とりわけ最近顕著になりつつある市場原理主義・新自由主義的な傾向である．コミュニタリアンの問題意識は，リベラル平等主義のように再分配に焦点を合わせるのではなく，市場経済や官僚機構の肥大化によって衰退しつつある中間集団＝コミュニティを再活性化することにある．こうしてコミュニタリアニズムは，コミュニティとその構成員の結びつき＝参加という契機を通じて，次に紹介する共和主義へとつながっていく．

II．共和主義

1．政治思想史における共和主義の伝統

　共和主義（republicanism）および共和国（共和政）の語源レス・プブリカは，公共的な事柄（公共体，国家）を意味する．市民が私的利益より公共の利

---

12) 「哲学的／政治的」コミュニタリアンの区別は，アダム・スウィフトによる．Swift, A, 2006, *Political Philosophy: A Beginner's Guide for Students and Politicians*, Cambridge: Polity Press（スウィフト，A，2011，有賀誠・武藤功訳『政治哲学への招待――自由や平等のいったい何が問題なのか？』風行社）を参照．
13) Etzioni, A, et al., 1993, "The Responsive Communitarian Platform: Rights and Responsibilities", in Etzioni, A, *The Spirit of Community: The Reinvention of American Society*, New York: Simon & Schuster.〔エチオーニ，A，2001，「コミュニタリアン綱領」，エチオーニ，A，永安安正監訳『新しい黄金律――「善き社会」を実現するためのコミュニタリアン宣言』麗澤大学出版会，所収．〕なお，エチオーニについては，菊池，2004 を参照．

益を重視する公共精神を持つこと（たとえば共和国を防衛するための戦争に参加し自己犠牲をいとわないこと）は，共和主義の基本理念の一つである．共和主義と呼ばれる思想潮流に共通するのは，現代リベラリズムの中核的理念である中立的正義が，政治という公共的な営みに対する人々の関心を失わせたことに対する批判である．この現状に対する代替案として，市民の政治参加の意義を説くのが，現代の共和主義である．とはいえ，政治参加とその関連概念（市民的自由，公民的徳）との結びつけ方によって，共和主義にも様々なヴァージョンがある．

そもそも共和主義は，現代リベラリズムの原型である古典的自由主義とともに西洋政治思想史において二大陣営を形成してきたが，古典的自由主義の隆盛に伴ってその影響力が弱まった（あるいはその基本理念の少なからぬ部分が古典的自由主義に吸収された）[14]．現代の共和主義をよりよく理解するためにも，古典的共和主義の歴史を素描しておこう．

共和主義の原点は，古代ギリシアのアリストテレスにまでさかのぼる．アリストテレスによれば，人間はゾーン・ポリティコーン（政治的な動物）であり，ポリス（都市国家）における公共的な意思決定としての政治（＝民主政）に参与することによって，人間の本質としての市民の徳が開花し，善き生が実現する（本書第7章参照）．このようにアリストテレスにおいては，政治参加と民主政と徳が分かちがたく結びついていた．古代ローマのキケロは，アリストテレスを継承しつつ，徳ではなく法の支配という観点から望ましい統治形態を探求し，君主政・貴族政・民主政の要素を組み合わせた混合政体としての共和政を理想とした．キケロの混合政体論を踏まえてルネサンス期イタリアのマキャベリは，通常は法の支配を忠実に実施するものの，非常時には既存の法にとらわれず的確に判断し果断に行動する力を政治指導者の徳とみなした．また，17世紀イングランドのハリントンも市民参加を軸とする理想の国家オシアナ共和国を描き出す中で，法の支配と統治機構論というキケロ以来の共和主義の中心

---

[14] 現代において共和主義が再び注目されるきっかけとなったのは，「ケンブリッジ学派」による共和主義の思想史研究である．のちに言及するが，この学派を代表する理論家が，クエンティン・スキナーとジョン・ポーコックである．なお，現代における共和主義についてもっとも包括的で優れた研究書として，大森，2006；佐伯・松原編，2007；田中・山脇編，2006，を参照．

理念を引き継いでいる．この他にも，ヒューム，モンテスキュー，ルソー，トクヴィルなど，西洋政治思想史ではおなじみの思想家がそれぞれ共和主義的な構想を展開している．

以上の思想家を含む古典的共和主義の中には，現代の共和主義にも継承される二つの思考の枠組がある．すなわち，市民的自由を保障する・法・の・支・配・・・統・治・機・構・論と，公共の利益を重視する・公・民・的・徳（公共精神）である．これらの思考の枠組の中で政治参加の意義を説くのが，現代の共和主義である．

そして，現代の共和主義は，政治参加の位置づけをめぐって，二つのヴァージョンに大別される．第一に，市民的自由を保障するための手段として政治参加を重視する共和主義（古典的共和主義，道具的共和主義）である（代表的な論者はスキナー，ペティット）．第二に，政治参加それ自体の価値を認めて公民的徳の形成を重視する共和主義（公民的共和主義）である（代表的な論者はサンデル，テイラー）．

2. 共和主義と自由

(1) バーリンの「二つの自由概念」

共和主義が政治参加を重視するのは，自由を・自・己・統・治と規定するからである．自己統治という共和主義的な自由概念は，現代リベラリズムにおける標準的な自由論，すなわちアイザイア・バーリンによる消極的自由と積極的自由の区別を批判することから創りあげられた[15]．

ある個人が何かをしようという欲求を持つとき，その実現を妨げる外的な干渉がなければ，その個人は自由だといえる．これが・消・極・的・自・由であり，〜からの自由（非干渉としての自由）と特徴づけられる．一方，ある個人が何かしようという欲求を持つとき，その実現を妨げる外的な干渉はなくても，それが目先の利益に対する欲求だとすれば，その人は自由だといえるだろうか．むしろ，長期的な視点から理性的に自己決定している状態こそ，真の自由であるという

---

[15] Berlin, I, 1969, "Two Concepts of Liberty", *Four Essays on Liberty*, Oxford: Oxford University Press.〔バーリン，I，1971，「二つの自由概念」，小川晃一他訳『自由論』みすず書房，所収．〕

見方もある．これが積極的自由であり，〜への自由（自律としての自由）と特徴づけられる．バーリンによれば，積極的自由は集団的決定の個人への押しつけに転化する恐れがある．それは，自律的とされる人々が，自分たちの基準から見て自律的ではない人々に対して，真に自由な状態にするためと称してパターナリスティックに介入することにより，結果的に専制が到来しかねないという懸念である．このようにしてバーリンは，リベラルな社会において擁護される自由は消極的自由に限定すべきであることを説く．

(2) テイラーのバーリン批判

これに対してチャールズ・テイラーは積極的／消極的自由の区別を，自由の行使と機会の区別として捉え直し，バーリンを批判する[16]．自らの行為を自分で制御できる状態が自由の行使であり，制御の有無とは独立に自己の行為を妨げる外的な干渉がない状態が自由の機会である．ここで重要なのは，われわれは自らの心理状態などの内的要因によっても自由を妨げられる，という事実である．もし行為の選択肢が多く，また外的な干渉がなくても，選択肢を選ぶ能力を欠いていれば，自由を行使できない．このようにテイラーは，自由の機会が自由の行使を前提することを指摘し，自律を自由の中心要素とみなして，バーリンの消極的自由論をベースにする現代リベラリズムを批判する．

(3) スキナーの共和主義論

つづいて，思想史研究の分野で，自由に関する共和主義的な伝統に着目したのが，クェンティン・スキナーである[17]．スキナーは依存という観点から，外的干渉の不在を自由とみなす消極的自由論の不備を指摘する．たとえば，市民が為政者に依存するような支配・従属関係があるところでは，仮に為政者が市民に干渉しなくても，その市民は自由とはいえない．個人の自由を可能にする条件は，古代ローマの共和国のように自治的な統治体制，すなわち自由国家

---

16) Taylor, C, 1985, "What's Wrong with Negative Liberty", *Philosophical Papers: Philosophy and the Human Sciences*, Cambridge: Cambridge University Press.

17) Skinner, Q, 1998, *Liberty before Liberalism*, Cambridge: Cambridge University Press.〔スキナー，Q，2001，梅津順一訳『自由主義に先立つ自由』聖学院大学出版会．〕

のもとで適切な法による支配がなされることである．このような見方をスキナーは，自由国家と個人的自由に関するネオ・ローマ理論と名づけ，それが古典的自由主義に対抗する共和主義の中核にあるとみなす．

(4) ペティットの非支配としての自由概念

スキナーのネオ・ローマ理論に即して，政治哲学の分野で現代の共和主義を理論化したのが，フィリップ・ペティットである[18]．ペティットによれば，自由概念の理解にとって重要なのは，恣意的支配の有無である．たとえば，為政者・国民，雇用者・被雇用者などの関係において，一方が他方に対して恣意的な根拠に基づいて干渉する能力を持っていれば，実際にその能力を行使しなくても，そこには恣意的支配の可能性が残っている．共和主義の要点は恣意的支配の可能性を排除することであり，ペティットは非支配としての自由を実現する統治のあり方として，法の支配，権力の分散，異議申し立てのデモクラシーを提案する．異議申し立てのデモクラシーとは，市民が政治的決定について，またそのプロセスにおいて反対の意思表示をすることを制度的に保障するものであり，その中核にある発想は，市民の政治参加を通じて市民的自由の保障が可能になる，ということである．

3．共和主義と徳

(1) ポーコックのシヴィック・ヒューマニズム

アリストテレスによるゾーン・ポリティコーンという人間観を出発点とする共和主義の伝統においては，政治参加と徳（公共精神）が深く結びついていた．これに関連して，近代社会においては政治参加や徳などの共和主義的な契機と市場経済とが対立しうるという問題を思想史研究によって明らかにしたのが，ジョン・ポーコックである[19]．ポーコックによれば，18世紀の商業社会では，

---

[18] Petitt, P, 1997, *Republicanism: A Theory of Freedom and Government*, Oxford: Oxford University Press.
[19] Pocock, JGA, 1975, *The Machiavellian Moment: Florentine Political Thought and the Atlantic Republican Tradition*, Princeton, N.J.: Princeton University Press.〔ポーコック，J,

経済という私的活動の領域が拡張する結果として，政治という公共的領域が縮小する．それによって浮上した問題が，商業社会の腐敗，言い換えれば経済的繁栄（富）と徳が両立するかということである．そこで商業社会の腐敗を牽制する理念として作用したのが，シヴィック・ヒューマニズムである．それは，個人が有徳な人間として自己を形成するのは，自治的な共和国の市民＝公民としてのみであるという考え方であって，共和主義的な伝統の一部を形成している．

経済と政治の対立可能性という問題は，現代社会においても基本的に変わりがなく，むしろより深刻になっている．たとえば，選挙の投票率の低下に見られるように政治への無関心が広がっており，政治にかぎらず公共的な活動全般への参加意識も希薄化している．市民参加という要素がなければ，政治的意思決定の正統性がそこなわれるのみならず，中間集団＝コミュニティの空洞化をもたらすことになる．

BOX2：デモクラシー論の興隆

多くの先進資本主義国では，民意と政治的決定の乖離に由来する政治的な無関心が広がっており，そのような現状に対して市民の政治参加を促進すべく，政治のあり方を再考するデモクラシー論が活発に繰り広げられている．現代政治哲学における共和主義の台頭も，デモクラシー論の活性化の中に位置づけられる．デモクラシー論においては，いくつかの潮流が重なりあいつつ，以下のような視点から従来型の政治を問い直している．

ラディカル・デモクラシー：政治の本質はわれわれとその敵対者との間に線を引くことにあるという法学者カール・シュミットの友敵理論などに示唆を受けつつ，合意形成や利害調整といった予定調和的なデモクラシー観を批判する．デモクラシーが，政治的な対抗者との間での絶えざる緊張関係・抗争をはらむものであるとして，どのようなやり方で政治的決定の正統性を調達するのかが問題となる[20]．

2008，田中秀夫・奥田敬・森岡邦康訳『マキァヴェリアン・モーメント——フィレンツェの政治思想と大西洋圏の伝統』名古屋大学出版会．〕

[20] ラディカル・デモクラシー論の概説書として，Trend, D, ed., 1996, *Radical Democracy: Identity, Citizenship, and the State*, New York: Routledge（トレンド，D，1998，佐藤正志・飯島昇蔵・金田耕一他訳『ラディカル・デモクラシー——アイデンティティ，シティズンシップ，国家』

熟議デモクラシー：政治的意思決定は市民の所与の選好を単純に反映すればよいとする従来型の利害集計的デモクラシーに対して，ユルゲン・ハーバマスの討議倫理などに示唆を受けつつ，市民による熟慮と討議を重視する立場である．それによると，デモクラシーは市民が熟慮と討議を通じて自らの選好を変容させるプロセスであり，このようなプロセスを通じてこそ合理的で正統性のある合意形成が可能になる [21]．

闘技デモクラシー：利害集計的デモクラシーに対する批判的な問題意識を熟議デモクラシーと共有しつつも，政治の本質を合意形成とは違うところに見出す．すなわち，デモクラシーとは，利害やアイデンティティを異にする者たちが対等な立場で意見をぶつけあう闘技場であり，このような対抗関係を不断に確認することこそ，デモクラシーの本質である [22]．

差異の政治：アイデンティティに関する多数派と少数派の差異・非対称性という，フェミニズムや多文化主義による問題提起から触発を受けて，従来の政治的決定が，女性や特定の民族集団などの少数派のアイデンティティに鈍感であったことを厳しく批判する．そして，アイデンティティにまつわる問題を単なるプライベートな事柄とするのではなく，公的な政治の主題と位置づけ，少数派に対しても単なる所得再分配にとどまらず，そのアイデンティティの承認がなされるべきことを説く [23]．

三嶺書房）が挙げられる．

21) 熟議デモクラシーに関する代表的な文献として，Ackerman, B, and Fishkin, J, 2004, *Deliberation Day*, New Haven: Yale University Press（アッカマン，B，フィシュキン，S, 2015, 川岸令和ほか訳『熟議の日——普通の市民が主権者になるために』早稲田大学出版部）; Dryzek, J, 2004, *Deliberative Democracy and Beyond: Liberals, Critics, Contestations*, Oxford: Oxford University Press; Elster, J, ed., 1998, *Deliberative Democracy*, Cambridge: Cambridge University Press; フィシュキン，J, 2011, 曽根泰教訳『人々の声が響き合うとき——熟議空間と民主主義』早川書房，が挙げられる．

22) 闘技デモクラシーに関する代表的な文献として，Mouffe, C, 2000, *The Democratic Paradox*, London: Verso（ムフ，C, 2006, 葛西弘隆訳『民主主義の逆説』以文社）が挙げられる．

23) 差異の政治に関する代表的な文献として，Connolly, W, 1991, *Identity/ Difference: Democratic Negotiations of Political Paradox*, Ithaca: Cornell University Press（コノリー，W, 1998, 杉田敦・齋藤純一・権佐武志訳『アイデンティティ／差異——他者性の政治』岩波書店）; Fraser, N, and Honneth, A, 2003, *Umverteilung oder Anerkennung?: Eine politisch-philosophische Kontroverse*, Frankfurtan Main: Suhrkamp（フレイザー，N，ホネット，A, 2012, 加藤泰史監訳『再分配か承認か？——政治・哲学論争』法政大学出版局）; Young, I, 1990, *Justice and the Politics of Difference*, Princeton N.J.: Princeton University Press が挙げられる．

(2) サンデルの公共哲学としての共和主義

このような現状に対して現代リベラリズムではうまく対応できないという問題意識から，参加や徳の概念をベースにしつつ，公共哲学としての共和主義を展開したのが，サンデルである．ここでいう公共哲学とは，善き社会のあり方（＝公共的価値）と善き生のあり方（＝私的価値）とに関する包括的な理論である．サンデルの立場からすると，ロールズを筆頭とする現代リベラリズムは，正義をいかなる善の構想からも独立したものと位置づける点で，私的価値と公的価値を分離する公共哲学である．現代リベラリズムの代替案となる自らの公共哲学をサンデルは公民的共和主義と呼び，『民主政の不満』の中で詳細に論じている[24]．この著作では，哲学的な議論は『自由主義と正義の限界』から基本的に変更はなく，アメリカ合衆国の憲政史や経済・社会政策まで視野に入れた，幅広く多角的な考察が示されている．

まず，批判の対象となる現代リベラリズムの公共哲学の特徴は中立性志向，すなわち正と善を区別したうえで，いかなる特定の善に対しても中立的な枠組みとして正義を規定することである[25]．その結果として現代リベラリズムは，人々の見解が分かれる事柄，とりわけ道徳や宗教をめぐるテーマを，公共的な議論の場に持ち込まず棚上げする．これに対して，サンデルの公民的共和主義の核になる概念は，市民がコミュニティにおける意思決定に関わることを意味する自己統治であり，市民が自由であるのは自己統治を実現している場合に限られる．そして自己統治は，コミュニティにおける共通善を促進するためにも不可欠とされる．

サンデルによれば，公共哲学としてのリベラリズムと公民的共和主義との対

---

24) Sandel, M, 1996, *Democracy's Discontent: America in Search of a Public Philosophy*, Cambridge, Mass.: Harvard University Press.〔サンデル，M，2010-11，小林正弥監訳『民主制の不満――公共哲学を求めるアメリカ（上・下）』勁草書房．〕
25) サンデルの設定するリベラリズム／公民的共和主義という対立軸と，合衆国の民主党／共和党の対立軸とが異なる点について補足しておく．サンデルが見出したのは，個人の利益や権利を重視するリベラリズムと，共通善や公共の利益を重視する公民的共和主義の緊張関係である．これに対して現実の政治においては，政策上の違いは小さくなりつつあるものの，図式的に整理するならば，所得再分配やマイノリティへの配慮を重視する民主党と，経済成長と伝統的な価値観を重視する共和党が対立する．民主党と共和党が個別の政策レベルで対立しているのに対して，サンデルは政策の背景にある理念のレベルで対立軸を設定している点に注意が必要である．

立は，合衆国の憲政史にも見られる．建国当初は共和主義的な伝統の方が優勢だったものの，20世紀の初頭から徐々に影響力が弱まっていく．その要因として大きいのが，資本主義の発達にともなって，伝統的な地域コミュニティが衰退したことである．これは，市場経済と共和主義（政治参加，公共精神，徳）が両立するかという問題である．サンデルは様々な判例を引き合いに出しながら，またニューディールやケインズ主義といった経済政策の変遷も視野に入れつつ，リベラリズムと公民的共和主義の対抗関係を描写する．そして，人々が自らのアイデンティティを共和国の公民としてではなく，市場社会における消費者として認識する消費者主義の台頭とともに，共和主義的な伝統の衰退が進む．おおむね1940年代にリベラリズムとの力関係が逆転し，それ以降はリベラリズムが共和主義を圧倒して現在に至るというのが，サンデルの分析である．

　サンデルはリベラリズムが支配的な合衆国の現状を手続的共和国と呼び，その問題点を指摘する．コミュニティの衰退，社会的な絆の弱体化，福祉依存，道徳的価値をめぐる実質的な議論の欠如など，問題は山積しており，人々は手続的共和国に不満を抱えている．そこでサンデルは，公民的共和主義の立場から具体的な方策を提案する．第一に，地域コミュニティを再生するために，大規模店舗の出店を規制するなどして地域経済を保護する．このようにして一定の経済的安定を保障したうえで，第二に，年齢，性別，所得などの異なる様々な階層の人々が出会える公共的な空間を創出する．また，第三に，市民が共通のコミュニティに帰属しているという意識を持つことができるように，学校や宗教や職業など様々な経路を通じて，公民教育を実施する．そのうえで共通の帰属意識を持つ市民がそれぞれの善の構想をふまえつつ，道徳的価値について公共の場で積極的に熟議する中で，善き社会のあり方＝正義が形成されていく．このようにして公民的徳を備えた人々による自己統治という，公民的共和主義の構想が実現するのである[26]．

---

26) 市民参加を通じたコミュニティの活性化というサンデルの公民的共和主義は，いわゆるソーシャル・キャピタル論と関係するものである．

以上に見てきたように，共和主義の魅力は，その両面性にある．一方で，共和主義は，市民的自由を保障する制度的枠組を重視する点で，現代リベラリズムと問題意識を共有する．他方で，リベラルが見落としがちな共通善や徳を重視する点で，コミュニタリアニズムと歩調を合わせる．この両面性ゆえに共和主義は，現代リベラリズムに対するもっとも有力な対抗理論となったのである．

III．フェミニズム

1．第一波フェミニズムと第二波フェミニズム

フェミニズム（feminism）とは，女性解放論の総称である．それは，女性が女性であるがゆえに社会的・経済的な不利益を被らざるをえない，男性優位の社会構造を変革しようとする理論と実践である[27]．フェミニズムの特徴は実践志向の強い理論であることであり，実際のところ，女性参政権の獲得，中絶の合法化，ポルノの規制といった具体的な課題に取り組む社会運動と密接に関わりながら理論的に発展してきた．

最初に，現代フェミニズムに至る歴史的な変遷を概観しておく．大まかな時代区分で言うと，19 世紀から 20 世紀初頭にかけての第一波フェミニズムと，20 世紀後半とりわけ 1970 年代以降に活性化した第二派フェミニズムを区別することができる．現代フェミニズムは，第二波フェミニズムという位置づけになる．

第一波フェミニズムは，個人の権利を重視する近代の市民社会思想から生まれた．基本的にそれは，男女の法的な地位の平等に焦点を合わせており，女性参政権運動を主導する理念となった．第一波フェミニズムの先駆的な著作としては，オランプ・ド・グージュ「女性および女性市民の権利宣言」（1791），メ

---

[27] フェミニズム内部における様々な立場やその主要概念については，包括的で平易な解説書として，Pilcher, J, and Whelehan, I, 2004, *Fifty Key Concepts in Gender Studies*, London: Sage Publications Ltd（ピルチャー，J，ウィルハン，I，2009，片山亜紀訳者代表・金井淑子解説『ジェンダー・スタディーズ』新曜社）；江原・金井編，2002，を参照．

アリ・ウルストンクラフト『女性の権利の擁護』(1792) が挙げられる．また，功利主義の観点から女性の地位向上を説いたＪ．Ｓ．ミル『女性の解放』(1869) も，古典的自由主義をベースにした第一波フェミニズムの著作である．

　第一波フェミニズムの理論的な源泉として，近代の市民社会思想や古典的自由主義の他にも，社会主義が重要な役割を演じた．アウグスト・ベーベル『婦人論』(1879)，フリードリヒ・エンゲルス『家族，私有財産，国家の起源』(1884) は，女性に対する社会的・経済的な搾取を問題としてとりあげた社会主義フェミニズムの古典である．

　第一波フェミニズムは，当時の時代状況を考慮すれば先駆的な理論であったが，問題点も抱えていた．一つは，市民社会思想や古典的自由主義をベースにして法的な地位の平等を要求するだけで本当に男女の平等が達成されるのかということである．もう一つは，社会主義思想をベースに考えると，労働者が資本主義の搾取から解放されれば，いわば自動的に女性差別の問題も解消するという発想に行き着くということである．第一波フェミニズムは，女性の地位向上という問題を権利要求運動や社会主義運動の一部に矮小化し，この問題の固有性を見落としているという問題意識から出発するのが，第二波フェミニズムである．

2. リベラル・フェミニズム対ラディカル・フェミニズム

　第二波フェミニズムすなわち現代フェミニズムは，リベラル・フェミニズム，ラディカル・フェミニズム，マルクス主義・フェミニズム，ポストモダン・フェミニズムなど，多彩な理論の間で活発な議論が繰り広げられている．ただし，政治哲学の観点，とりわけリベラリズムとその対抗理論という視点から見れば，リベラル・フェミニズムかラディカル・フェミニズムかということが，もっとも重要な対立軸になる[28]．

---

28) フェミニズムの政治哲学に関する優れた研究書として，野崎, 2003；田村, 2009；衛藤, 2017 を参照．

(1) リベラル・フェミニズム

　リベラル・フェミニズムは，古典的自由主義や現代リベラリズムがベースであり，権利や自由といった概念に立脚して議論を展開する．それは，労働市場や教育の機会など，様々な領域における男女の不平等に焦点を合わせ，法改正を通じて不平等を解消しようとする立場をとる．女性の地位をいわば男性並みに引き上げるのが，リベラル・フェミニズムの基本戦略である．そして，リベラル・フェミニズムは，20世紀とりわけ第二次世界大戦後の女性解放運動（ウーマン・リヴ）を牽引する役割を担った．『新しい女性の創造』の著者ベティ・フリーダンは，リベラル・フェミニズムを代表する人物である[29]．また，のちに言及するスーザン・オーキンやマーサ・ヌスバウムも，ロールズ流のリベラル平等主義を修正する形で議論を展開しており，リベラル・フェミニズムと親和的である．

　リベラル・フェミニズムに対しては，権利・地位の平等という既存の男性中心社会の価値観を前提にしているために，結果的にはそのような社会を変革する力になりえない，という批判が向けられる．フェミニズムの内部でこの批判を提起するのが，ラディカル・フェミニズムである．ラディカル・フェミニズムの立場からのリベラル・フェミニズムに対する批判は，リベラル・フェミニズムが前提にしているリベラリズム一般に対する批判でもある．

(2) ラディカル・フェミニズム

　ラディカル・フェミニズムの観点からすると，リベラリズムの最大の欠点は，公私二分法を採用することである．政治哲学者スーザン・オーキンの指摘にあるように，たとえばロックやヘーゲルなど，近代を代表する政治哲学者のほとんどすべてが，私的な領域（家族，社会）と公共的な領域（政治，国家）の区別を前提している[30]．そして，私的な領域が愛情などの自然な絆によって形

---

29) Friedan, B, 1963, *The Feminine Mystique*, New York: Norton.〔フリーダン，B，2004，三浦冨美子訳『新しい女性の創造［改訂版］』大和書房．〕
30) Okin, S, 1979, *Women in Western Political Thought*, Princeton, N.J.: Princeton University Press.〔オーキン，S，2010，田林葉・重森臣広訳『政治思想のなかの女——その西洋的伝統』晃洋書房．〕

成されるのに対して，公共的な領域は社会契約のような手続によって構成されるという形で，両者が対照的に描き出される．結果的に，その内容がどのようなものであれ，正義の原理は，公共的な領域を構成する個人の間での善の構想の対立を調整する原理という位置づけになる．その一方，自然な絆で結ばれた特別な関係である（はずの）家族の間では，正義や平等を持ち出す必要はない，ということになる．

　ロールズを始めとして現代の政治哲学者の多くもこの公私二分法を継承し，正義の原理の適用範囲が公共的領域に限られることを暗黙のうちに前提にしている．そのため，もし仮にロールズ流の格差原理で社会的基本財を公正に分配すれば，法的地位の平等は実現し，労働市場や教育の機会などにおける不平等も適正な水準にまで是正される．しかし，その場合でも，家庭の中で稼ぎ手である男性に女性が経済的に依存し，家事の負担が女性に集中している現実や，ドメスティック・バイオレンスに見られるような私的な領域における女性の抑圧は残されたままであろう．

　この問題関心を的確に表現したのが，・個・人・的・な・こ・と・は・政・治・的・な・こ・と・であるというラディカル・フェミニズムのスローガンである[31]．これまで個人的・私的な事柄の典型とみなされてきた男女の力関係の中にも，現実社会における男性による女性支配が反映されている．その意味で，私的な領域における女性の抑圧は，既存の社会・法制度・文化・慣習などの中に含まれる女性支配の構造という政治的な権力作用によって生み出されている．

　この権力作用を鋭く分析したのが，ラディカル・フェミニズムを代表するケイト・ミレット『性の政治学』である[32]．同書では，家庭＝私的，政治＝公的という従来の二分法ではなく，集団間における権力作用のあり方を政治とみなす立場から，政治の領域における男性による女性支配すなわち・家・父・長・制というう支配システムが，男女の関係とりわけ性の領域にも適用されていることを明らかにした．

---

31) このスローガンはキャロル・ハニッシュ（Carol Hanisch）が1969年に執筆したエッセイに由来する．Cf. http://carolhanisch.org/CHArticlesList.html（2017年9月29日確認）
32) Millett, K, 1970, *Sexual Politics*, Garden City, N.Y.: Doubleday.〔ミレット，K，1985，藤枝澪子他訳『性の政治学』ドメス出版.〕

ラディカル・フェミニズムとリベラル・フェミニズムの相違点の一つは，現実の社会を変革する戦略の違いである．一般的に，リベラル・フェミニズム（とマルクス主義・フェミニズム）が平等を重視するのに対し，ラディカル・フェミニズム（とポストモダン・フェミニズム）は差異を重視する．すなわち，リベラル・フェミニズムは，既存の社会システムの中で法改正などを通じて，女性の地位を男性と対等になるまで引き上げることを目指す．一方，ラディカル・フェミニズムの立場からすると，リベラル・フェミニズムの改良主義的な対応では現実の変革につながらない．だからこそ，男女の間で法的・制度的な平等がほぼ達成されている先進諸国においてさえ，中絶，ポルノ，レイプ，売買春，ドメスティック・バイオレンスなどの性支配が温存される．制度的な改良を通じて男女の差異をなくして平等にするのではなく，むしろ女性の性的アイデンティティに固有の問題などに着目して性支配の構造を変革しようとするのが，ラディカル・フェミニズムである．

(3) ジェンダーに関する問題

　なお，これはリベラル・フェミニズムとラディカル・フェミニズムの対立に直接対応するものではないが，フェミニズムを理解するうえで重要な争点は，ジェンダーに関する本質主義と社会構築主義の区別である．1970年代以降，従来のセックス（生物学的な性差）という概念から区別される，ジェンダー（社会的・文化的な性差）の概念が，フェミニズムに導入された．そこで，性差をどのように捉えるかをめぐり，セックスがジェンダーを決定するという生物学的な本質主義に基づく伝統的なジェンダー観に対抗して，ジェンダーは制度的・文化的な産物であるという社会構築主義が登場する．さらに，女性らしさを制度的・文化的に構成されたものとみなしたうえで，女性固有の経験に積極的な意義を見出そうとするジェンダー本質主義という考え方もある．女性らしさを生まれながらのものとする生物学的な本質主義は，男女の性別役割分業制を正当化するのに使われてきた経緯があり，そもそもフェミニズムとは相性が悪い．それゆえ，現代フェミニズムでは，性差を固定的に捉えずジェンダー・フリーを志向する社会構築主義と，女性らしさに一定の意義を認めるジェンダー本質主義の対立が中心的な争点になる．

> **BOX3：社会保障制度の理念をめぐって**
>
> 　社会保障費の増大に伴う財政の逼迫に対応すべく，社会保障制度改革の必要性が叫ばれている．そもそも社会保障はいかにあるべきかをめぐっては，大別すると，ワークフェアとベーシック・インカムという二つの考え方が対立している[33]．
> **ワークフェア**：生活保護などの各種の福祉制度のもとで給付を実施する際に，受給者に就労を義務づける．働かざるもの食うべからずという言葉に典型的に現れているように，就労支援などの政策を通じて福祉受給者の経済的・精神的な自立を促すことで，福祉依存をなくそうとする考え方である．直観的には説得力のある考え方だが，給付水準と最低賃金との関係を調整することなどを通じて就労に対するインセンティブを調達できなければ，不正受給に対する決定的な解決策にはならない．
> **ベーシック・インカム**：政府が全ての国民に対して最低限の所得を無条件で保障・給付する．この考え方は，一方では，肥大化した福祉行政の恣意性や非効率性を解消するとともに，最低限の所得を保障する代わりに解雇規制のような既存の労働者保護法制を緩和しようという，ネオ・リベラリズムの立場から提案されることがある．また，他方では，既存の社会福祉政策を拡充するものとしてベーシック・インカムを導入するという，（中道）左派の立場から推奨されることもある．

3．現代フェミニズムのさらなる展開

　現代の倫理学・政治哲学の理論の中で，フェミニズムと密接に関係するのが，ケアの倫理である．これを提唱した発達心理学者キャロル・ギリガン『もうひとつの声』は，ローレンス・コールバーグを代表とする従来の道徳発達論が，

33）　社会保障をめぐる政治哲学系の重要文献としては，Fitzpatrick, T, 1999, *Freedom and Security: an Introduction to the Basic Income Debate*, New York: Palgrave Macmillan（フィッツパトリック，T，2005，武川正吾・菊池英明訳『自由と保障——ベーシック・インカム論争』勁草書房）；Spicker, P, 2000, *The Welfare State: a General Theory*, London: Sage Publication Ltd（スピッカー，P，2004，阿部実・圷洋一・金子充訳『福祉国家の一般理論——福祉哲学論考』勁草書房）；Van Parijs, P, 1995, *Real Freedom for All: What (If Anything) Can Justify Capitalism*, New York: Oxford University Press（ヴァン・パリース，P，2009，後藤玲子・齊藤拓訳『ベーシック・インカムの哲学——すべての人にリアルな自由を』勁草書房）が挙げられる．

男性中心の発達モデルになっている点を批判した[34]。

コールバーグの発達段階理論では，個別的な状況にとらわれず，特殊な要因を排除したうえで，その状況における関係者の権利と公平な立場から判断できることが，道徳的にもっとも発達した段階とみなされる．抽象的で普遍的なルールを個別の状況にあてはめて判断する道徳的思考の様式を，ギリガンは正義の倫理と呼ぶ．これに対して，個別的な状況の中で誰一人として傷つけなくて済むように，関係する当事者のニーズをきめ細かく配慮し丹念に調整する道徳的思考の様式が，ケアの倫理である．

ここで，正義の倫理とケアの倫理のどちらが優れているのかは判定しがたく，また両者が本当に両立できないのかということも問われねばならない．とはいえ，正義の倫理の典型例が現代リベラリズムである一方，ケアの倫理とフェミニズムが親和的であるというように図式化すると，現代リベラリズムの弱点が浮かび上がってくる．それは，当事者の力関係が非対称的であるような状況に対処できるのか，ということである．この点について，政治哲学者マーサ・ヌスバウムは次のように主張する．すなわち，ロールズ流の社会契約論に基づくリベラル平等主義では，契約当事者として暗黙のうちに経済活動に従事する男性が想定されているため，正義原理を導出する際に，女性，子ども，高齢者，障碍者に対する特別な配慮が欠落している[35]．ロールズ自身が，障碍者の事例は自らの正義論にとって説明が困難な事例と認めていることもあり，ヌスバウムの指摘は傾聴に値する．

ケアの倫理とそれに親和的なフェミニズムの強みは，依存の問題に比較的うまく対応できることである．すなわち，他者からのケアに恒常的に依存する人々（乳幼児，子ども，高齢者，障碍者），ケア提供者（主に女性），ケア提供

---

34) Gilligan, C, 1982, *In A Different Voice: Psychological Theory and Women's Development*, Cambridge, Mass.: Harvard University Press.〔ギリガン，C，1986，岩男寿美子監訳『もうひとつの声——男女の道徳観のちがいと女性のアイデンティティ』川島書店．〕

35) Nussbaum, M, 2006, *Frontiers of Justice: Disability, Nationality, Species Membership*, Cambridge, Mass.: Harvard University Press.〔ヌスバウム，M，2012，神島裕子訳『正義のフロンティア——障害者・外国人・動物という境界を超えて』法政大学出版局．〕なお，ヌスバウムに関する優れた解説書として，神島裕子，2013，『マーサ・ヌスバウム——人間性涵養の哲学』中公選書を参照．

者が社会的・経済的に依存せざるを得ない人（基本的にケア提供者のパートナーである男性の稼ぎ手），これらの人々の間での公正な関係を可能にする社会制度をどのように設計するかという問題である．この問題に直接アプローチした，ケアの倫理をベースにしたフェミニズム系の正義論として，エヴァ・キテイ『愛の労働』が挙げられる[36]．キテイは，人間の傷つきやすさとそれをケアする能力という視点をロールズ流の正義論に組み込んで，依存者へのケアをも社会的に分配される財の一つと位置づける．そして，必要に応じてケアを提供する／される互酬的な人間関係のネットワークをドゥーリアと名づけ，この原理に基づく正義論を福祉政策まで視野に入れて論じている．

　以上のように，フェミニズムは決して一枚岩の立場ではないが，従来は見落とされてきた性（性差）の問題を政治哲学の主題として取り上げた点で重要である．社会保障制度の再編が課題となっている中で，介護労働が主として女性によって担われている現状を踏まえると，女性に対する（単なる法律上にはとどまらず私的領域においても実質的で）平等な処遇という，フェミニズムのつきつけた主張を真剣に受け止める必要がある．

Ⅳ．多文化主義

1．多文化主義とは

　多文化主義（multiculturalism）は，国民国家内部のマイノリティ集団，とりわけ文化的少数派に対する適切な処遇を要求する理論である[37]．概して，近代の国民国家においては，主に民族的多数派によって構成される主流派の国民文化があり，文化的少数派もその国民文化に同化することによってシティズンシップ（市民権）が認められることが多い．これは，国家・国民統合に関す

---

36) Kittay, E, 1999, *Love's Labor: Essays on Women, Equality, and Dependency*, London: Routledge.〔キテイ, E, 2010, 岡野八代・牟田和恵監訳『愛の労働あるいは依存とケアの正義論』現代書館.〕
37) 多文化主義についての優れた研究書として，松元，2007，を参照．

る同化主義の考え方であり，多文化主義の中核は同化主義に対する批判である．

また，多文化主義は，現代政治哲学の分野で興味深い位置を占めている．一方で，文化的少数派を独自のコミュニティとみなし，コミュニティの保全という観点から少数派文化への尊重を要求するなら，多文化主義はコミュニタリアニズムに接近する．他方で，文化的少数派に属する個人の権利という観点から少数派文化への尊重を要求するなら，多文化主義は現代リベラリズムに接近する．すなわち，コミュニタリアンな多文化主義とリベラルな多文化主義がありうる．とはいえ，従来のコミュニタリアンとリベラルが，主流派の国民文化を暗黙の前提にして，文化的少数派に対して十分な配慮をして来なかった点を批判するところが，多文化主義の眼目である．

なお，多文化主義が話題になるときには，カナダのケベック州，オーストラリアの先住民アボリジニが取り上げられることが多い．そのため，日本社会にとって，多文化主義はあまり縁のないものと思われがちだが，必ずしもそうではない．まず，言語・文化の面で異なる先住民族のアイヌの問題や，歴史的な経緯から見ても特別な配慮が必要と思われる沖縄の問題は，日本における多文化主義の事例とも言える．これに加えて，現時点では，日本の総人口に占める外国人登録者数の割合は2％程度にとどまっているが，少子高齢化による労働人口の減少や，介護労働者の不足に対応するため，移民の受け入れが推進されれば，日本社会も文化的少数派の問題に直面する．また，在日外国人をめぐっては，帰化要件の緩和や参政権付与の是非が，すでに争点となりつつある．こういった問題について考えるヒントが，多文化主義の理論にある．

2. 承認の政治

テイラーは，コミュニタリアニズムや共和主義だけでなく，多文化主義の基礎にもなる，自己・アイデンティティ・言語・コミュニティに関する考察を行っている[38]．多文化主義に対するテイラーの関心は，彼の故郷であるケベッ

---

38) Taylor, 1994, "The Politics of Recognition", Gutmann, A, ed., 1994, *Multiculturalism: Examining the Politics of Recognition*, Princeton, N.J.: Princeton University Press.〔テイラー，C, 1996, 佐々木毅他訳「承認をめぐる政治」，ガットマン，A, 1996, 佐々木毅他訳『マルチカル

ク州が抱えていた言語・文化的アイデンティティとシティズンシップの問題を出発点としている[39]．テイラーは，多文化主義の基礎として承認の政治という考え方を提起した理論家であると同時に，穏健左派の新民主党の結成に参加し国政選挙に出馬した経験のある実践家でもある．

> **BOX4：ケベック州の多文化主義**
>
> 　もともとフランス植民地であり，のちにイギリス植民地となったことのあるカナダ連邦は，人種的には主に英語系カナダ人と，ケベコワと呼ばれるフランス語系カナダ人によって構成される．連邦内では英語系が人口の過半数を占めるが，ケベック州ではフランス語系が多数派を占める．連邦政府の政策（たとえば，連邦政府の公用語を英語とフランス語の両方にする二言語主義政策や，ケベック州を独自の社会と位置づけ自治権を付与することなど）でケベック州の文化的独自性と政治的独立をある程度まで容認することによって，連邦が維持されてきた．
> 　ところが，1960年代以降，ケベック州の独自性を追求する政治・社会運動が活性化し，連邦からの分離独立を掲げる急進派が台頭する．実際，1995年に実施された州民投票では，分離独立賛成派が49.4％にも上っている．このようにケベック州では，英語系カナダ人とフランス語系カナダ人との間で，言語・文化的アイデンティティとシティズンシップの問題が重要な争点でありつづけてきた．

　まず，テイラーは，自己とアイデンティティの関係について分析する．テイラーによれば，自己解釈的な動物である人間は，対話的自己という形で人格を形成する．個人のアイデンティティが形成されるのは，自らの属する言語共同体の中で，他者と対話するプロセスを通じてである．ここで重要なのは，われわれは他者とともに共通の言語をもつコミュニティに帰属しているからこそ，アイデンティティ形成プロセスに関与する規範的概念（たとえば，誇らしい／卑しい）および感情（たとえば愛情や憎悪）について，他者と理解を共有できることである．

チュラリズム』岩波書店，所収．〕
[39] ケベック問題をめぐる動向については，ジェラール・ブシャール，チャールズ・テイラー，2011，竹中豊・飯笹佐代子・矢頭典枝訳『多文化社会ケベックの挑戦——文化的差異に関する調和の実践』明石書店，を参照．

さらにテイラーは，近代に特有のアイデンティティのあり方，すなわちわれわれが自らのことを他者とは異なるかけがえのない存在として意識していることを，真正さと呼ぶ[40]．われわれは，一方では対話的自己という性格ゆえに他者との対話を通じて，他方では自己解釈的存在という性格ゆえに自らの行為の動機やなすべき行為についての内省（強い評価）を通じて，固有の生き方やアイデンティティを自ら定義づけて獲得する．このような近代的アイデンティティのあり方は，テイラーが真正さと呼ぶものである．

われわれのアイデンティティは他者との対話を通じて形成される．そのため，われわれ自身や自らの帰属する集団に対して他者が否定的な評価をすれば，われわれのアイデンティティは損なわれる．アイデンティティの安定性を確保するために必要なのは，われわれが他者と異なる独自の存在，しかも対等の存在として認められること，すなわち承認である．承認には二つの側面があり，一つは上で述べた人格的な承認であり，もう一つは平等な権利を保障することなどの法的・社会的な承認である．テイラーの観点からすれば，現代リベラリズムは法的・社会的な承認の次元に留まり，人格的な承認という次元にまで踏み込んだ議論をしていない点で不十分である．

承認概念をベースにしたテイラーの多文化主義は，中立的正義を核とする現代リベラリズムに批判をつきつける．現代リベラリズムは，特定の善の構想を優遇しないという中立的正義の要請ゆえに，少数派文化に適切な配慮をせず，アイデンティティの差異に目をつぶって個人を一律に処遇する．これに対して，多文化主義は，承認の政治という観点から，少数派文化に配慮しつつ，アイデンティティの差異に応じて個人を処遇するように要求する．

3. リベラルな多文化主義

自律という現代リベラリズムと共有できる価値をベースにして多文化主義を提唱したのが，ウィル・キムリッカである[41]．まず，キムリッカは，言語を

---

40) Taylor, C, 1992, *The Ethics of Authenticity*, Cambridge, Mass.: Harvard University Press. 〔テイラー，C，2004，田中智彦訳『〈ほんもの〉という倫理——近代とその不安』産業図書．〕
41) Kymlicka, W, 1995, *Multicultural Citizenship: Liberal Theory of Minority Rights*, Oxford:

中心にして教育や宗教や社会制度など私的・公的の両側面において個人の生活の背景を形成する文化，つまり社会構成的文化が存在するとして，少数派集団の社会構成的文化には特別な配慮が必要であると主張する．ここで想定されている集団は，先住民のような民族的少数派であり，少数派の社会構成的文化が存続できるように配慮すべき根拠は，個人の自律である．

　個人が自律的であるとは，自らのアイデンティティを保持し，固有の善の構想を形成し追求できる状態のことである．そして，個人の自律に必須の条件は，個人がそこから自由に選択できる程度に十分な選択肢の集合，すなわち選択の文脈であり，文化は選択の文脈の重要な一部をなしている．また，テイラーの承認論においても指摘されているように，ある個人の属する文化が尊重されているかどうかということは，当人の自尊心にとって決定的な意味を持つ．ところが，少数派文化集団に属する個人は，たとえば自分の信仰を明らかにすれば就職で不利になるといった社会的・経済的不利益がありうるために，多数派文化集団に属する個人と比べると，自文化へのアクセスが制限される可能性が大きい．

　ここで重要なのは，前章で言及した選択概念に基づく現代リベラリズムの平等論である．それは，個人は自らの選択に起因する不平等にのみ責任を負い，それに起因しない不平等は補償の対象であるという考え方であった．これにそって考えると，どの文化集団に属するのかは個人の選択によらないため，少数派文化集団に属する個人の自律性を尊重し，市民として平等な処遇を保障するには，その文化集団が存続できるように特別な措置が必要である．こうしてキムリッカは，少数派文化集団に自治権を含めて集団別権利を認めるべきであるという結論を導き出す．

　さて，少数派文化集団に特別な権利を付与するとして，現代リベラリズムの見地から見逃せないのは，少数派内部の少数派と呼ばれる問題である．集団別権利という発想は，多数・少数の集団間でバランスをとるためには有効だが，少数派集団内部の弱い立場の構成員（子ども，女性，高齢者，障碍者，とりわ

Oxford University Press.〔キムリッカ，W，1998，角田猛之・石山文彦・山崎康仕監訳『多文化時代の市民権——マイノリティの権利と自由主義』晃洋書房.〕

け少数派文化に異議申し立てをする構成員）に対する抑圧を生み出すのではないかという懸念である．少数派文化集団の結束を高めるという意識が強ければ強いほど，その集団内部の少数派への配慮が後回しになることは十分に考えられる．

そこでキムリッカは，集団別権利に関して対内的制約と対外的防御という二つの様式を区別する．対内的制約とは，少数派文化集団が独自の文化を維持する目的でその構成員に対して，特定の行為や信条を強制あるいは制限することである．これに対して，対外的防御とは，少数派文化集団が独自の文化を多数派の同化圧力から保護するために，自治権などを行使することである．このような区別を設けたうえでキムリッカは，集団内の個人の自由を保護する観点から対内的制約は許容せず，集団間の平等を保障する観点から対外的防御のみを許容する．

以上のように，多文化主義は，文化やアイデンティティにまつわる問題を政治哲学の争点として浮上させた．そして，個人の自律に着目する点では現代リベラリズムと，文化集団の固有性に着目する点ではコミュニタリアニズムとそれぞれ親和的である．とはいえ，それらのどちらとも完全には一致しない独自の立場を提示することにより，現代リベラリズムとコミュニタリアニズムの論争に，新たな視点を切り拓いたといえる．

まとめ

ここまで現代リベラリズムの対抗理論として，コミュニタリアニズム，共和主義，フェミニズム，多文化主義を概観してきた．これらの理論はそれぞれ，人格形成におけるコミュニティの価値，政治参加の意義，公私双方の領域での男女の実質的な平等，少数派文化集団に対する平等な処遇という論点を提起する．いずれももっともな指摘であり，現代リベラリズムかその対抗理論かという二者択一を迫るのは困難である．いずれの政治哲学を基本的な立場として採用するにせよ，そのときに問題となっている事柄に応じて，見落としている点がないかチェックするために他の政治哲学の理論を援用することも有益だろう．

参考文献

- Kymlicka, W, 2002, *Contemporary Political Philosophy: An Introduction*, Oxford: Oxford University Press, 2nd ed.（キムリッカ，W，2005，千葉眞・岡崎晴輝訳者代表，『新版 現代政治理論』日本経済評論社）
- Mulhall, S, Swift, A, eds, 1996, *Liberals and Communitarians*, Cambridge, Mass.: Blackwell, 2nd ed.（ムルホール，S，スウィフト，A，編，2007，谷澤正嗣・飯島昇藏訳者代表『リベラル・コミュニタリアン論争』勁草書房）
- 衛藤幹子，2017，『政治学の批判的構想——ジェンダーからの接近』法政大学出版局.
- 江原由美子・金井淑子編，2002，『フェミニズムの名著50』平凡社.
- 大森秀臣，2006，『共和主義の法理論——公私分離から審議的デモクラシーへ』勁草書房.
- 菊池理夫，2004，『現代のコミュニタリアニズムと「第三の道」』風行社.
- 菊池理夫・小林正弥編，2013，『コミュニタリアニズムの世界』勁草書房.
- 小林正弥，2010，『サンデルの政治哲学——〈正義〉とは何か』平凡社新書.
- 小林正弥・菊池理夫編，2012，『コミュニタリアニズムのフロンティア』勁草書房.
- 佐伯啓思・松原隆一郎編，2007，『共和主義ルネサンス——現代西欧思想の変貌』NTT出版.
- 田中秀夫・山脇直司編，2006，『共和主義の思想空間——シヴィック・ヒューマニズムの可能性』名古屋大学出版会.
- 田村哲樹，2009，『政治理論とフェミニズムの間』昭和堂.
- 野崎綾子，2003，『正義・家族・法の構造転換：リベラル・フェミニズムの再定位』勁草書房.
- 松元雅和，2007，『リベラルな多文化主義』慶應義塾大学出版会.

おわりに

児玉　聡

　英語で「スピンオフ」という表現がある．あるメインの企画から派生した副産物というような意味である．本書は『入門・医療倫理』のシリーズのスピンオフと言える．

　もともと，『入門・医療倫理』は，医療倫理を学ぶ医学生や医療従事者など，必ずしも哲学や倫理学を専門としない人々に向けて書かれたものであった．しかし，そこに収録されていた倫理学に関する諸章は幸いにして評価が高く，これから哲学や倫理学を専門的に学ぼうとする学生にも読まれることになった．つまり，『入門・医療倫理』を医療倫理の入門書ではなく，倫理学の入門書として手に取る人々が一定数いたということである．

　そのような事情もあり，『入門・医療倫理』の第Ⅰ巻から第Ⅲ巻までの倫理学に関連する諸章をまとめて一冊にしてはどうかという提案を複数の方々から受け，本書が企画されることとなった．各章は，一部表現を改め，参考文献などを更新した以外は，原則として大きな修正は施されていない．本書をまとめるにあたって，快く編者の方針を受け入れてくれた各章の執筆者に深く御礼を申し上げる次第である．この企画を快諾してくれた編集者の土井美智子氏，および『入門・医療倫理』シリーズの編集に携わった富岡勝氏にも，この場を借りて感謝の意を表したい．また，本書の編者の一人であるとともに，10年以上かけて『入門・医療倫理』シリーズをまとめあげた赤林朗氏にも感謝の念と敬意を表する．ここで，当時の臨場感が伝わるよう，赤林氏による『入門・医療倫理Ⅰ』の「おわりに」（2005年，初版）の一部分を以下に引用したい．

＊＊＊

　本書の作成過程では，週2回，数時間のミーティングにおける密な議論が数

ヶ月に亘って行われた．原稿の改訂は 10 回以上に及び，本書を少しでも良いものにするべく，スタッフ間での厳しい批判を徹底して行った．ある者は，途中で予定されていた一章の執筆を断念した．執筆するよう説得を試みたが，「レベルに達していない」，「人前に出すにはあと一年はかかる」．それが彼の言葉であった．

　各章は有機的につながっているのか，内容は十分にこなれているのか．配慮はしてきたものの，十分に仕上がっていないのではという心配が後を絶たない．しかし，これらは，新たな学問体系の構築を試みる者たちには避けて通れぬ不安でもある．

　その意味で，本書はいまだ完成途上である．それは，日本の「医療倫理学」という学問自体が，発展途上であることを反映しているともいえよう．

　我々は，生命・医療倫理センター構想（CBEL: cbel.jp）の試みを，「平成のプロジェクト X」とよんだ．生命・医療倫理人材養成ユニットは，主に社会人を対象に生命・医療倫理学入門コースの公開講座や模擬倫理委員会演習等を行ってきた．医療現場の倫理的問題で困っている人々への支援を行うとともに，日本の医療倫理学研究の基盤づくりを目指してきた．それらの研究教育活動を通じて，体系的かつ標準的なテキストの必要性を認識した．本書は，現時点でできる限りの挑戦を試みたものである．是非，読者諸氏の忌憚のないご批判をいただきたい．それが，日本における医療倫理学のさらなる発展につながるものと信じている．

＊＊＊

　上で述べたように本書はスピンオフ企画であるが，目次を見ればわかる通り，倫理学の基礎理論，規範倫理学，メタ倫理学，政治哲学に関して，体系的な記述がなされており，倫理学あるいは規範理論一般の格好の入門書になったと自負している．本書の内容を，大学の半期あるいは通年の倫理学の講義で丁寧に教えれば，英米圏の倫理学の基礎理論を一通り身に付けることができるだろう．倫理学を専門に学ぶ学生だけでなく，倫理学に関心のあるさまざまな学生や研究者にも手にしてもらえることを心より願っている．

　　2017 年 10 月（2023 年 1 月加筆）

BOX 一覧

第 I 部総論

BOX1：「倫理的」の二つの意味 …………………………………… 10

第1章

BOX1：倫理における感情の役割 …………………………………… 17
BOX2：すべり坂論法と実証的研究 ………………………………… 18
BOX3：道徳的に重要な違い（morally relevant difference）……… 21
BOX4：思考実験 ……………………………………………………… 22

第2章

BOX1：倫理学の見取り図 …………………………………………… 29
BOX2：サバイバル・ロッタリー …………………………………… 33
BOX3：人間愛から嘘をつく権利と称されるものについて ……… 40

第3章

BOX1：患者の権利章典 ……………………………………………… 52
BOX2：付随的制約（side constraint）……………………………… 59

第4章

BOX1：自然法と法実証主義 ………………………………………… 65
BOX2：国家や社会による強制や禁止の根拠を提供する主要な理論 … 74
BOX3：実定道徳と批判道徳 ………………………………………… 76

第 II 部総論

BOX1：倫理学の分類 ………………………………………………… 83
BOX2：記述倫理学と規範倫理学の違いと，両者の評価方法について … 85
BOX3：正の理論と善の理論 ………………………………………… 87

第5章

BOX1：功利主義の長所 ……………………………………………… 95
BOX2：正義，権利，過去の経緯を考慮に入れない功利主義が，直観に反する結論に
　　　行き着く事例 ………………………………………………… 97

BOX3：動機功利主義（motive utilitarianism） ……………………………… *101*
BOX4：ヘアの二層理論（two-level theory） ……………………………… *102*

第6章

BOX1：代表的な義務論的制約 …………………………………………… *107*
BOX2：ロスにおける一応の義務 ………………………………………… *110*
BOX3：義務論的制約の特徴 ……………………………………………… *111*
BOX4：意図と予見を区分するテスト …………………………………… *122*

第7章

BOX1：フロネーシスの習得 ……………………………………………… *131*
BOX2：エウダイモニア …………………………………………………… *133*
BOX3：反‐理論とは？ …………………………………………………… *139*
BOX4：卓越論的転回と現代倫理学批判：「現代倫理理論の統合失調症」 ……… *144*

第III部総論

BOX1：日常の道徳的営みが持つと考えられる二つの特徴 …………… *153*

第8章

BOX1：エウテュプロン問題 ……………………………………………… *162*
BOX2：ムアの衝撃 ………………………………………………………… *167*

第9章

BOX1：オースティンの言語行為論と非認知主義 ……………………… *184*
BOX2：相対主義の分類 …………………………………………………… *187*
BOX3：マッキーの理論とメタ倫理学の新たな展開 …………………… *189*

第10章

BOX1：階層の違い ………………………………………………………… *202*
BOX2：道徳的事実の機能主義的説明 …………………………………… *210*

第IV部総論

なし

第11章

BOX1：社会改革の旗手としての古典的功利主義 ……………………… *246*
BOX2：自由を制限する根拠 ……………………………………………… *255*
BOX3：福祉国家批判の諸相 ……………………………………………… *260*

第 12 章

BOX1：マルクス主義の復権？ ……………………………………………265
BOX2：デモクラシー論の興隆 ……………………………………………275
BOX3：社会保障制度の理念をめぐって …………………………………284
BOX4：ケベック州の多文化主義 …………………………………………288

外国人名索引

あ 行

アクィナス　Aquinas, St. Th.　64
アダムズ　Adams, R. M.　101
アリストテレス　Aristotle　45, 117, 128–9, 131, 133–4, 138, 140, 145, 229
アンスコム　Anscombe, G. E. M.　45, 144
イェリネック　Jellinek, G.　67
ヴィーチ　Veatch, R. M.　119
ウィギンズ　Wiggins, D.　196
ウィリアムズ　Williams, B.　45, 100, 139–40, 243–4
ウォルツァー　Walzer, M.　264–5, 269
エア　Ayer, A. J.　178–83, 186, 190–1, 213
エチオーニ　Etzioni, A.　269–70
オーキン　Okin, S.　281
オークリー　Oakley, J.　47, 131, 145
オースティン　Austin, J. L.　184–5

か 行

カム　Kamm, F.　110, 115–6, 124
カント　Kant, I.　24, 27, 36–42, 47, 66, 107–9, 111, 113, 115, 118–20, 126, 173, 185, 189, 191
キケロ　Cicero, M. T.　41
キテイ　Kittay, E.　286
キムリッカ　Kymlicka, W.　289–92
ギリガン　Gilligan, C.　284–5
クイン　Quinn, W. S.　120–2
グッディン　Goodin, R.　245
ケルゼン　Kelsen, H.　68
コールバーグ　Kohlberg, L.　284–5

さ 行

サンデル　Sandel, M.　44, 264–9, 272, 277–8, 292
シェフラー　Scheffler, S.　110

シジウィック　Sidgwick, H.　91
スキナー　Skinner, Q.　271–4
スタージョン　Sturgeon, N.　207, 212, 214–5
スティーブンソン　Stevenson, C. L.　178, 181–6, 190
ストッカー　Stocker, M.　46, 144–5
スペンサー　Spencer, H.　164
スロート　Slote, M.　134–5, 138
セン　Sen, A.　44, 252–4

た 行

ダーウォル　Darwall, S.　107
ダンシー　Dancy, J.　216, 221–9
チルドレス　Childress, J. F.　43, 119, 144
テイラー　Taylor, C.　264–7, 269, 272–3, 287–90
デヴリン　Devlin, P. A.　73–4, 76
ドゥウォーキン　Dworkin, R.　58–9, 62, 250–1, 254
ドゥグラツィア　DeGrazia, D.　86
ドナガン　Donagan, A.　118
トマジウス　Thomasius, Ch.　65–6

な 行

ヌスバウム　Nussbaum, M.　281, 285
ネーゲル　Nagel, Th.　218
ノージック　Nozik, R.　36, 44, 59, 62, 96, 257–60

は 行

ハーストハウス　Hursthouse, R.　45–6, 48–9, 132–5, 137, 139, 141–3, 145
ハート　Hart, H. L. A.　65, 67–70, 73–6, 79
ハーマン　Harman, G.　137, 190–1, 198, 207, 212–5, 231
バーリン　Berlin, I.　272–3

外国人名索引 ◀ *299*

ハリス　Harris, J.　33–4
ビーチャム　Beauchamp, T. L.　43, 119, 144
ヒューム　Hume, D.　134, 154–6, 170, 173–4
ピンカフス　Pincoffs, E.　45
フット　Foot, P.　45
フラー　Fuller, L. L.　68–70
ブラックバーン　Blackburn, S.　188–9, 193, 197–203, 205, 229–30
プラトン　Plato　162–3, 189
フランケナ　Frankena, W. K.　83, 87–8
フリード　Fried, C.　110
プリチャード　Prichard, H. A.　166
ブリンク　Brink, D. O.　207–12, 215, 229
ヘア　Hare, R. M.　35, 102–4, 184–9, 228–9, 244
ベイアー　Baier, A. C.　140
ペティット　Petitt, P.　272, 274
ベンサム（ベンタム）　Bentham, J.　23, 30, 91–2, 240, 246
ペンス　Pence, G.　48
ポーコック　Pocock, J. G. A.　271, 274
ホープ　Hope, T.　16, 23, 25
ホーフェルド　Hohfeld, W. N.　55

ホッブズ　Hobbes, Th.　57

ま 行

マーチノー　Martineau, J.　134–5
マクダウェル　McDowell, J.　138, 196, 202–6, 216–23, 225, 228–9, 231
マッキー　Mackie, J. L.　168–9, 171, 189–91, 196–8, 200, 202–4, 208, 210–1, 213
マッキンタイア　MacIntyre, A.　45, 140, 264–5, 268–9
マペス　Mappes, T. A.　86
ミル　Mill, J. S.　30, 72–4, 78–9, 91–2, 161, 164, 237–8, 246, 255, 260
ムア　Moore, G. E.　97, 161–7, 169, 171–2, 178, 196, 207–8, 227

ら 行

ラートブルフ　Radbruch, G.　67
レイチェルズ　Rachels, J.　24–5, 120
ロールズ　Rawls, J.　24, 27, 29, 36, 43–4, 50, 238, 246–54, 257–8, 265–9, 277, 281–2, 285–6
ロス　Ross, W. D.　27, 29, 36, 42–3, 107, 109–11, 117, 140, 166, 229

事項索引

あ 行

アソシエーション　264-5
アトミズム　267
異議申し立てのデモクラシー　274
意志の他律　40
依存　20, 79, 134, 203, 208, 211, 227, 254, 273, 282, 285-6
依存生起　→付随性
一応の義務　42-3, 109-10
　──論　36, 42-3, 229
位置づけられた自己　266
一見自明な原則　102
意図　16, 21, 66, 86-7, 111, 121-4, 154, 222, 246, 259
意味論　191, 199, 208, 227, 230
医療情報を知る権利　52
医療の正当性　71
医療倫理　39-40, 47-8, 63, 78, 84, 138, 228-9, 230
医療倫理の四原則　40, 119
インテグリティ　129, 243
インフォームド・コンセント　52
エウダイモニア　132-5, 137, 141
　──主義　133, 137-8
エウテュプロン問題　162-3
応用倫理学　84, 122, 228, 230
オッカムの剃刀　212

か 行

快（快楽）　30-2, 42, 57-8, 87, 92-4, 96, 99, 102, 129, 131, 133, 136, 149, 160, 166, 178-9, 199, 242
開花（開花繁栄）　37, 42, 46, 48, 119, 133, 141, 161, 271
快苦　59, 242
外在主義　172-3, 207, 210-2, 216
階層　202, 278
快楽のパラドクス　102
改良主義　240, 283
格差原理　44, 248, 252-3, 258, 269, 282
拡張国家　259-60
格律　38-9, 107-8
仮言命法　38, 108, 115, 173, 191
仮想的保険市場　251
価値の理論　87
仮定法テスト　214
神の命令理論　162
還元主義　160, 213
観察者　150
患者の権利章典　52
感受性　199, 205-6, 216, 222
　──理論　196, 202-3, 206, 231
間接功利主義　102
完全義務　41-2, 108-9, 119
ギーチ＝フレーゲ問題　199
帰結主義　27-32, 36, 93, 96-8, 110, 119-20, 167, 210, 229, 242, 256
記述的意味　182, 184, 186
記述的用法　181
記述理論　235
記述倫理学　29, 83-6, 150, 188
　──的相対主義　188
傷つきやすさ　286
規則功利主義　34-5, 57, 88, 93, 100-1
基礎付け　76, 88, 113, 132-4, 137, 141
機能主義的説明　210-1, 229
希薄な（thin）　139
規範性　57, 141, 149, 151-3, 155-7, 170-4, 177, 180, 183-4, 186, 192, 195, 210-2
規範理論　51, 58-9, 229, 235, 242, 244, 247
規範倫理学　27, 29-30, 45, 58, 83-6, 88, 91, 103, 141, 149-50, 156-7, 167, 188-9, 210, 228-30

——的相対主義　188
基本財　43-4, 247-8, 252-3, 269, 282
　　——の平等　251-4
基本的ケイパビリティ　253-4
　　——の平等　254
基本的人権　52-4, 97, 188, 236
義務　28, 30-8, 40-3, 46-7, 54, 56, 61, 66, 83, 86, 91, 98, 102-3, 106-11, 113-4, 116-20, 122, 128, 145, 149-50, 166, 200-1, 235, 244, 247, 284
　　——の秩序づけ　119
　　——を超える善行　244
義務論　14, 16, 27-31, 33, 36-7, 40, 42-3, 45-9, 58, 84, 87-8, 91, 103, 105-6, 110, 112-7, 119, 124, 127-8, 132, 136, 138, 140-4, 229-30
　　——的制約　36, 40, 106-12, 114-8, 124
　　——的特権　106, 110-2, 124
　　——的リベラリズム　266
客体　55-6, 155-6
客観性　136, 149, 151, 153-7, 162-3, 167, 170-1, 173-4, 177, 181, 183, 186-7, 191-2, 195-8, 203
客観的に指令的な特徴　168, 171, 213
共通善　70, 263-4, 267, 269, 277, 279
　　——の政治　70, 267
共同体主義（共同体論）　70, 74, 238, 263-6, 270, 279, 287, 291
共有道徳　75
共和主義　263-4, 270-2, 274-5, 277-9, 287, 291
局所的な全体論　223
切り札　58-9
QALY（クオリー）　31
苦痛　22, 30, 32, 57, 92-4, 96, 122, 124, 129, 160, 180, 242
グローバルな功利主義　94
ケアの倫理　138, 284-6
経験機械　93
ケイパビリティ・アプローチ　253-4
決疑論　229
現実の義務　43, 110
検証主義　213
原初状態　44, 247, 251, 266

原則中心主義　229
現代リベラリズム　239-41, 243, 245-7, 250, 256, 260-1, 263, 265-9, 271-3, 277, 279, 281, 285, 287, 289-91
権能　55-6
憲法　53, 64
権利　11, 32, 39-41, 48, 51-61, 75, 96-7, 106, 110, 112, 116, 240-1, 247-8, 257, 259, 267, 269, 277, 279-81, 285, 287, 289-90
　　——のコンフリクト　59-60
　　——の主体　60
　　——の政治　267
権利基底的な理論　58
権利論　51, 58-9, 61-2, 70
言論の自由　56
行為功利主義　34-5, 88, 93, 101,
行為者基底説　134-5
行為者相対性　111-2, 136, 229
行為者相対的　112, 136
　　——な義務　116, 244
行為者中立性　97-8, 112
行為者中立的　98, 112
行為の理由　111-2, 116, 124, 139, 152-4, 168, 170, 172, 180, 216-21
後悔　143
公私二分法　281-2
厚生主義　30-2, 92, 96, 166, 242
公正としての正義　36, 43, 246, 249
公正な機会均等原理　248
厚生の平等　251-3
公的な領域　54
幸福　9, 30-3, 36-7, 42, 57, 65, 72-3, 87, 91-2, 94-6, 98-100, 102, 108, 113, 115, 127, 133-5, 161, 178-9, 210-1, 218, 242, 244, 256
幸福主義　→厚生主義
公平性　23-4, 33, 94, 99
公民的共和主義　272, 277-8
公民的徳　264, 271-2, 278
効用　30-2, 35, 57-8, 93-4, 136, 242-4, 246-7, 257
　　——最大化　96, 98-100
　　——の個人間比較　243
功利計算　31-2, 34

功利原理　　28, 30, 34-5, 57, 91, 93, 95, 101-3, 113, 118, 242, 244
功利主義　　14, 16, 27-37, 43, 45-9, 51, 58-9, 84-5, 87-8, 91-103, 105, 112-3, 115, 117, 123, 127, 132, 136, 138, 140-1, 143-4, 161, 164, 166, 178, 186, 228-30, 238-47, 251-2, 261, 263, 267, 280
　　ローカルな——　　94
コード化（成文化）　　138
コーネル実在論　　160, 207
個人主義　　67-8, 240-1, 243, 250
個人的なことは政治的なことである　　282
個人道徳　　10, 67, 244-5
国家の中立性　　241
古典的共和主義　　271-2
古典的功利主義　　30, 242, 246
古典的自由主義　　239-41, 255-6, 271, 274, 280-1
コミュニタリアニズム　→共同体主義（共同体論）
コミュニタリアンな多文化主義　　287
コミュニティ　　235, 239-40, 251, 254, 260, 263-4, 266-70, 275, 277-8, 287-8, 291
混合戦略　　120
昏睡状態の人　　60
混成理論　　216, 221-3, 225

さ　行

差異　　276, 283, 288-9
債権　　55
最小国家　　257, 259-60
　　——論　　256, 259
最善の説明　　212-3
最大化　　30-3, 35-7, 43, 87, 94-6, 98, 100, 102, 110, 113, 115, 127, 136, 149, 166, 242, 247, 257, 260
最大幸福原理　→功利原理
差異の政治　　276
作為　　21, 111, 120-2, 124
錯誤理論　　189-90, 196-8, 202
サバイバル・ロッタリー　　32-3, 36
参加者　　150-1
賛成・反対理論　　180

自愛の思慮　　217-9, 222
シヴィック・ヒューマニズム　　274
ジェンダー（社会的・文化的な性差）　　283
　　——に関する本質主義と社会構築主義　　283
　　——・フリー　　283
　　——本質主義　　283
資源の平等　　251-4
思考実験　　22-3, 32-3, 96
自己解釈的存在　　267, 289
自己解釈的な動物　　288
自己決定　　53, 56, 73, 78, 260, 272
自己決定権　　30, 35, 52-3, 59
自己所有権　　257-60
自己統治　　272, 277-8
事実と価値の区別　　16-8, 20, 24-5, 153
自然権　　57, 66, 256-7
自然主義　　159-63, 165, 167, 172, 178-80, 207-8
　　——的誤謬　　162-5, 167, 171, 207
　　——的実在論　　159, 171, 173-4, 196, 207, 210, 215, 228-30
自然的運　　251-2
自然法　　57, 64-7, 188
　　——論　　57, 64-7
実在論　　155-6, 159-60, 162-3, 167-70, 172-4, 177-8, 191, 195, 210, 215-6
実践　　18, 47, 83, 127, 149, 198, 268, 279
実践知　　127, 129-30
実定道徳　　75-6
実定法一元主義　　65-8
質的快楽説　　92
私的な領域　　54, 281-2
市民的不服従　　59
社会契約説　　44, 57, 247, 259, 285
社会契約論　→社会契約説
社会権　　53-5, 61
社会構成的文化　　290
社会構築主義　　283
社会的弱者　　58, 61, 84-5
社会的自由主義　　239-40, 260
社会道徳　　10, 67, 74-6, 79, 100
自由　　39-40, 42, 44, 52-6, 60-1, 66, 70, 72-5,

事項索引◀　303

77–9, 184, 202, 204, 235–8, 240–1, 246–50, 254–61, 265, 267, 270, 272–4, 277, 281, 290–1
　──権　52–6, 60–1
　──主義　53, 67, 72, 237, 239
　──の行使と機会　273
集団別権利　290–1
『自由論』　79, 237, 272
主観主義　179–81, 192, 268
熟議デモクラシー　276
熟慮　25, 43, 70, 109–10, 276
主体　55, 60, 94, 155
準実在論　196–8, 200–2, 228, 231
純粋理論　221–3, 225, 227
消極的権利　55
消極的自由　272–3
常識　15, 31, 100, 103, 117, 121, 124, 138, 173
情緒主義　→情動説
情動説　162, 178, 180–1, 183, 185, 199, 268
情動的意味　182, 184, 186
承認　30, 71, 276, 289
　──の政治　287, 289
職業選択の自由　56
植民地総督邸功利主義　100, 244
女性の生殖　59
所有権　52, 56–7, 60, 240–1, 256, 258–9
自律　36, 39–40, 53, 56, 66, 76, 267, 273, 289–91
磁力　183
指令的意味　184, 186
仁愛　128–9, 132, 134, 138, 211
新アリストテレス主義　132
人格　18, 33, 39, 86–7, 99–100, 113, 115–6, 149, 288
　──権　52, 59
　──の統一性　243
　──の別個性　99–100, 244
人工妊娠中絶　13, 23, 39, 48, 54, 83–4, 133, 187–8
真正さ　289
信念　16, 152–6, 159, 166, 170, 173, 177, 181, 183–4, 189, 191, 195, 216–7, 219, 221, 223–8
　──における意見の不一致　182–3
新保守主義　260

すべり坂論法　18–9
性格　28, 30, 45–9, 59, 87–8, 93, 95, 100, 128–32, 136, 138, 143–4, 151, 181, 289
　──特徴　49, 128, 132–4, 136–8
正義　32, 35, 42–4, 46, 65, 97, 110, 119, 129–30, 138, 215, 235, 241, 246–7, 249, 251, 257–8, 266–7, 269, 277–8, 282
　──の二原理　44, 247–8
　──の倫理　285
請求権　55–6
政治参加　271–2, 274–5, 278, 291
政治的リベラリズム　249
政治哲学　235–9, 241–2, 247, 252, 254, 260, 265–8, 270, 274, 280, 284, 286, 291
性転換手術　71
正当化　27–8, 32, 36, 51, 54–5, 57–8, 64, 68, 73–5, 78–9, 83–6, 95, 97–8, 105, 107, 109, 116–8, 121, 123–4, 145, 187, 197, 201, 236, 248–50, 255, 257–60, 283
正の理論　83, 86–8, 93, 95–6, 103, 105–6, 112–4, 118, 127, 132, 149
生命権　39, 52, 59–61
積極的権利　55
積極的行為者性　120
積極的自由　56, 272–3
セックス（生物学的な性差）　283
絶対的な価値　113, 115
善意志　37
遷延性植物状態　60, 149
選好充足　58–9, 99
　──説　92–3, 96, 228
選択説　56–7, 60
選択的運　251–2
選択の文脈　290
善に対する正の優先性　114, 116, 247, 249–50, 266–7
善の構想　43, 241, 243, 246–7, 249–51, 260, 267, 277–8, 282, 289–90
善の多元論　96
善の理論　83, 86–8, 92, 95–6, 103, 105, 112–5, 127–8, 135, 149
羨望テスト　251
総合判断　178

想像上の立場交換　24
相対主義　47, 157, 186-8, 198, 268
相対性に基づく議論　190, 213
相対的価値　113
総量説　94
総和主義　93-4
総和順位づけ　242, 245
尊厳　39, 113, 115-6, 149, 151, 179, 181
存在先行説　94
尊重　15, 24, 35-7, 40, 53, 77-8, 84-5, 100, 113, 115, 118, 141, 237, 240, 243, 250, 255, 260-1, 287, 290

た 行

ダイアローグ　24
第一階の問い　150
体外受精　61, 77
対外的防御　291
胎児　19, 48, 59-60, 72, 123
態度における意見の不一致　182-3
第二階の問い　150
代理母　76-8
対話的自己　289
卓越　128
他者危害原則　53, 72-4, 237-8, 246, 255
多文化主義　263, 276, 286-9, 291
単一的平等　269
単純加算主義　31-2, 94, 96, 98-9
知的障害　60
中絶　49, 133, 279, 283
中庸　129, 140
中立的正義　239, 241, 246-7, 249-50, 254, 260, 266-9, 271, 289
直接功利主義　102
直観（直覚）　13-7, 25, 28, 32, 34, 43, 49, 85, 95, 97, 100-1, 103, 107, 109-10, 117-8, 124, 137, 140, 160, 163, 165-6, 169-70, 178, 243-5
　　――主義　163, 166, 179
直観レベル　28, 35, 102, 244
定言命法　28, 36-40, 107-9, 113, 115, 118, 173, 185, 191, 200
抵抗権　52, 54
デカルト主義　228

適応的選好形成　96, 253
適格な行為者説　134-5
適合の方向性　86
適法性　37-8
哲学　11
手続的共和国　278
徹底した反省　43, 110
デモクラシー論　275
ドゥーリア　286
投影説　189, 191, 196-206, 216, 228
　　――批判　202-3
同化主義　287
動機　30, 66, 86-7, 93, 95, 101-2, 132, 134-6, 138, 144-5, 151, 242, 266, 289
　　――功利主義　93, 101-2, 229
動機付け　128, 131, 134-5, 145, 154-6, 170, 172-3, 184, 189, 195, 210-1, 216-28, 248
闘技デモクラシー　276
統制的理念　131
動態的用法　182
道徳　9-11
　　――の規範性　152-3, 180, 186, 210-2
　　――の客観性　151, 153, 162-3, 181, 183, 186, 191, 196-8
　　――の現象　151
道徳原理　21, 28, 36, 40, 88, 131, 140, 144, 166, 229-30
道徳性　23, 31, 37-8, 47-8, 66, 114, 133, 144
　　――の律法主義的理解　114
道徳的懐疑主義　189-90
道徳的義務の理論　86-7
道徳的事実　155, 159-60, 162, 167-8, 170-1, 173-4, 177, 187, 199, 204, 210-5
道徳的実在論　155, 159-60, 162, 191, 207-8, 210, 212-3, 215
道徳的正当化　28, 44, 49
道徳的大衆主義　75
道徳的地位　48, 60
道徳的に重要な違い　21-3, 25, 120
道徳的保守主義　75
道徳哲学　11, 25, 45, 235
道徳判断の規範性　170-4, 195
道徳判断の客観性　167, 171, 174, 195

道徳法則　40
徳　37, 45–7, 49, 87, 127–33, 136–42, 144, 220, 264, 271, 274–5, 277–9
　　——のある人　128, 131–2, 140
特異性に基づく議論　190, 208, 210, 213
徳‐規則　141
独特な（sui generis）　160, 166, 174, 178, 213
　　——性質　165, 167
独立　87, 115, 135, 159, 163, 167, 187, 199, 218, 228, 267–8, 273, 277–8
徳倫理学　27, 29, 37, 45–9, 84, 87–8, 91, 103, 127–9, 131–44, 220, 229
特権　55, 112, 114, 143
トリアージ　31

な　行

内在主義　172, 174, 210, 215–7, 219, 221, 227
内在的価値　92, 95–7, 113, 166, 241
ナショナリズム　264
二次性質　203–4, 216
二重結果の原理　121–3
二層理論　34–5, 100, 102, 228
　　——型功利主義　244
日常言語学派　184
日常的な道徳経験　189, 197, 216, 219
日常の道徳的営み　150–7, 167, 177, 181, 183, 186, 189–90, 192, 195–8, 200–2, 206, 211–2, 217
日本国憲法　52
人間心理に関するヒューム的な理解　149, 154–5, 177
人間の尊厳　39, 78, 151, 179, 181
認識論　11, 160, 163, 165, 191, 227, 230
認知主義　155–6, 159–60, 163, 167, 170, 172–4, 177–80, 187, 189–90, 195, 198, 202, 215–7, 219, 221, 223–5
　　——的自然主義　207
ネオ・リベラリズム　260, 284
脳死状態　60
濃密な（thick）　139
　　——概念　139

は　行

パーソン論　60
胚　19, 60, 72, 78, 151–2, 179, 181
パターナリズム　72–4, 76, 255
発話行為　185
発話内行為　185
発話媒介行為　185
パティキュラリズム　223, 227, 229–30
反実在論　155–6, 162, 174, 177–8, 186, 188–9, 191–2, 195–8, 227–8, 230
反照的均衡　44, 86
判断能力　53, 255
万人の万人に対する争い　57
反ヒューム主義　156
反‐理論　138–40
非還元主義　207–8
　　——的自然主義　160, 207
非規範的な研究　150
悲劇的なジレンマ　142–3
非自然主義　159–60, 162–3, 165, 167, 171, 174, 178–9
　　——的実在論　159, 171, 174, 178, 196, 215–6, 227–8, 230
非支配としての自由　274
ひと　→人格
非認知主義　155–6, 174, 177–8, 180–1, 184, 186–7, 189–92, 195–9, 213
批判道徳　74–6
批判レベル　35, 102, 244
ヒューム主義　195, 216, 221–3, 225–6, 228
表現の自由　52–4
表出説　181, 196, 199
平等主義　240
平等な自由原理　248
平等な尊重と配慮　250
表明説　→表出説
開かれた問い論法　164–5, 167, 171, 178
フェミニズム　246, 263, 276, 279–81, 283–6, 291
　　第一波——　279–80
　　第二波——　279
負荷なき自己　266

不完全義務　41-2, 109, 111, 119-20
複合的平等　269
福利主義　→厚生主義
不幸　30, 32, 57, 65, 92
不作為　21, 118, 120-1, 124
付随性　169-70, 186, 208-11
付随的制約　59, 257
物件　39, 113
物理主義　209
普遍化可能性　79, 184-8, 227
普遍主義　240, 266, 269
不偏性　23, 243, 245
普遍的指令説　184, 186, 228
普遍的法則の定式　108
不偏不党性　136, 140
プライバシー　53-4
── 権　52-5, 59
フロネーシス　129-31, 138, 140, 142
分析的マルクス主義　257, 263, 265
分析判断　178
ベーシック・インカム　284
法　10-1
崩壊テーゼ　75
法実証主義　64-5, 67-8, 70, 255
法的脳死判定　60
法・道徳分離論　65-6, 68-9
法・道徳融合論　68, 70
法と道徳　10-1, 63-7, 70-3, 76, 79
法内在道徳　69
法の外面性, 道徳の内面性　65, 67-8
法は倫理の最小限　11, 67
保守主義　75, 260, 264
保守的テーゼ　75
ポストモダン・フェミニズム　280, 283
ポリティカル・サイエンス　235, 246
本質主義　283
本来の義務　110

ま 行

マイノリティ　61, 277
マルクス主義　263, 265
マルクス主義・フェミニズム　280, 283
無知のヴェール　24, 44, 247, 266

メタ倫理学　29, 83-4, 141, 149-50, 153, 155-7, 160-1, 167, 177, 184, 186, 188-9, 192, 195-6, 215-6, 227-30
── 的相対主義　188
免除　55-6, 71
免責　55-6
目的自体の定式　113
もっともな理由　13, 16, 21, 28, 40, 84-5

や 行

有徳な人　37, 45, 48, 131-2, 142-3, 219-23, 229, 275
予見　21, 121-4
欲求　24, 93-4, 128, 136, 154-6, 161, 165, 170, 172-3, 177, 189, 191, 195, 200-2, 210-1, 216-20, 222-7, 229, 266, 272

ら 行

ラディカル・デモクラシー　275
ラディカル・フェミニズム　280-3
リーガル・モラリズム　73-4, 76, 78, 255
利益　23-5, 38, 52, 56-60, 72-4, 78, 84-5, 96-7, 99-101, 103, 130, 150, 211, 217, 237, 241-2, 247, 255, 257, 272, 277, 279
── 説　56, 60
理性の事実　118
理想的功利主義　166
リバタリアニズム　239, 241, 255-7, 260-1, 263, 267, 270
リプロダクティブ・ライツ（生殖の権利）　54
リベラリズム（自由主義）　53, 67, 72, 237-40, 255, 277-8, 280-1
リベラル・コミュニタリアン論争　261, 266, 292
リベラルな多文化主義　287, 289, 292
リベラル平等主義　239, 241, 246-50, 252, 254, 256-8, 260-1, 263, 265, 267, 270, 281, 285
リベラル・フェミニズム　280-1, 283
量的快楽説　92
倫理　9-10
倫理学　9-11
倫理的ジレンマ状況　15, 86

倫理的判断の一貫性　　16, 20-1, 23
倫理の成文化不可能性テーゼ　　138
倫理理論　　10, 16, 27-9, 49, 83-8, 91, 95, 103, 109, 127, 132, 138, 140-1, 143-5, 207, 229

論理実証主義　　178-80, 247

わ　行

ワークフェア　　284

執筆者紹介

赤林　朗（あかばやし　あきら）
東京大学名誉教授，米国ニューヨーク大学医学部 Research Professor．1958 年生．1990 年東京大学大学院医学系研究科博士課程修了．著書に *The Future of Bioethics*（編著，Oxford University Press，2014 年），『入門・医療倫理』Ⅰ～Ⅲ（編著，勁草書房），『学生さんのための医療倫理学』（新興医学出版社，2025 年）ほか．

児玉　聡（こだま　さとし）
京都大学大学院文学研究科教授．1974 年生．2002 京都大学大学院文学研究科博士課程修了．著書に『功利と直観——英米倫理思想史入門』（勁草書房，2010 年），『功利主義入門——はじめての倫理学』（ちくま新書，2012 年）ほか．

蔵田伸雄（くらた　のぶお）
創価大学文学研究科教授．1963 年生．1994 年京都大学大学院文学研究科博士課程研究指導認定退学．著書に『科学技術倫理を学ぶ人のために』（共編著，2005 年）ほか．

島内明文（しまのうち　あきふみ）
星薬科大学薬学部准教授．1978 年生．2009 年京都大学大学院文学研究科博士後期課程修了．著書に『政治思想の知恵——マキャベリからサンデルまで』（共著，法律文化社，2013 年），『「法」における「主体」の問題』（共著，御茶の水書房，2013 年）ほか．

堂囿俊彦（どうぞの　としひこ）
静岡大学学術院人文社会科学領域教授．1974 年生．2004 年東京都立大学人文科学研究科博士課程単位取得退学．著書に『倫理コンサルテーション ハンドブック』（編著，医歯薬出版，2019 年），『倫理コンサルテーション ケースブック』（共編著，医歯薬出版，2020 年）ほか．

奈良雅俊（なら　まさとし）
慶應義塾大学名誉教授．1959 年生．1993 年慶應義塾大学大学院文学研究科博士課程単位取得．著書に『シリーズ生命倫理学第 12 巻 先端医療』（共著，丸善，2012 年）ほか．

林　芳紀（はやし　よしのり）
立命館大学文学部教授．1974 年生．2007 年京都大学大学院文学研究科博士後期課程修了．
著書に *The Future of Bioethics*（共著，Oxford University Press，2014 年），『マンガで学ぶ スポーツ倫理』（共著，化学同人，2021 年）ほか．

水野俊誠（みずの　としなり）
翠松会たけだメンタルクリニック医師（常勤），慶應義塾大学文学部講師（非常勤）．1965 年生．2013 年慶應義塾大学大学院文学研究科博士課程修了．著書に『J・S・ミルの幸福論——快楽主義の可能性』（梓出版社，2014 年），『医療・看護倫理の要点』（東信堂，2014 年）ほか．

山﨑康仕（やまざき　やすじ）
神戸大学名誉教授．神戸大学大学院法学研究科博士課程後期課程単位取得退学．著書に『法理論をめぐる現代的諸問題』（共著，晃洋書房，2016 年），『シリーズ生命倫理学第 13 巻 臨床倫理』（共著，丸善，2012 年）ほか．

入門・倫理学

2018 年 1 月 20 日　第 1 版第 1 刷発行
2025 年 5 月 20 日　第 1 版第 7 刷発行

編者　赤　林　　　朗
　　　児　玉　　　聡

発行者　井　村　寿　人

発行所　株式会社　勁草書房
112-0005　東京都文京区水道 2-1-1　振替 00150-2-175253
（編集）電話 03-3815-5277／FAX 03-3814-6968
（営業）電話 03-3814-6861／FAX 03-3814-6854
理想社・中永製本所

©AKABAYASHI Akira, KODAMA Satoshi, KURATA Nobuo, SHIMANOUCHI Akifumi, DŌZONO Toshihiko, NARA Masatoshi, HAYASHI Yoshinori, MIZUNO Toshinari, YAMAZAKI Yasuji 2018

ISBN978-4-326-10265-5　　Printed in Japan

〈出版者著作権管理機構　委託出版物〉
本書の無断複製は著作権法上での例外を除き禁じられています。
複製される場合は、そのつど事前に、出版者著作権管理機構
（電話 03-5244-5088、FAX 03-5244-5089、e-mail: info@jcopy.or.jp）
の許諾を得てください。

＊落丁本・乱丁本はお取替いたします。
　ご感想・お問い合わせは小社ホームページから
　お願いいたします。

https://www.keisoshobo.co.jp

児玉　聡
実践・倫理学 2750 円
　　現代の問題を考えるために

児玉　聡
功利と直観 3520 円
　　英米倫理思想史入門

赤林　朗編
入門・医療倫理Ⅰ〔改訂版〕 3630 円

赤林朗・児玉聡編
入門・医療倫理Ⅲ 3520 円
　　公衆衛生倫理

田中美穂・児玉聡
終の選択 3520 円
　　終末期医療を考える

佐藤岳詩
メタ倫理学入門 3300 円
　　道徳のそもそもを考える

加藤尚武・児玉聡編・監訳
徳倫理学基本論文集 4180 円

S. ブラックバーン／大庭健編・監訳
倫理的反実在論 4180 円
　　ブラックバーン倫理学論文集

A. V. キャンベル／山本圭一郎・中澤栄輔・瀧本禎之・赤林朗訳
生命倫理学とは何か 2970 円
　　入門から最先端へ

＊表示価格は 2025 年 5 月現在。消費税 10% が含まれております。